广东外语外贸大学中国语言文化学院一流本科专业建设系列教材

汉语语言与文化

于屏方　杜家利◎编著

科 学 出 版 社
北 京

内 容 简 介

语言与文化的关系是语言学研究中的一个重要问题。从广义上说，语言被认为是文化的一部分。从表现形式上看，文化可以把语言形式作为载体，也可以把非语言形式作为载体。本教材分析的是以语言形式为载体的文化，并从历时与共时两个视角分析汉文化如何在语音、文字、语法、语用等各层面表现出来。本教材的主要任务包括两个方面：从文化的视角研究语言以及从语言的视角分析文化。

本书可用作中国语言文学专业大二、大三学生的专业选修教材，也可用作非中国语言文学专业学生的选修课教材或通选课教材。另外，本书也可用于汉语语言学与应用语言学、汉语言文字学以及汉语国际教育专业硕士学位课程。

图书在版编目（CIP）数据

汉语语言与文化 / 于屏方，杜家利编著. —北京：科学出版社，2023.4

ISBN 978-7-03-073489-1

Ⅰ. ①汉… Ⅱ. ①于… ②杜… Ⅲ. ① 汉语 - 文化语言学 - 研究 Ⅳ. ①H1-05

中国版本图书馆 CIP 数据核字（2022）第 194071 号

责任编辑：常春娥 贾雪玲 / 责任校对：贾伟娟
责任印制：李 彤 / 封面设计：润一文化

科学出版社 出版
北京东黄城根北街 16 号
邮政编码：100717
http://www.sciencep.com
北京虎彩文化传播有限公司 印刷
科学出版社发行 各地新华书店经销
*
2023 年 4 月第 一 版 开本：720×1000 1/16
2023 年 4 月第一次印刷 印张：14 1/4
字数：302 000

定价：98.00 元

（如有印装质量问题，我社负责调换）

目　录

绪　论

语言、思维、文化的关系一直是学界所关心的问题，学界对其有各种观点，其中最著名的是“萨丕尔-沃尔夫假说”（Sapir-Whorf hypothesis）。该假说关注的是语言如何影响思维，分强势说和弱势说两种。强势说被称为语言决定论（linguistic determinism），是萨丕尔-沃尔夫假说的初始观点，认为语言对思维具有决定作用。弱势说被称为语言相对论（linguistic relativity），是萨丕尔-沃尔夫假说的修正形式，认为语言在一定程度上影响思维，语言、文化和思维之间有相关性，但产生不同思维方式的跨文化差异只是相对的，而不是绝对的。发展到现在，语言相对论的接受度更高。这也是本教材在论述语言与文化关系时采用的观点。

语言随社会的产生而产生，随社会的发展而发展，社会之外无所谓语言。文化与人类社会相伴而生，共同发展。没有人类就无所谓文化，文化必须依附于人类社会而存在。

人类的交际活动主要依靠语言符号与非语言符号两种形式进行，其中，使用语言符号的交际包括口语与书面语两种形式。人类的文化可以通过口语形式代代相传，也可以通过文字形式记录下来，这是语言的文化记录功能。反过来，文化的发展对语言的发展也有促进作用。比如，随着我国与其他国家之间的经济往来与文化交流日益频繁，汉语与其他语言之间的接触也随之增多，字母词在汉语词汇系统中出现的频率也越来越高，并且与本土词、外来词形成了共存的局面。这是文化对语言的塑造作用的体现。

语言作为人类最重要的交际工具与思维工具，具有自然科学属性，包括物理属性、生理属性以及逻辑属性等。同时，语言也具有社会科学属性，比如社会属性、民族属性、文化属性等。因此，对语言的研究可以从不同维度进行。本教材从社会与文化的视角，关注社会、语言与文化之间的联动关系，并借此分析汉语语音、词汇、语法、修辞、语用等方面的特点以及文化对其产生的影响。

第一节　社会、文化与语言

在古代汉语中，“文化”与“武功”相对，最早指的是古代帝王进行的文治和教化。西汉刘向《说苑·指武》：“圣人之治天下也，先文德而后武力。凡武之兴为不服也。文化不改，然后加诛。夫下愚不移，纯德之所不能化，而后武力加焉。”①从上文可见，汉语中最早的“文化”不是词，而是短语，表示“以文教化”的意思。英语和法语中的culture源于拉丁文的cultura，意思是“耕种、栽培和饲养”。在现代汉语中，从来源上看，“文化”是一个“侨词”，是从日语的“文化”借过来的同形词。

一、文化的定义与分类

（一）文化的定义

“文化”作为术语，较早见于英国人类学家爱德华·伯内特·泰勒（Edward Burnett Tylor）在1871年所著的《原始文化：神话、哲学、宗教、艺术和习俗发展之研究》（*Primitive Culture: Researches into the Development of Mythology, Philosophy, Religion, Art, and Custom*）（通常简称为《原始文化》，英文为*Primitive Culture*）一书。泰勒认为，文化是包括知识、信仰、艺术、法律、道德、风俗以及作为一个社会成员所获得的能力和习惯的复杂整体。显然，泰勒对“文化”的定义偏重于精神层面，这一定义成为文化研究或语言研究中广为引用的界定。发展到现在，学术界对文化的定义角度各异。沃德·H. 古迪纳夫（Ward H. Goodenough）认为文化“由该社会所必须了解或信仰的东西构成，目的是能够以社会成员所接受的方式实施。文化并非自然现象，它并非仅仅包含事物、行为和情感，而是这些方面的有机结合（譬如，风俗习惯、行为举止和思维模式等）。文化是社会成员头脑里固有的东西的成形，是他们观察和联想的模式以及不同的阐释方式”②。吉尔特·霍夫斯泰德（Geert Hofstede）、格特·扬·霍夫斯泰德（Gert Jan Hofstede）认为“文化是具有历史传承性质、以符号为象征的意义模式，是以象征形式表述的概念传承系统。特定群体以这种模式和系统为媒介进行交流，传承并发展他们对于人生态度的认识”③。

① 刘向. 说苑译注. 程翔，译注. 北京：北京大学出版社，2009：398.

② Goodenough, W. H. *Cultural Anthropology and Linguistics*. Washington: Georgetown University Press, 1964: 36.

③ Hofstede, G., Hofstede, G. J. & Minkov, M. *Cultures and Organizations: Software of the Mind*. 3rd edn. Boston: McGraw Hill, 2010: 89.

总体来看，“文化”的定义有广狭之分。狭义的“文化”着眼于精神层面，指社会的意识形态、风俗习惯以及与之相适应的社会制度与社会组织。广义的“文化”则包括精神和物质两方面，指人类历史中所创造的物质财富和精神财富的总和。

本教材秉承广义文化观。汉语言的一部分内容，反映的是民族文化心理或精神层面的内容。比如汉语构词中部分语素组合的先后顺序（如“夫妻”“儿女”“老小”“妇孺”“多少”“好歹”“君臣”“父子”“师徒”“爷孙”“国家”等），反映了汉语本族语使用者的群体价值判断或道德观。汉语中也有一部分内容，比如“饺子”“故宫”“长城”“熊猫”“华表”“貔貅”等词反映的是物质文化。物质文化与精神文化在汉语中都有体现。

（二）文化的分类

学界对文化的分类林林总总，不一而足。比较有代表性的文化的分类如下。

跨文化交际学的创始人爱德华·霍尔（Edward Hall）在《无声的语言》（*The Silent Language*）一书中，认为文化分为公开的文化与隐蔽的文化。前者可见并能进行描述，后者不可见甚至连受过专门训练的观察者都难以察知。[①]张占一从对外汉语教学的角度，提出了知识文化与交际文化的分类。[②]当两个文化背景不同的人进行交际时，对某词、某句的理解和使用不产生直接影响的文化背景知识，即为知识文化；当两个文化背景不同的人进行交际时，如果由于缺乏有关某词、某句的文化背景知识而发生误解，该背景信息即为交际文化。这种直接影响交际的文化知识就是交际文化。文秋芳从语言与文化的关系视角出发，将文化分为以语言为载体的文化和不以语言为载体的文化。[③]许嘉璐将文化分为三个层级：第一层是表层文化，又称为物质文化，指人类创造的各种物质文明，诸如生产工具、交通工具、日用器具以及服饰饮食等，这是人类最易感知的文化，是显性文化；第二层为中层文化，又称为工具文化、制度文化，包括风俗、礼仪、制度、法律、宗教、艺术等；第三层为底层文化，又称为精神文化、哲学文化，就是人的个体或群体的伦理观、人生观、世界观、审美观。[④]第二层与第三层都是隐性文化。陆俭明将文化分为硬文化与软文化两类。[⑤]硬文化是指反映我们国家、我国各个民族各方面生活的有形文化，包括制度文化、艺术文化、旅游文化、生态文化、

---

① 爱德华·霍尔. 无声的语言. 刘建荣，译. 上海：上海人民出版社，1991：65.

② 张占一. 试议交际文化和知识文化. 语言教学与研究，1990（3）：15-32.

③ 文秋芳. 在英语通用语背景下重新认识语言与文化的关系. 外语教学理论与实践，2016（2）：1-7.

④ 许嘉璐. 中华文化的前途和使命. 北京：中华书局，2017：101.

⑤ 陆俭明. 汉字的独特性与中华文化之海外传播. 民俗典籍文字研究，2018（2）：44-51.

饮食文化、服饰文化、习俗文化、历史文化、汉语汉字文化以及体态文化等。软文化是指反映国家和民族精神风貌和品格的无形文化，包括心态文化、思维文化以及艺术文化等。

二、语言的定义

语言在人类社会中具有极为重要的作用，学界对语言研究给予了极大关注。潘文国搜集了从 19 世纪初叶到 2000 年的一些语言学家以及典范型辞书对语言的界定，代表性的定义有 60 多条①。发展到现在，关于语言的定义还在不断涌现，代表性定义有：威廉·冯·洪堡②（Wilhelm von Humboldt）的“语言心灵论”，认为语言是建构思想的工具；爱德华·萨丕尔（Edward Sapir）的“语言功能论”，认为语言是人类交际和思想的工具；费尔迪南·德·索绪尔（Ferdinand de Saussure）的“语言系统论”，认为语言是一种层级性的符号系统；安托万·梅耶（Antoine Meillet）的“语言社会论”，认为语言是一种社会现象；诺姆·乔姆斯基（Noam Chomsky）的“语言心智论”，认为语言是人脑中一种特有的能力机制；等等。各家由于研究视角不同，对语言的界定也不一致，涉及语言的功能、属性、系统性以及组成成分等。大致说来，关于语言的定义可概括为如下五类。

（1）工具类。语言被认为是人类社会最重要的交际工具和思维工具。这种定义影响广泛，在各类普通语言学入门教科书中经常出现。实际上，这并不是语言真正的科学定义，只是用隐喻的方式，说明了语言的功能。

（2）符号系统类。语言的符号系统观认为语言是一种音义结合的符号系统。该系统表现为一个层级装置——音义结合组成语素，语素组合成词或短语，词或短语组成句子，一层层翻番增量，由有限组成无限。这类定义解释了语言是什么的问题，符合科学定义的要求。

（3）能力行为类。语言的能力行为观认为语言是本族语使用者理解和构成合乎语法的句子的先天能力，是人脑中的一种特有机制。语言能力是人这一物种先天获得的，但最终输出什么样的语言行为，需要外部环境的激发。

（4）社会文化类。语言的社会文化类定义认为语言是一种社会文化现象。语言随着社会的产生而产生，随着社会的发展而发展。语言是文化的产物，同时也是文化的载体。语言反映文化，文化通过语言得以固化和传承。

（5）其他类。包括无法归入以上几类的其他类型，比如马丁·海德格尔（Martin Heidegger）认为语言是人类存在的家园之类。

---

① 潘文国. 语言的定义. 华东师范大学学报（哲学社会科学版），2001（1）：97-108.

② 笔者自己的表述采用规范译名威廉·冯·洪堡，所引文献原文保留“洪堡特”原貌。

上述定义从不同的维度对语言进行界定，反映了语言的某一方面的特征，但都无法反映语言的全貌。因此，语言的有些定义是取上述五类定义中的几种观点进行的综合。本教材采用的是语言的综合性定义，即语言是由任意性有声符号组成的层级系统，是人类最重要的交际工具和思维工具，是最重要的社会文化现象。

三、语言与文化的关系

语言与文化的关系，大致可以分为两种：一是语言与文化不可分论，二是语言文化可分论，其中每种观点下又有不同的子类型。

（一）语言与文化不可分论

语言与文化不可分论认为语言与文化都是人类社会的产物，语言必然要反映文化的内容，文化也可以通过语言符号进行表达，其中又可以分为三类。

1. 语言全面反映文化

该观点认为语言是文化的重要组成部分，是文化的基石。语言与文化是一个统一体，语言的研究要放在文化背景下进行，文化的研究也要通过语言来展开。语言间的差异主要源于文化间的差异。语言系统中的语音、词汇、语法、文字、篇章以及修辞等都是文化的反映。

2. 语言部分反映文化

文化属性是语言诸多属性中的一个方面，但不是全部。对语言的文化视角研究也只是语言研究的一个维度，语言研究的文化维度与其他维度，比如结构维度、心理维度、物理维度等或是形成并列关系，或是对其他维度的补充或完善。语言会部分地反映文化，文化中的一部分也可以通过语言符号的形式来表示。

3. 语言与文化相互影响

这种观点避免了对语言与文化方向性因果关系的探讨，即到底是语言影响、制约了文化，还是文化影响、制约了语言。语言与文化是一种双向的映射关系，即语言承载、反映文化；文化也促进并制约着语言的发展。语言与文化的研究可以结合起来，我们可以由语言来观察文化，也可以在文化的背景下研究语言。

（二）语言文化可分论

萨丕尔认为完全不相干的语言可能存在于同一种文化之中，而相互联系十分紧密的语言，甚至是一种语言，也可能分属于不同的文化领域。语言的发展和种族与文化的发展并无深刻的因果联系。不过，萨丕尔同时也承认，一种语言的词汇或多或少地反映了与之对应的文化。“语言的内容，不用说，是和文化有密切关系的”；“语言的词汇多多少少忠实地反映出它所服务的文化，从这种意义上说，语言史和文化史沿着平行的路线前进，是完全正确的”。[①]1950 年，斯大林在《真理报》上撰文指出：“文化与语言是两个不同的东西，文化可以有资产阶级的和社会主义的。语言是交际工具，永远是全民性的，它可以替资产阶级文化服务，也可以替社会主义文化服务。”[②]

综合来看，持语言文化不可分论观点的人占多数。文化与语言都是在人类社会中实现的，二者联系紧密。语言是文化的载体，文化是语言的内容，语言的习得同时意味着文化上的直接或间接接触。

需要明确的是，语言是语言，文化是文化，二者不能混为一谈。如果将人类所生活的世界中的一切都归入“文化”的范畴，采取泛文化观，是不科学的。语言能反映文化，但并不必然要反映文化。有些语言表达与文化无关，比如“这条狗跑得快，那条狗跑得慢”“我想喝水”“困了就早点睡吧”“我们都是教师”等只是一种客观的陈述，与文化因素没什么关系。文化因素当然可以通过语言符号表示，这是最常见的一种方式，比如“自由”“民主”“上天”“上帝”等。文化也可以通过非语言符号呈现，比如在我国，用手去摸小孩的头被认为是一种亲切友好的标志；但在印度尼西亚，用手去摸小孩的头则被认为是一种严重的失礼和冒犯行为。在不同的国家，在同一场合送什么样的花也有差异。这种礼仪文化大多是通过行为表现出来的。也就是说，承载文化的，既可能是语言符号，也可能是非语言符号。因此，语言与文化之间不是等同关系。

语言与文化的影响是双向的。文化对语言的影响显而易见。汉语中的“西葫芦”“西洋参”“西洋画”“番茄”“番木瓜”“番薯”“洋火”“洋柿子”等词的出现，表示在某一个历史时期中西文化的接触以及物产之间的流通。“君臣”“父子”“夫妻”“师徒”“父母”“公婆”等双音节并列合成词的排列顺序则表达了中国文化中长幼有序、尊卑有别的等级观念。现代汉语中“按揭”“房贷”“房奴”“公积金”“房企”“楼花”“捂盘”等新词涌现，反映了当代社会房屋买卖的现状。“下午的会议你要做一个 pre”“这个 case 我跟了很久了”“你的项目什么时候 due 啊？”等汉语句子中夹杂字母词的语码混合现象，反映了我国部分外企不健康的语言现象，也是英语作为强势的国际通用语对各民族语言产生压制的一种语言表现。

---

① 爱德华·萨丕尔. 语言论——言语研究导论. 2 版. 陆卓元，译. 北京：商务印书馆，1985：196.

② 罗常培. 从斯大林的语言学说谈中国语言学上的几个问题. 科学通报，1952（7）：421-426.

语言对文化的影响同样较为常见。汉语是一种音节语言，一个音节基本上对应一个汉字。而且在汉字的音节中，韵腹是最重要的部分，韵腹是响元音或者包含响元音，所以中国人会用“铿锵有力”“掷地有声”“口齿清楚”等词称赞一个人的发音。在中国文化中，送人礼物时既不送钟，也不送伞，这是因为“送钟”与“送终”同音，“伞”与“散”同音。亲人之间经常会分吃水果，但通常不会分梨吃，因为“分梨”与“分离”同音，词语语音上的相同或相近引起了礼仪文化上的避讳。蝙蝠长相怪异，在很多文化中被视为邪恶的象征，但是有些地区的中国人会在门上贴画有五只蝙蝠的画，取“五福（蝠）临门”之义；广东人称“猪舌”为“猪脷”[①]，因为在粤语中“舌”与“蚀本”的“蚀”同音，广州自古商业活动发达，有“千年商都”之称，经商之人最忌讳的就是蚀本，而“脷”与“利润”的“利”同音，且为月字旁，有“月月生利”的彩头……这是语言影响文化的例子。

第二节　本教材的研究对象、教学内容、任务与学习方法

一、本教材的研究对象

文秋芳将文化分为两类：①以语言为载体的文化；②不以语言为载体的文化。[②]前者指用语言传播的各种政治、历史、军事、文化、科技知识、信念等，后者指不需要以语言为中介的文化，如建筑、图画、音乐、服饰、食品等。在本教材中，我们只分析第一类文化对语言的影响，分析语言中体现的文化因素，以及中国文化对汉语的发展变化所产生的影响与推动作用。

二、本教材的教学内容与任务

（一）本教材的教学内容

1. 汉语语音与文化

汉藏语系的一个重要特点是声调（tone）。本书第一章第一节主要介绍了汉语的音节结构，在此基础上，回答了一个问题：汉语音节中必须要有声调吗？本节也分析了汉语中的变调，从语际对比的视角分析了音节型语言与音步型语言。

① 不同地区会采取不同的避讳方式。“猪舌”在北方地区被称为“口条”。

② 文秋芳. 在英语通用语背景下重新认识语言与文化的关系. 外语教学理论与实践，2016（2）：1-7.

第二节描写了汉语语音特点在古代诗歌，尤其是在格律诗中的体现，包括汉语诗歌中的押韵、平仄以及诗歌中的换位现象。本节的重点是汉语语音特点对中国诗歌的影响，这也是汉语语音特点在相应的汉语文化中的投射。第三节分析了汉语语音在修辞与民俗中的表现,其中修辞部分主要分析了汉语中的叠音与谐音现象。

2. 汉字与文化

汉字是自源文字，也是表意文字。第二章第一节分析了汉字的表意性及其发展，包括汉字中蕴含的文化信息、汉字字义的发展、汉字表意性的发展变化以及独体字与合体字的应用等。第二节描写了汉语本族语使用者对汉字态度的变化。从早期的汉字崇拜，发展到后期的“汉字繁难论”与“汉字落后论”，在此基础上论述了历史上各种汉语拼音方案的制定以及汉语拼音化运动，并描述了“一文两字”的汉字使用现状。

3. 汉语词汇与文化

词汇与社会、文化的联系最为紧密，社会文化的变化总能通过词汇的增减或变异体现出来。第三章首先分析了词汇单位，并着重分析具有明显文化特色的汉语词汇单位；其次分析了范畴化与汉语语义场；再次分析了汉语的造词法与构词法，其中主要分析的是汉语的造词方法，并分析了造词法与构词法之间的联系；最后从四个方面分析了汉语词汇中所承载的文化义。

4. 汉语语法与文化

第四章第一节从历时视角分析了汉语语言的古今变化，梳理了关于现代汉语语法特点的几种主要观点。第二节分析了汉民族的思维方式在汉语语法中的体现。第三节分析了汉语发展史上的文白之争，并着重分析了欧化语法的形成与发展。

5. 汉语语用与文化

第五章首先介绍了重要的语用学原则，包括合作原则、礼貌原则、顾曰国的礼貌原则以及面子理论。第二节在上述原则的基础上，介绍了言语行为理论，并分析了汉语中两个典型的言语行为——寒暄言语行为与拒绝言语行为，前者是人际交往中对面子进行维护的典型例子，后者是人际交往中对面子伤害的典型例子。第三节结合相关语料分析了汉语中的姓、名、字、号。第四节是对汉语称谓语与称谓系统的描写，从文化角度分析了古代的称谓语，并描写了现代称谓语的变化，对汉语称呼的历时演变以及发展状况进行了梳理，并从语言伦理学的视角予以分析。

（二）本教材的任务

本教材可用作中国语言文学专业大二、大三学生的专业选修教材。学生在修读了《现代汉语》《古代汉语》等专业基础课程之后，可以将此课程作为拓展性选修课程，从文化的角度观察语言，从语言的角度分析文化。本教材也可用作非中国语言文学专业学生的选修课教材或通选课教材。另外，本书也可用于汉语语言学与应用语言学、汉语言文字学以及汉语国际教育专业硕士学位课程教材。

本教材的主要任务包括两个方面：从文化的视角研究语言以及从语言的视角分析文化。

1. 从文化的视角研究语言

目前我国中国语言文学专业的大部分本科生，在本科阶段使用的语言学理论入门教材基本上是叶蜚声、徐通锵两位先生编写的《语言学纲要》。该教材主要是在结构语言学的视角下分析语言系统内部的层级性，并描写其发展规律。因此，大多数学生通常习惯于利用结构语言学的相关原理来分析语言现象，即在理想的、不受任何外在因素影响的情况下，分析语言系统自身是如何构成并运转的。结构语言学创始人索绪尔的一句广为人知的论断是“语言学的唯一的、真正的对象是就语言和为语言而研究的语言”[①]，这是一种自足的研究方法，也是语言研究中的一个常规视角。比如说，对汉语音节的分析，多从结构语言学的视角进行，分析出音素、音位、音节等构成单位。但是，并不是所有的语言因素都能在语言系统内部进行研究，比如对现代汉语中欧化句式的分析，必须考虑到西学东渐背景下的文化接触与语言接触，并涉及当时社会文化背景下学界对外语文本的翻译策略问题。基于此，本教材为中国语言文学专业的本科生提供语言研究的另外一个视角——文化视角，从语音、词汇、语法、语用、文字等各个层面分析汉语与文化之间的关系。

2. 从语言的视角分析文化

语言具有文化载蓄功能，可以表达或反映民族文化方面的内容。从语言各个层面的外部表征可以分析出深层的文化意义。罗常培在《语言与文化》中从以下六个方面，通过语言分析其中蕴含的文化信息，具体包括：①从语词的语源和变

① 费尔迪南·德·索绪尔. 普通语言学教程. 高名凯，译. 北京：商务印书馆，2017：324.

迁看过去文化的踪迹，②从造词心理看民族的文化程度，③从借字看文化的接触，④从地名看民族迁徙的踪迹，⑤从姓氏和别号看民族来源和宗教信仰，⑥从亲属称谓看婚姻制度。[①]上述六点只是一个枚举式的说明，从语言视角进行的文化分析包括但不限于上述范围。语言的习得，归根到底要伴随着文化的习得。这一点对母语与外语的学习都同样适用。

三、本教材的学习方法

（一）把握语言与文化的相互关系

语言是文化传播的重要媒介。无论物质文化还是精神文化，其文化意义都可以通过语言符号进行编码，并且通过语言进行表达。中国文化中的“仁”和“信”，作为一种社会文化规约，可以通过固定的语言符号进行表达并进行传承。语言使用者在互动交际中可以共同建构文化，比如传统汉语交际中的“尊人卑己”的称呼方式，形成了汉民族在人际交往过程中的敬谦文化，并相应地产生了与之对应的、丰富的敬谦语系统。因此，文化需要依赖语言。

文化也在一定程度上影响着语言的发展。由于印刷技术的发展，书籍的大量印刷、发行成为可能，书籍得以进入寻常百姓家。在这种背景下，中国传统的“敬惜字纸”观念受到极大挑战；在我国历史上，从汉字崇拜发展到汉字繁难论，再发展到汉字落后论，部分原因是文化的接触——有接触就会有比较，有比较就容易形成高下优劣的判断。另外，汉语拼音化进程也与晚清之后中国国运衰微、积贫积弱相关。我国进步知识分子奋发图强、勠力同心，谋求强国之道，“汉字繁难”被我国明末清初之后的知识分子认为是启发民智的重大桎梏，因此，对“繁难”汉字的改革必然会提上日程。

（二）注意语言与文化的发展变化

语言与文化都依附于社会。社会不断地发展变化，语言与文化也处在不断的变化与调整中。语言的渐变性在语音、词汇、语法、修辞以及篇章结构等各个方面都有所体现。文化方面除了物质文化表现出极为明显的更新迭代之外，精神文化也在逐渐发生变化，并且在语言中得到相应的体现，比如古代的“灯”与现代的“灯”，其意义相同，但所指物已经发生了变化，这是语言学中的“非共变”现象。随着各国的政治、经济、文化接触日益增多，语言的接触也越来越多；随着我国外语教育的实施与发展，普通民众的外语能力也普遍提高。两个因素的叠

① 罗常培. 语言与文化. 2版. 北京：北京出版社，2011：17-92.

加，促使字母词在汉语词汇系统中占据了稳固的一席之地。“B 超”“X 射线”“T 恤衫”等中西杂糅式表达在现代汉语中越来越常见，民众的接受度非常高。

（三）注意语言与文化的时代特点

语言处在不断的发展变化之中，从古汉语到现代汉语，语音、词汇、语法乃至篇章结构都发生了程度不等的变化。从古代中国到现代中国，文化的变迁从未停止。因此，在语言与文化的学习中，要有发展的观点，比如在现代社会中，中国人一般都不喜欢乌鸦，民间有“乌鸦头上过，无灾必有祸”的说法。对有些出言不吉的情况，我们也会称之为“乌鸦嘴”。但是不能据此就认为在中国文化中乌鸦是一种不吉祥的鸟。联系古代汉语，可以发现在唐代之前，乌鸦代表的是祥瑞。上古神话传说中，太阳中有三足乌，叫阳乌，即光明之鸟。《山海经·大荒东经》：“汤谷上有扶木，一日方至，一日方出，皆载于乌。”[①]《尚书大传》：“周将兴之时，有大赤乌衔谷之种，而集王屋之上者，武王喜，诸大夫皆喜。”[②]《说文解字》：“乌，孝鸟也。”[③]晋成公《乌赋》序：“有孝鸟集余之庐，乃喟尔而叹曰：‘余无仁惠之德，祥禽曷为而至哉？’夫乌之为瑞久矣，以其反哺识养，故为吉乌，是以《周书》神其流变，诗人寻其所集，望富者瞻其爰止，爱屋者及其增叹，兹盖古人所以为称。若乃三足德灵，国有道则见，国无道则隐，斯乃凤鸟之德，何以加焉！”[④]张籍《乌夜啼引》：“少妇起听夜啼乌，知是官家有赦书。”[⑤]李密《陈情表》：“乌鸟私情，愿乞终养。”《本草纲目·禽·慈乌》：“此鸟初生，母哺六十日，长则反哺六十日，可谓慈孝矣。”在以上例子中，乌鸦都是祥瑞之兆。乌鸦由喜而丧的形象变迁自宋代开始。民间谚语“乌鸦头上过，无灾必有祸”“老鸦叫，祸事到”等，均是此类观念的反映。宋代陆佃在《埤雅》卷六中有说明：“今人闻鹊噪则喜，闻乌噪则唾，以乌见异则噪，故辄唾其凶也。”[⑥]即便如此，在明代的《增广贤文》中，依然出现了“羊有跪乳之恩，鸦有反哺之义”[⑦]之句，此时的乌鸦依然是作为孝鸟的形象出现的。因此，从联想意义上看，在古汉语中，尤其是上古汉语中，“乌”的语义联想意义有“孝顺”“吉祥”等。所以，我们不能仅仅因为现代社会中的一些语言现象，就以偏概全地归结为中国文化心理的反映。再比如，我国学界早期对欧化语法一直持反

---

① 山海经. 方韬，译注. 北京：中华书局，2016：334.

② 董仲舒. 春秋繁露. 周桂钿，译注. 北京：中华书局，2011：170.

③ 本书除特别说明外，其余《说文解字》内容来自网络词典“汉典”。

④ 欧阳询. 艺文类聚：3. 上海：上海古籍出版社，1982：1593.

⑤ 彭定求，等. 全唐诗：第四卷. 郑州：中州古籍出版社，2008：1945.

⑥《埤雅》译注. 李涛，译注. 北京：人民出版社，2019：157.

⑦ 增广贤文. 李冲锋，译注. 北京：中华书局，2021：167.

对态度。但是，随着时间的推移，很多受欧化语法影响明显的汉语用法已经被汉语本族语使用者普遍接受，比如“是时候改变了”是 It's time to change 的直译；“营业中”“开会中”的“中”不表示方位，而是表示“动作正在进行”。

（四）对语言及文化事实需要有准确的了解

语言与文化历史悠久。在长期的发展过程中，一些语言与文化事实因为各种因素会变得模糊，有时甚至很难考证。在语言与文化学习中，学习者要注意对资料的真伪进行分析、甄别与判断，比如五代十国时期吴越王钱镠建造了一座宫殿，名字为“握发殿”，取自周公“一沐三捉发，一饭三吐哺，起以待士，犹恐失天下之贤人”①的典故，以示自己勤政爱贤之义。但老百姓知道周公典故的非常少，同时“恶”与“握”在一些方言中音同或音近，因此民间按照自己的理解，讹传成“恶发殿”，说钱王发怒时就到此殿。类似的流俗词源在民间广为流传，但有时只是一种以讹传讹的误解。汉民族有过年的文化习俗，流传很广的一种说法是：古代有一个怪物，叫作“年”，经常出来吃人，百姓苦不堪言。后来老百姓发现这个怪物害怕红色，也害怕噼噼啪啪的响声，老百姓就在门上贴春联、在外面放爆竹把怪物吓跑。这也是流俗词源在民间流传的一个例子。早期的汉字大多具有“因形知义”的特点。从“年”的甲骨文字形看，“年”的上面为禾，下面是一个人弯腰负重的形状，“年”的整体字形是用人背负谷物的图形进行会意，表示一年的收成。因此“年”的本义是“年成，五谷成熟”，过年则是农耕社会流传下来的五谷丰收之后的庆祝活动。

思考与练习

1. 语言的定义主要分为哪几种？你更倾向于使用哪一种定义？为什么？

2. 文化可以分为几类？如果你是一名国际中文教育教师，需要向初级、中级、高级汉语二语学习者解释“梅、兰、竹、菊”，你会怎么解释？你觉得“梅、兰、竹、菊”从类型上看，可以归入文化中的哪一类？

3. 中国人见面打招呼，一般是“见什么问什么”，比如当对方去图书馆时就会问“你去图书馆吗？”，当对方去教室时就会问“你上课去啊？”，当对方穿了一件新裙子时就会说“你的新衣服在哪买的呀？”。在现代社会中，很多人也会选择使用“你好”“早上好”，甚至是“嗨”或者直接使用 hello 等形式。请问，

① 语出司马迁《史记》（北京：中华书局，2006 年，第 206-207 页）。此句意思是：（周公）洗一次头，要多次挽束头发停下来不洗（去接待宾客）；吃饭时，会多次吐出食物停下来不吃（去接待宾客）。即使是这样（勤勉办公），周公还担心因自己怠慢而错失了天下贤才。

打招呼的方式属于文化中的哪一类？什么原因导致了汉语本族语使用者在打招呼时发生了变化？

4. 汉语中有“嫁”和“娶”的区分。“嫁”在《说文解字》中的解释是“嫁，女适人也”。“适”的本义是“往、到”，后引申为“女子出嫁”，因此“适人”就是“嫁人”的意思。“嫁者，家也。妇人外成，以出适人为家。”“娶”的本字为“取”，“取”在甲骨文中表示用手割耳朵，指的是古代作战时以割取敌人尸体首级或左耳以计数献功。请从文化的视角分析汉语词“嫁”与“娶”所反映出的文化信息。

5. 分析下面关于语言与文化关系的一段话，说说你对这段话的理解。

> 人从自身中造出语言，而通过同一种行为，他也把自己束缚在语言之中；每一种语言都在它所隶属的民族周围设下一道樊篱，一个人只有跨过另一种语言的樊篱进入其中，才有可能摆脱母语樊篱的约束。所以，我们或许可以说，学会一种外语就意味着在业已形成的世界观的领域里赢得一个新的立足点。在某种程度上说，这确是事实，因为每一种语言都包含着属于某个人类群体的概念和想象方式的完整体系。①

6. 在苗族语言中，表示女性的词一般放在表示男性的词前面。汉语中的“男女”在苗语中说“女男”；云南纳西族西部方言中，保留着女为大、男为小的用法。汉语中的“大树”在纳西族方言中说为“树母”，汉语中的“小树”被当地人称作“树男”……通过观察上述合成词，分析苗族和纳西族的早期文化特征。

7. “博士”本为职官。两汉指经学博士。西晋时期有书博士一职教习书法。南北朝时期有太乐博士、太医博士等。唐代有算博士、医博士等。到宋代，“博士”指称从事某种职业的人员，如茶博士。到近代，“博士”作为“侨词”，从日语中借入中国，指学位序列中最高的一级，并沿用至今，成为“博士”一词的基本义。试对“博士”一词的意义变迁作出文化解释。

8. 在西方文化中，乌鸦常常与死亡相关联。埃德加·爱伦·坡（Edgar Allan Poe）的《乌鸦》（“The Raven”）一诗，描写了学生读书至深夜，正在昏昏欲睡之时，忽听到叩门之声，以为是死去的爱人归来了，开门一看却是只不祥的乌鸦，它对学生提出的一连串关于死者和冥府的话题，全都回答的是“再也不来了”。乌鸦作为“冥界归来的信使”，营造了全诗中所弥漫的悲凉、绝望甚至是恐怖的氛围。在我国被认为是“报喜之鸟”的喜鹊在一些国家被认为是不吉利的鸟，会带来噩运。喜鹊若飞近某户人家的窗户，预示着这户人家将会有人去世。请从文化角度分析上述现象。

---

① 姚小平. 洪堡特——人文研究和语言研究. 北京：外语教学与研究出版社，1995：135-136.

推荐阅读篇目

1. 爱德华·萨丕尔. 语言论——言语研究导论. 陆卓元，译. 北京：商务印书馆，1964./爱德华·萨丕尔. 语言论——言语研究导论. 2 版. 陆卓元，译. 北京：商务印书馆，1985.
2. 陈建民. 中国语言和中国社会. 广州：广东教育出版社，1999.
3. 罗常培. 语言与文化. 2 版. 北京：北京出版社，2011.
4. 潘文国. 语言的定义. 华东师范大学学报（哲学社会科学版），2001（1）：97-108.
5. 苏新春. 文化语言学教程. 北京：外语教学与研究出版社，2006.
6. 洋溟. 中国传统文化的反思. 广州：广东人民出版社，1987.
7. 姚小平. 洪堡特——人文研究和语言研究. 北京：外语教学与研究出版社，1995.

第一章　汉语语音与文化

第一节　汉语的声调

在人类的发展史上，语言的出现使人与动物区别开来，语言成为人类最重要的交际工具与思维工具。语言的物质外壳是语音，语音与意义结合之后，形成了语言符号。因此，语音是语言系统中最底层、最基本的要素。从音系学的角度看，任何语言或方言中都包括音质音位和非音质音位，但不同语言或方言在对音质音位和非音质音位的选取上会存在不同程度的差异，从而形成了不同的语音面貌。

一、汉语的音节结构

人类语言被称为分节语言，这是人类语言与动物“语言”的根本区别。音节是人们在听觉上自然而然感知到的最小的语音单位。当我们听到“你从哪里来”这样的汉语表达时，普通语言用户无须经过专门训练，也会自然而然地切分出五个音节。同样，即使是刚学英语的二语学习者，也会把英语中的 How are you 切分出三个音节。

关于古代汉语的语音面貌，相关研究一直在进行。由于语音有转瞬即逝的特点，在科技不发达的古代，人们难以利用仪器对语言进行捕捉，将听觉符号变成视觉符号。因此对古代语音的研究只能通过有限的、零散的书面资料进行。古代汉语涵盖上古、中古、近古等不同时期，时间跨度大，研究难度大；尤其是对上古语音系统的研究，到目前为止在很多重要问题上依然存在较大争议。

关于古代汉语语音的特点，学界普遍认同的观点是：上古汉语单音节词占优势，语音系统复杂，音节结构形式多样，因此可以通过语音形式对单音节词进行意义上的区分。之后，随着语言的发展，汉语的音系系统发生了简化。从《广韵》到现代汉语音系，汉语声母与韵母的数量明显减少。从声韵结合体看，汉语语音系统的历时简化表现在三个方面：一是古汉语中的复辅音声母消失；二是辅音韵尾出现了脱落、合流等变化，中古汉语的辅音韵尾有三个鼻辅音韵尾和-p、-t、-k三个塞音韵尾，到现代汉语中，-p、-t、-k三个塞音韵尾完全消失，中古的-m韵尾演变为-n韵尾；三是介音的简化，由之前的六个介音变为现代汉语中的三个高元音介音。

汉语的音节是由声母、韵母、声调三部分构成的。上面分析了汉语语音系统在历时角度上的简化趋势，主要涉及汉语的声母、韵母及其组配形式的发展，没有提及声调。声调是附着在音节上的、具有区别意义作用的超音段成分，主要特征在于音高的变化。声调是汉藏语系诸语言中的一个重要的区别性特征，关于汉语的声调是什么时候开始出现的，学界有不同的看法，其争议主要在于上古汉语中是否有声调。明代音韵学家陈第在《读诗拙言》中否定上古音有四声，认为“盖四声之辨，古人未有……”①。清代的音韵学家江有诰晚年认为“古人实有四声，特古人所读之声与后人不同”②。也就是说，关于上古声调，最大的分歧在于“古无四声”还是“古有四声”。在“古有四声”说之下，又有顾炎武的“四声一贯说”、段玉裁的“古无去声说”、孔广森的“古无入声说”、黄侃的“古无上、去唯有平、入说”等。后来王力提出了“舒促长短说”以及王国维、唐作藩提出了“五声说”等。

到目前为止，学界仍然难以确定四声别义是否是上古汉语的特征。从已知的汉藏语系诸语言看，大部分语言都是有声调的。汉语里的平、上、去、入四声名称的确定是从六朝开始的。但是，语言的发展是一个渐变的过程，可以合理地推知，在六朝之前，汉语声调显然已经是汉语音节中一个不可或缺的成分。从现代语音学的角度看，汉语音节中的声母与韵母为音段音位，声调为超音段音位。从语言使用的经济性原则来看，使用者总是希望用最少量的言语形式来表达最大的信息量，用最少的语言输出获得最优的交际效果。在汉语中，基本上一个汉字对应一个音节，每个音节都必须要有一个声调，以起到因声别义的作用。

二、汉语音节中必须要有声调吗？

汉语音节包括声、韵、调三部分。不含声调的元音与辅音的组配只是声韵结合体，不是音节。也就是说，从声韵结合体发展为音节，需要声调的参与。那么，汉语音节中为什么需要声调呢？声调在汉语中是不可或缺的吗？如前所述，对古代的语音系统，尤其是上古语音系统的整体面貌，现在学界仍有分歧。下面我们以现代汉语为例，说明音节结构中声调的必要性。

---

① 陈第. 毛诗古音考 屈宋古音义. 康瑞琮，点校. 北京：中华书局，2008：142.

② 黄易青，王宁，曹述敬. 传统古音学论著选注. 北京：商务印书馆，2018：406.

在人类语言中，元音和辅音组合后形成基本的声韵结合体，共包括四种基本的音节类型，分别是 V 型、CV 型、VC 型以及 CVC 型，其中，V 表示元音（vowel），C 表示辅音（consonant）。从泛语际的角度看，这四种基本的音节类型都可以扩展为其他的音节结构。V 型可以扩展为 VV 型或 VVV 型；CV 型可以扩展为 CVV 型、CVVV 型或是 CCVV 型；VC 型可以扩展为 VCC 型或 VVCC 型；CVC 型可以扩展为 CCVVCC 型；等等。音节中由 VV 或 VVV 组成的元音群被称为复元音，由 CC 或 CCC 组成的辅音群被称为复辅音。

先来看一下现代汉语普通话中的声母与韵母。现代汉语普通话中共包括 22 个辅音，分别是：b、p、m、f、d、t、n、l、g、k、h、j、q、x、zh、ch、sh、r、z、c、s、ng。除了 ng 只能做韵尾之外，其他的辅音都可以做声母，因此，现代汉语普通话的声母共有 22 个，包括 21 个辅音声母和 1 个零声母。

现代汉语普通话中共有 10 个单元音，即舌面元音 ɑ、o、e、ê、i、u、ü，卷舌元音 er 以及舌尖元音-i（前）和-i（后）[①]，它们可以作为音节中的韵母。现代汉语中单元音可以连续出现，形成 V、VV 或 VVV 格式；或者在鼻辅音之前出现，形成 VC 或 VVC 形式。上述形式也都可以作为韵母。这样，现代汉语普通话中有 39 个韵母，包括 10 个单元音韵母、13 个复元音韵母和 16 个带鼻音韵母。

与英语等其他大多数语言一样，现代汉语包括 V 型、CV 型、VC 型以及 CVC 型等四种音节的基本类型。但是，与英语等语言不同的是，现代汉语在音节四种基本类型的扩展上有严格限制。下面通过语际对比的方式进行说明。首先，汉语中每个音节的构成音素最多不能超过四个，在英语中则是没有数量限制的。英语中的 abomination（名词，令人憎恶的东西）有 5 个音节，commercialization（名词，商业化、商品化）有 6 个音节，而《牛津英语词典》在线版收录的 floccinaucinihilipilification（名词，轻蔑、轻视）有 12 个音节！这并不是最长的，被该词典收录的 pneumonoultramicroscopicsilicovolcanoconiosis（名词，硅肺病）则有 19 个音节。其次，汉语音节中可以出现复元音，比如 ɑi、ei、ɑo、ou、iɑo、iou 等，但是汉语中的三合元音只能出现在开音节中，闭音节里的第二个辅音只能是鼻音或塞音，并且现代汉语音节中没有复辅音，而复辅音在印欧语系的语言里极为常见，比如英语中的 spring、俄语中的 книга 等。所以汉语中的 V 型音节可以扩展为 VV 型的二合元音或 VVV 型的三合元音，但是 C 不能扩展成 CC 或 CCC 型辅音群。同样，CV 型不可能扩展为 CC（C）V 型，VC 型也不能扩展为 VCC（C）型，CVC 型也不可能扩展为 CC（C）VCC（C）型、CVCC（C）型或 CC（C）VV（V）CC（C）型。

综上，在现代汉语音节中，音节最长不超过 4 个音素。除了零声母的情况（即

① 舌尖元音分为舌尖前元音和舌尖后元音，写法均为-i。

V 型和 VC 型）外，现代汉语音节最常见的结构形式是 CV 型、CVC 型以及它们极为有限的扩展形式。

现代汉语普通话中有 22 个声母、39 个韵母。汉语音节结构固定，声母在前（包括零声母的情况），韵母在后。假设现代汉语中所有的声母可以跟所有的韵母拼合，从数学上的排列组合角度分析，理论上，现代汉语中的声韵结合体最多为 22×39=858 个。实际上，汉语中声母与韵母的组合要受到声韵配合规律的制约，声、韵的任意拼合是不可能的。汉语声韵配合简表如表 1.1 所示。

表 1.1　汉语声韵配合简表

声母类型		四呼			
按发音部位划分	声母	开口呼	齐齿呼	合口呼	撮口呼
双唇音	b、p、m	+	+	只跟 u 相拼	–
唇齿音	f	+	–	只跟 u 相拼	–
舌尖中音	d、t	+	+	+	–
	n、l				+
舌面前音	j、q、x	–	+	–	+
舌面后音	g、k、h	+	–	+	–
舌尖后音	zh、ch、sh、r	+	–	+	–
舌尖前音	z、c、s	+	–	+	–
零声母	ø	+	+	+	+

参考资料：黄伯荣，廖序东. 现代汉语（上册）. 增订六版. 北京：高等教育出版社，2017.

注：“+”表示声韵能相拼，“–”表示声韵不能相拼。

现有研究表明：《现代汉语规范字典》（第 1 版，1998）共有 408 个声韵结合体；《现代汉语词典》（第 3 版，1996）有 417 个声韵组合体；《新华字典》（第 9 版，1998）有 416 个声韵组合体。尽管上述三部权威工具书在声韵组合体的数量上不完全一致，但大致可以看出，现代汉语中声韵组合体有 400 个左右。①

汉字是“语素-音节”文字，也就是说，一个汉字会对应一个音节，一个音节通常又对应一个语素。因此，汉语的音节数量与汉字的数量需要有一个合理的比例，以满足音节-语素间的对应关系。我们来看一下汉字的数量。2013 年版的《通用规范汉字表》收录了 8105 个汉字，其中一级字表为常用字集，收字 3500 个，主要满足基础教育和文化普及的基本用字需要，也可以作为义务教育阶段的识字

① 卢偓. 现代汉语音节的数量与构成分布. 语言教学与研究，2001（6）：28-34.

标准；二级字表收字 3000 个，常用度仅次于一级字；三级字表收字 1605 个，包括姓氏人名、地名、科学技术术语和中小学语文教材文言文用字中未进入一、二级字表的较通用的字。可见，2013 年版的《通用规范汉字表》的 8105 个字与 400 个左右的声韵组合相匹配，必然会导致辨义的困难。因此，声调的出现是必需的。假设每个声韵组合都四声俱全，我们会得到约 1600 个音节。实际上，能与阴、阳、上、去 4 个声调都相拼的声韵组合，有 180 个左右，不到音韵组合总量的 50%。根据相关统计，《现代汉语词典》（第 3 版，1996）共有音节 1338 个，《新华字典》（第 9 版，1998）共有音节 1319 个。林焘、王理嘉在《语音学教程》中指出，现代汉语普通话的基本声韵结合体在 410 个左右，基本音节在 1260 个左右。[①]汉语中 1260 个左右音节要对应通用的 8000 余个汉字，一个音对应多个字的情况是必然的，从而导致现代汉语中的同音现象特别多见。

差异在对比中显现得尤为清楚。我们下面来分析为什么在英语单词中声调不是必须出现的。最新英语国际音标表中英语元音有 20 个，辅音有 28 个，共 48 个。英语音节的排列并不像汉语那样有诸多限制。在音节结构方面，英语音位的组合比较自由，音节结构类型多；汉语音位的结合要受到发音部位和介音的限制，音节结构类型较少。汉语音节里的辅音较少，不能单独出现，在音节中的位置较为固定。英语中的辅音多于元音，而且有辅音群，在词首或词尾都可能有两三个辅音接连出现。理论上，从排列组合的角度看，包含一个音节的英语单词的数量是：20（V 型）+28×20（CV 型）+20×28（VC 型）+28×27×20（CCV 型）+20×28×28（VCC 型）=31 940。按照上面的算法，包含两个、三个和四个音节的英语单词的数量显然要多得多。前面我们举过例子，英语中表示“硅肺病”的单词有 19 个音节。因此，仅仅凭借 20 个元音和 28 个辅音的排列组合，英语中可能的组合形式就已经远远超过实际的交际需要。鉴于英语音位组合的限制条件少，组合的可能性丰富，英语采用音位文字书写系统就可以完全满足语言与文字交际的需要。

现代汉语声韵拼合限制条件多，导致音节结构相对固定、简单，即使加上声调之后也只有 1260 个左右的可用音节。显然，汉语单靠语音的组合并不能具有足够的区别意义的功能。这样，汉字的字形就成为济语音之穷的重要手段之一。

如前所述，汉字属于语素-音节文字。就是说，在一般情况下，一个汉字记录一个音节，而一个音节又往往代表一个语素。例如汉字“一”记录了“一”这个语素，同时又对应于 yī 这个音节；汉字“衣”记录了“衣”这个语素，同时对应于 yī 这个音节。在口语交际中，通过上下文语境可以对两个 yī 进行区分；在视觉交际中，通过字形的不同可以清楚地区分同音词的所指。以“衣”为例，其字形

① 林焘，王理嘉. 语音学教程. 增订版. 北京：北京大学出版社，2013.

变迁具体如图 1.1 所示[①]。

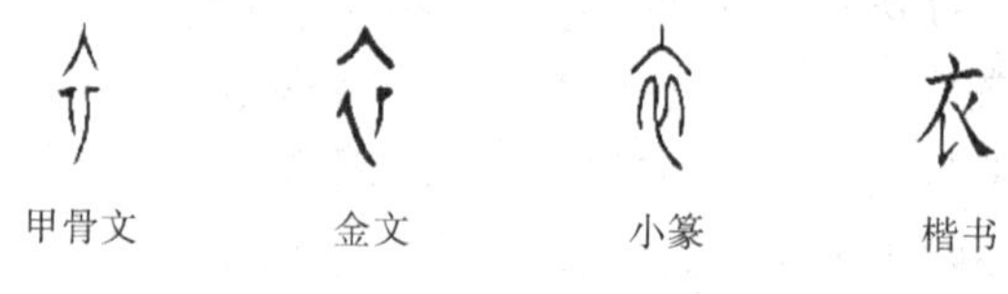

图 1.1 “衣”的字形变迁

综上，语言作为一个系统，各要素之间相互关联，有时甚至形成一种补偿。汉语音节结构简单，声韵配合限制条件多，因此每个声韵组合体都需要附着一个超音段音位——声调。在声调不足以完全区别意义的情况下，汉字字形的表意性又可以承担部分辨义功能。除此之外，汉语中的轻声与儿化也可以起到区别意义的作用。

三、汉语声调为什么会出现变调？

汉语是声调语言。在独立的状态下，汉字的字调是固定的。由于现代汉语普通话有四个调类，在语流中可能会有同一调类连续出现的情况，比如“春天花开”“呜呼哀哉”“卑躬屈膝”“一飞冲天”“文如其人”“名存实亡”“有板有眼”“尺有所短”“岂有此理”“跃跃欲试”“大彻大悟”等。汉语在语音上讲究抑扬顿挫。在日常交际中，如果语流中连续几个音节的声调都是相同的，就会出现变调。

在现代汉语中，三个上声或三个去声连读出现会发生变调的情况，比如“种马场李厂长买雨伞”和“大副在电线下种树”，第一个句子都是由上声字组成的，第二个句子都是由去声字组成的，在朗读时都会出现变调。英国语言学家杰弗里 · N. 利奇（Geoffrey N. Leech）指出语言有五种功能，分别是信息功能、表达功能、指示功能、应酬功能以及美学功能[②]，其中，美学功能指的是创造一种艺术效果[③]。汉语中的变调契合了语音上的美学要求，满足了韵律上的谐调以及扬抑上的均衡。

变调发生的另一个原因是语言除了信息传递功能之外，另外一个重要的功能是人际互动功能。语言经常要承载或表达一定的人类感情，句子也要随之产生相应的变化。表现在语音上，会形成一定的起伏。在早期的语音合成器中，汉语句子的声调基本上是僵化的，几乎不出现语流音变，从而形成典型的“机器人腔”。实际上，人类说话时，由于语言的离散性特点，说话者会将语言单位切分成不同的语流片段，语流片段内部会有合并、连读、轻重变化甚至语音脱落的情况，语

① 除特别说明外，本书字形图片来自汉典网，因同一个字字形有多个，本书仅选取所需字形。
② 杰弗里 · N. 利奇. 语义学. 李瑞华，等译. 上海：上海外语教育出版社，1987：57.
③ 杰弗里 · N. 利奇. 语义学. 李瑞华，等译. 上海：上海外语教育出版社，1987：82.

流片段之间也会有停顿。同时，由于相邻语音成分之间的影响，以及人们在表达时会受情感因素的影响，字句之间总会出现变调。

汉语中大部分的成语都是四声相间、平仄相配的。像“贪天之功”“呜呼哀哉”“含糊其辞”“历历在目”这种四个音节声调或平仄都相同的成语极少。著名作家老舍也说过“‘张三李四’好听，‘张三王八’就不好听。前者是二平二仄，有起有落；后者是四字（按京音读）皆平，缺乏扬抑”。[①]可见在汉语音节中，声调平仄的协调是现代汉语语音面貌的一个重要特征。

需要注意的是，并不是每种变调都与汉语抑扬顿挫的语音要求有关。

按普通话标准读音，部分 ABB 式叠词的后两个字一般变作阴平，比如，“绿油油”中的“油油”读作 yōuyōu。类似的 ABB 结构中 BB 部分的叠词要读成第一声的还可以举出以下的例子，比如“慢腾腾”“沉甸甸”“红彤彤”“湿漉漉”“黄澄澄”等。可见，在汉语中“A+BB”的叠音形式在传统上会出现变成阴平的现象。这种变调与北京人口语习惯中常把“BB”读成阴平调有关，是一个读音习惯问题。

双音节形容词重叠后形成 AABB 式。之前的要求是：在 AABB 式的读音中，第二个字变成轻声，第三、四个字一律变成阴平，例如“老老实实”“舒舒服服”“漂漂亮亮”“干干净净”“清清楚楚”。现在在读这些重叠词时，变调的情况存在，不变调的情况也同样存在。尤其是南方方言区的人们在说普通话的时候，这种情况尤其明显。

除此之外，大量的 ABB 式形容词没有变调，还应读其本音，比如“空荡荡”“红艳艳”“白皑皑”“恶狠狠”“赤裸裸”“白茫茫”“圆滚滚”“喜洋洋”“阴沉沉”等。

四、声调语言与语调语言

汉语中每一个字都有声调，声调在汉语中具有突出的辨义功能，比如“fa 钱”“姓 lu”“这女孩很 chun”“我 mai 了一匹马”“我 wen 你”等，其意义区分主要通过声调完成。

声调特点在对比中显现得尤为清楚。把汉语与英语进行对比更能显示汉语语音的特点。英语中没有具有辨义功能的固定声调，比如 duck 无论读何种声调，依然表示“鸭子”。但是，英语是语调语言。英语语句中的词要受到语调的支配，并且不同的语调能表达出说话者不同的意图、态度和情感。一句话除了字面意义之外，还有语调语义，比如：

---

① 老舍. 对话浅论//老舍. 老舍选集 第五卷 散文及其他. 成都：四川文艺出版社，1986：380.

[1]You have never been here before, haven't you?

Come on.

第一个句子如果用升调结束，表示说话人对所说内容的不确定；如果用降调结束，则表示说话人对“你之前没有来过这儿”这件事情是有把握的。第二个句子如果使用的是降调，表示催促；如果使用的是升调，则表示恳求。可见，英语的语调在表义上具有重要地位。从本节往后，英语句子中黑体部分都是需要重读的。

汉语也有语调，并且语调的高低也是意义表达的重要手段，通过语调的变化，可以表示不同的语气。汉语句子根据语调的不同分为四类：陈述、疑问、祈使和感叹。同样的字词，语调不同，所表示的情感和意义也不相同，比如“啊？”、“啊。”和“啊！”。

不过，尽管汉语语句中也存在着能表达说话者态度和情感的语调，但汉语语调只是在句末字调的基础上稍加变化，或是将原字调中的某一部分的音高延长，或者在原字调的基础上稍加抑扬，并不能完全改变原来的字调。汉语语调只影响句子最末的一个音节，与句子其他的任何部分都不相关。因此与英语相比，声调仍是汉语语音里最具特色的部分。

五、音节型语言与音步型语言

语言的主要形式是口头语言，因此语音、语调以及韵律都赋予了语言生命，其中，节奏是韵律的重要构件之一。无论自然语言还是艺术语言，人们在进行语音加工时总会出现轻重缓急的交替变化，从而形成语音表达的节奏。语言节奏大致相当于音乐中的节拍，是音流中某些超音段成分在时间上等距离、周期性地交替出现。

语言节奏主要分为两大类型——音节节奏型和音步节奏型。在普通话中，语流中大致每隔两个音节就会有一次小的轻重、高低、长短或松紧的交替，形成语流中大致等距离出现的两音节的节奏单元。

虞美人·听雨

宋·蒋捷

少年/听雨/歌楼上，红烛/昏/罗帐。壮年/听雨/客舟中，江阔/云低，断雁/叫/西风。

而今/听雨/僧庐下，鬓已/星星/也。悲欢/离合/总/无情，一任/阶前/点滴/到/天明。①

① 邹德金. 名家注评《全宋词》. 天津：天津古籍出版社，2009：731.

从蒋捷的词中可见：节奏单元在一定程度上独立于句法规则。以“鬓已星星也”为例。按照语法单元切分应该是“鬓/已/星星/也”，其韵律单元则为“鬓已/星星/也”。

在现代汉语中，大部分的节奏单元都是由两个音节构成的，单音节自成一个音步（foot）。通过语音的拖长或缩合，每个节奏单元在时间上倾向于等长，这样的节奏单元就叫做“音步”。《虞美人·听雨》中的“昏”“叫”“也”“总”“到”，音节会拖长；由三个音节组成的一个节奏单元，则会出现音节的缩合。音步作为一个语音单位，不一定是词汇单位或句法单位。再比如《登鹳雀楼》。该题目从语法上切分应该是“登/鹳雀楼”，但其音步形式则表现为“登鹳/雀楼”。

英语也属于音步节奏型语言。但是，与汉语不同的是，英语中的音步是通过轻重交替实现的。英语因此也被称为重音节拍语言，即在语句中，重读音节大致以相同的时间间隔出现。英语语句中重音与重音之间的时间基本等长，语句的节拍是由句中重读音节的多少决定的，比如：

[2]He **turn**ed to the **left** at the **end** of the **street**.

I **should**n't have **thought** that she could ap**pre**ciate the ap**proach**.

例[2]的两个句子，虽然包含的单词数量不同，但是因为重读音节数量相同，因此读起来需要的时间是一致的。因此，在英语中，如果不是受到某些非常规因素的影响，说一个英语句子所需的时间长短不取决于句中单词数或音节数，而是取决于句中有多少个重读音节。而且，在语流中，说话者需要根据英语节奏特点对句子的读音进行调整。

不同的语言节奏特点决定了说话人不同的发音习惯。中国人说话讲究口齿清楚、字正腔圆、抑扬顿挫。受汉语声调的影响，中国人在学习英语时有时会产生负迁移，将英语句子中的每个词都读得非常清楚，显得很生硬。实际上，在英语中，即使是一个全部是实词的句子，在说或读的过程中也会出现轻重交替的发音模式，比如句子 **Mary's** elder **brother** bought **fifty** chocolate **peanuts** 全部是由实词构成的。但在说话时，只有黑体显示的部分才重读，其余的轻读，从而形成轻重交替的发音模式。

下面分析音节计时和重音计时对汉英诗歌的影响。在中国诗歌中，唐代以后的律诗是严格按照字数或音节数来计算的。通常在格律诗中，如果字数相等，音步的形式与数量也基本相同，诵读时间也一致。但是，如果各诗句的字数不相同，音步的划分也不一致，则朗诵的时间长短就会不同，比如“长亭/外，古道/边，芳草/碧连天”的时长要短于“车/辚辚，马/萧萧，行人/弓箭/各/在腰”。英诗则相反。只要重音数目相同，即使是音节数目相差很大的两行诗，仍算是长度一样，因此可以用同样的时间长度念，比如“**Break**, **break**, **break**, On thy **cold** gray **stones**, O **Sea**!”

思考与练习

1. 在目前可知的人类语言中，在约一大半的语言中，“爸爸”“妈妈”的发音都非常相似，而且一般这是婴儿最先学会的两个发音。著名的语言学家罗曼·雅各布森（Roman Jakobson）在 1962 年发表的名为“为什么是‘妈妈’和‘爸爸’？”（“Why ‘Mama’ and ‘Papa’?”）的文章中分析过这个问题。请结合语音学相关知识，分析为什么在很多语言中“爸爸”“妈妈”的语音都相同或相近。

2. 某著名艺人在某洗发水的广告中使用了一个音节 duāng，陕西有一种非常著名的食品叫 biángbiáng 面，在网络语言中，有人使用 biūbiūbiū表示射击的声音……这些声韵组合在现代汉语声韵配合表中是没有的。但显然在交际活动中，如果出于表达的需要，汉语本族语使用者是能够发出这些音的。应该怎么解释这种语言现象?

3. 在一些网络新闻中，有时会读到中国人在国外旅行时，在公共场所大声交谈引人侧目的负面报道。有人由此进行发挥，指出中国公民的素质需要提高云云。请结合声调语言与语调语言的特点，从语言学的角度对上述情况进行分析。

4. 某地公安机关收审了一个犯罪团伙，其中一人拒不交代其真实身份。公安机关将四盘有关此人的预审磁带送往技术侦查部门，要求鉴别其籍贯。技侦部门发现：该人故意操一口混合腔，但有些字在口语语流中声调变化很有特点，比如“国”的读音近似上声，“邮”的读音近似阴平，“三”的读音近似阳平。基于上述特点，技侦人员作了“被鉴别人的第一方言可以考虑是东北话”的鉴别结论。请根据表 1.2 中汉语方言区与普通话四声系统的对应关系，分析技侦部门的判断是否有道理。

表 1.2　汉语方言区与普通话四声系统的对应关系表

四声系统	阴平	阳平	上声	去声
普通话	55	35	214	51
沈阳话	44	35	213	41
济南话	213	42	55	21
南京话	31	13	22	44
兰州话	31	53	442	13

注：出自黄伯荣，廖序东. 现代汉语（上册）. 增订六版. 北京：高等教育出版社，2017：69。表中数字表示调值。

5. 中国人朗读“长亭外，古道边，芳草碧连天”所用的时间，要比朗读“车辚辚，马萧萧，行人弓箭各在腰”的时间短；英诗句子“Break, break, break”的

音节数量要比"On thy cold gray stones, O Sea!"少，但朗读这两句话所需要的时间是相等的。请结合语言节奏类型的分类，分析为什么会出现这种差异。

6. 为什么说人类语言是分节语言？你是怎么理解人类语言的"分节"特点的？动物的语言是否可以分节呢？

7. 查找资料，找出《甲骨文编》中所统计出的汉字数、《说文解字》的收字数、《康熙字典》的收字数，以及《汉语大字典》的收字数，并从文化的视角分析为什么上述工具书的收字数量会有差异。

8. 汉语的音节结构是由几部分组成的？用自己的话来说明为什么声调是汉语音节结构中的必需成分。

9. 下面的片段选自《红楼梦》第二十回"王熙凤正言弹妒意，林黛玉俏语谑娇音"。利用语音学知识，分析湘云的发音特点。

> 二人正说着，只见湘云走来，笑道："爱哥哥，林姐姐，你们天天一处玩，我好容易来了，也不理我理儿。"黛玉笑道："偏是咬舌子爱说话，连个'二'哥哥也叫不上来，只是'爱'哥哥'爱'哥哥的。回来赶围棋儿，又该你闹'幺爱三'了。"宝玉笑道："你学惯了，明儿连你还咬起来呢。"①

推荐阅读篇目

1. 林焘，王理嘉. 语音学教程. 增订版. 北京：北京大学出版社，2013.
2. 卢偓. 现代汉语音节的数量与构成分布. 语言教学与研究，2001（6）：28-34.
3. 唐作藩. 汉语语音史教程. 2 版. 北京：北京大学出版社，2017.
4. 王力. 汉语语音史. 北京：商务印书馆，2010.

第二节　汉语语音在诗歌中的体现

我国的诗歌创作有悠久的历史。从类型上看，古代诗歌大致分为古体诗和近体诗两种，两种诗歌形式对汉语语音都有相应的要求，有时语音上的要求甚至引起了诗歌表现形式上的变化。

格律诗，也叫近体诗或今体诗。格律诗的要求是：第一，字句有定。格律诗

---

① 曹雪芹. 新批校注红楼梦（一）. 程伟元，高鹗，整理. 张俊，沈治钧，评批. 北京：商务印书馆，2013：388.

分为五言或七言。第二，用韵严格。一般偶句押韵，一般押平声韵[①]，并且一韵到底，不能换韵。第三，平仄协调。第四，讲求对仗。古体诗则没有上述要求。

一、诗歌中的押韵

张清常指出，“各民族有它自己的语言形式，有它自己的诗歌格律。这种诗歌格律是建立在该民族语言的语音系统和语音特点上面的，这些都带有它自己的民族形式特点。就汉语的诗歌格律来说，押韵是重要的；但就其他语言的诗歌格律来说，押韵也许不那么重要，也许可以根本不必考虑”。[②]押韵是汉语诗歌的重要特点，甚至有“无韵不成诗”的说法[③]。

押韵指的是诗词歌赋中，某些句子的尾字的韵腹和韵尾相同或相近。古体诗通常隔句押韵，也可以句句押韵。古体诗对韵脚的平仄没有要求，可以押平声韵，也可以押仄声韵。古体诗用韵较宽，允许用邻韵的字，并且古体诗不要求一韵到底，中间可以换韵，比如《古诗十九首·行行重行行》。

行行重行行

行行重行行，与君生别离。
相去万余里，各在天一涯。
道路阻且长，会面安可知。
胡马依北风，越鸟巢南枝。
相去日已远，衣带日已缓。
浮云蔽白日，游子不顾反。
思君令人老，岁月忽已晚。
弃捐勿复道，努力加餐饭。[④]

在上古三十韵部中，“离”“涯”“知”“枝”都属支部；“缓”“反”“晚”“饭”属元部。

格律诗押韵非常严格。偶句押韵，只押平声韵；即使是长律，中间也不可以

---

① 有少量格律诗押仄声韵，比如《江雪》。也有人因此认为《江雪》不是严格意义上的格律诗。词也有押仄声韵的，比如，《满江红·写怀》：“怒发冲冠，凭栏处，潇潇雨歇。”《声声慢》：“寻寻觅觅，冷冷清清，凄凄惨惨戚戚。”等。这里的“歇”“戚”读古代汉语四声中的入声。押入声韵，往往语调急促且调值较低，表示一种悲伤、悲怆、悲凉的气氛。

② 张清常. 汉语诗歌要求押韵. 语言教学与研究，1998（4）：59-63.

③ 有些古体诗歌不押韵，比如《乐府诗集》中的《江南》：“江南可采莲，莲叶何田田，鱼戏莲叶间。鱼戏莲叶东，鱼戏莲叶西，鱼戏莲叶南，鱼戏莲叶北。”

④ 朱自清. 古诗十九首释. 南京：译林出版社，2015：8.

换韵；不允许出韵，即韵脚只能用平水韵中同一韵部的字，除起句外不能用邻韵的字。但如果格律诗首句入韵，则可以用邻韵，比如：

寓　意

宋・晏殊

油壁香车不再逢，
峡云无迹任西东。
梨花院落溶溶月，
柳絮池塘淡淡风。
几日寂寥伤酒后，
一番萧索禁烟中。
鱼书欲寄何由达，
水远山长处处同。

该诗偶句韵脚字“东”“风”“中”“同”为东韵字。首句句末的“逢”为冬韵字。以冬韵衬东韵。也叫借韵。

二、汉语诗歌中的平仄

我国的古体诗，比如《诗经》以及汉乐府诗等，只注重押韵，并不要求声调高低升降的相互交错。在汉代，五言诗和七言诗兴起，对诗词格律的要求进一步提升。除押韵之外，近体诗还要求声调上的跌宕起伏、抑扬顿挫，从而形成了规约性的近体诗平仄格式。

近体诗的平仄指的不是今声调，而是中古语音的两大类声调。根据传统说法，南北朝梁代的沈约最先指出汉语音韵中平上去入四声的分类，并著有《四声谱》。平指的古平声字，仄是古上、去、入三个调类的总括。唐人对四声的描写是：平声哀而安，上声厉而举，去声清而远，入声直而促。明代释真空和尚《玉钥匙歌诀》：“平声平道莫低昂，上声高呼猛烈强，去声分明哀远道，入声短促急收藏。”①

平仄是近体诗最重要的特征。近体诗所采用的平水韵与唐宋的实际语音大体上一致。近体诗句数固定。律诗为八句，绝句为四句，八句以上的称为长律，长律以五言诗居多。近体诗两句组成一联，一联中的上句叫出句，下句叫对句。其平仄的基本要求是：一句之中平仄相间（交替），一联之内出句与对句的平仄相

① 张玉书，等. 康熙字典. 北京：中华书局，1958：16.

对（相反），两联之间平仄相粘（相同）。所谓粘，即律诗下联出句的第二个字与上联对句的第二个字必须平仄相同。格律诗中粘对的作用，是使声调多样化。因为如果不对，上下两句的平仄就会出现雷同；如果不粘，则两联之间的平仄就可能雷同。

在以上的总原则下，形成了近体诗句平仄的基本格式。即在“平平-仄仄”或“仄仄-平平”的基础上再增加一个节奏单元。四种基本格式及代表性五言格律诗具体如下。

第一种：五言仄起仄收式

仄仄平平仄，平平仄仄平。
平平平仄仄，仄仄仄平平。
仄仄平平仄，平平仄仄平。
平平平仄仄，仄仄仄平平。①

次北固山下

唐·王湾

客路青山外，行舟绿水前。
潮平两岸阔，风正一帆悬。
海日生残夜，江春入旧年。
乡书何处达，归雁洛阳边。②

第二种：五言平起仄收式

平平平仄仄，仄仄仄平平。
仄仄平平仄，平平仄仄平。
平平平仄仄，仄仄仄平平。
仄仄平平仄，平平仄仄平。

题破山寺后禅院

唐·常建

清晨入古寺，初日照高林。
曲径通幽处，禅房花木深。
山光悦鸟性，潭影空人心。
万籁此都寂，但余钟磬音。

① 这里只列常规的正格，不涉及具体诗歌中的变异，本书此类同此说明。
② 彭定求，等. 全唐诗：第一卷. 郑州：中州古籍出版社，2008：541.

第三种：五言仄起平收式

仄仄仄平平，平平仄仄平。
平平平仄仄，仄仄仄平平。
仄仄平平仄，平平仄仄平。
平平平仄仄，仄仄仄平平。

送杜少府之任蜀州

唐・王勃

城阙辅三秦，风烟望五津。
与君离别意，同是宦游人。
海内存知己，天涯若比邻。
无为在歧路，儿女共沾巾。

第四种：五言平起平收式

平平仄仄平，仄仄仄平平。
仄仄平平仄，平平仄仄平。
平平平仄仄，仄仄仄平平。
仄仄平平仄，平平仄仄平。

题玄武禅师屋壁

唐・杜甫

何年顾虎头，满壁画瀛洲。
赤日石林气，青天江海流。
锡飞常近鹤，杯度不惊鸥。
似得庐山路，真随惠远游。①

七言律诗是根据一句内平仄相对的原则，在五言律诗的基础上，在左端加上与起头部分相反的“平平”或“仄仄”。绝句是截取了律诗的一半，排律则是按照粘对规则进行延长。

上述四种格律形式是近体诗写作的基本格式。实际上，这种声律格式要求并不是完全刚性的，有些平仄要求可以突破，即常说的“一三五不论，二四六分明”。也就是说，只要格律诗节奏点上的平仄能够达到相间、相对、相粘的要求，就可以收到平仄错综协调的效果。这样，处于节奏点上的二、四、六位置上的字，平仄必须分明，不可随意变动。至于一、三、五位置上的字，由于是非节

① 彭定求，等. 全唐诗：第三卷. 郑州：中州古籍出版社，2008：1131.

奏点所在，并不影响大局，因此对其平仄的要求便可以从宽处理。应该说，对平仄格律的这种柔性突破的处理方式，可以防止因为过度强调形式而妨碍了意义的表达。

三、诗歌中的换位现象

（一）汉语诗歌中同素逆序词的使用

1. 汉语中的同素逆序词

同素逆序词是指构词语素相同而语素顺序互逆的一组双音节词。古代称之为“倒言”“倒字”“倒文”。在 20 世纪 50 年代以后，有关论著或称之为“颠倒词”“变序式”“倒序词”，或称之为“并列式同素逆序同义词”“字序对换的双音词”“字序可以颠倒的词”“词素相同、次序不同的合成词”“同素反序词”“同素逆序词”等。本书采用最后一个术语。

在上古汉语中，通常一个字就是一个词。使用时为了语言表达效果的需要，有时一些具有近义或类义关系的单音词会组成复音词，比如“衣”和“裳”在古汉语中可以单用，也可以组成复音词“衣裳”。《说文解字》：“衣，依也。上曰衣，下曰裳。象覆二人之形。”可见，“衣”的本义是上衣，“裳”的本义是下衣。《诗经·邶风·绿衣》中有“绿兮衣兮，绿衣黄里。心之忧矣，曷维其已！绿兮衣兮，绿衣黄裳。心之忧矣，曷维其亡！”[①]之句。再比如“牙齿”。《说文解字》中有“牙，牡齿也”，《说文解字注》中有“（牙）壮齿也。壮各本讹作牡……士部曰：壮，大也。壮齿者，齿之大者也。统言之皆称齿，称牙。析言之则前当唇者称齿，后在辅车者称牙，牙较大于齿，非有牝牡也。”。《后汉书·华佗传》有“齿牙完坚”，意思是“门齿和槽牙都完整而结实”。在上古汉语中，部分单义词与以之为基础构成的复合词之间有时会出现“浑言则同，析言则异”的情况，即分开使用意义上各有所指，合在一起则等同无别，这为同素逆序词的出现提供了条件。

在新文化运动时期，同素逆序词的使用极为常见，这也成为当时语言风格上的一个特点。以鲁迅作品为例。

> 在这景况中，应运而生的是给人们一点爽利和慰安，好像“辣椒和橄榄”的文学。（《伪自由书·止哭文学》）[②]

① 诗经. 王秀梅，译注. 北京：中华书局，2006：32.

② 鲁迅. 鲁迅全集：第五卷. 北京：人民文学出版社，2005：73.

据我所闻：周的不能安于其位，也有原因：他平日对于选稿方面，太刻薄而私心，只要是认识的人投去的稿，不看内容，见篇即登；同时无名小卒或为周所陌生的投稿者，则也不看内容，整堆的作为字纸篓的虏俘。（《伪自由书·后记》）①

这一种思想，在大约二十年前即与中国一部分的文艺绍介者合流……那时组织的介绍“被压迫民族文学”的是上海的文学研究会，也将他们算作为被压迫者而呼号的作家的。（《南腔北调集》）②

除了从古代汉语中沿袭下来的联合型、意义基本相同的同素逆序词之外，现代汉语中的同素逆序词还包括以下类型。

第一，意义相同的同素逆序词，比如“替代—代替”“河山—山河”“介绍—绍介”“相互—互相”“健康—康健”“演讲—讲演”“逃窜—窜逃”“灵魂—魂灵”“煎熬—熬煎”“忌妒—妒忌”“沉浮—浮沉”等。

第二，意义比较接近的同素逆序词，比如“侵入—入侵”“感情—情感”“路线—线路”“应答—答应”“开裂—裂开”“担负—负担”“光亮—亮光”“缓和—和缓”“兄弟—弟兄”等。

第三，同素逆序词的意义有一定的关联，但差异明显，包括“喜欢—欢喜”“子孙—孙子”“色彩—彩色”“言语—语言”“犯罪—罪犯”“蜂蜜—蜜蜂”“黄金—金黄”“算计—计算”“画图—图画”等。

第四，意义之间不存在联系，包括“带领—领带”“动机—机动”“不要—要不”“度过—过度”“出发—发出”“语法—法语”“工人—人工”“人情—情人”“事故—故事”“来历—历来”“文盲—盲文”“文人—人文”等。

2. 诗歌中的同素逆序词

中国诗歌中出现的同素逆序词如果是联合型结构，通常是同/近/类义词并列造词，形成词汇中的羡余现象。上古同素逆序词中的构成要素，如果分开来看，在意义上是有区别的，比如“室家”“离别”。在上古汉语中，“男有室，女有家”，“近曰离，远曰别”，这就是所谓的“析言则异”。在使用过程中，这些组合性的词汇单位语义凝固度增加，成为一种规约化的词汇单位，出现了“浑言则同”的情况。在“浑言则同”原则的制约下，所形成的同素逆序单位的词汇意义也与原来的意义基本相同，因此并不影响意义的表达。

无论是在古体诗还是近体诗中，同素逆序词的使用都较为常见，甚至在同一

① 鲁迅. 鲁迅全集：第五卷. 北京：人民文学出版社，2005：165-166.

② 鲁迅. 鲁迅全集：第四卷. 北京：人民文学出版社，2005：443.

首诗中，有时也会使用同素逆序词。宋王楙在《野客丛书》中引《汉皋诗话》："字有颠倒可用者，如'罗绮、绮罗'之类，方可纵横，……古人颠倒用字，又不特'慨慷'二字而已，'凄惨'作'惨凄'，'琴瑟'作'瑟琴'，'参商'作'商参'，皆随韵而协之耳……"[①]按照《汉皋诗话》的说法，同素逆序词的使用主要是为了韵脚的和谐。下面的例子来自《诗经》。

东方未明，颠倒衣裳。颠之倒之，自公召之。东方未晞，颠倒裳衣。倒之颠之，自公令之。（《诗经·齐风·东方未明》）[②]

桃之夭夭，灼灼其华。之子于归，宜其室家。桃之夭夭，有蕡其实。之子于归，宜其家室。（《诗经·周南·桃夭》）[③]

在《诗经》中，"衣裳"与"裳衣"、"家室"与"室家"这两组同素逆序词的使用，满足了韵脚押韵的要求。下面的例子来自白居易的《村居苦寒》。

村居苦寒

唐·白居易

八年十二月，五日雪纷纷。
竹柏皆冻死，况彼无衣民。
回观村闾间，十室八九贫。
北风利如剑，布絮不蔽身。
唯烧蒿棘火，愁坐夜待晨。
乃知大寒岁，农者尤苦辛。
顾我当此日，草堂深掩门。
褐裘覆絁被，坐卧有余温。
幸免饥冻苦，又无垄亩勤。
念彼深可愧，自问是何人。[④]

这首诗的韵脚字分别是：纷、民、贫、身、晨、辛、门、温、勤、人。这些韵脚中有属真韵的，有属文韵的。真、文合韵，符合韵脚押韵的要求。如果将"农者尤苦辛"中的"苦辛"替换为"谁知盘中餐，粒粒皆辛苦"中的"辛苦"，就会出韵。类似的使用同素逆序词以满足韵脚押韵需求的例子还有：王维的《送丘为往唐州》中"宛洛有风尘，君行多苦辛。四愁连汉水，百口寄随人"[⑤]之句。

① 王楙. 野客丛书. 王文锦，点校. 北京：中华书局，1987：326. 标点有所改动。

② 诗经. 王秀梅，译注. 北京：中华书局，2006：134.

③ 诗经. 王秀梅，译注. 北京：中华书局，2006：12.

④ 彭定求，等. 全唐诗：第四卷. 郑州：中州古籍出版社，2008：2133.

⑤ 彭定求，等. 全唐诗：第二卷. 郑州：中州古籍出版社，2008：587.

清蒋士铨的《岁暮到家》："见面怜清瘦，呼儿问苦辛。低徊愧人子，不敢叹风尘。"①

除了满足押韵的需要之外，同素逆序词在格律诗中的另一个作用是满足格律诗的平仄要求。

送高郎中北使

唐·杜审言

北狄愿和亲，东京发使臣。
马衔边地雪，衣染异方尘。
岁月催行旅，恩荣变苦辛。
歌钟期重锡，拜手落花春。②

这首五律中的韵脚"臣""尘""辛""春"都属于真韵，使用"苦辛"首先满足了韵脚押韵的要求。其次，该诗为仄起平收式，其颈联的平仄格律为"仄仄平平仄，平平仄仄平"，"行旅"与"苦辛"的使用，满足了上述格律要求。如果改成"岁月催旅行，恩荣变辛苦"，则其平仄格式就不符合要求。

客 行 赠 人

唐·耿湋

旅行虽别路，日暮各思归。
欲下今朝泪，知君亦湿衣。③

《客行赠人》为平起仄收的五绝，其基本格律形式为"平平平仄仄，仄仄仄平平。仄仄平平仄，平平仄仄平"。该诗起头用的是"旅行"，按照"一三五不论，二四六分明"的柔性平仄要求，符合平起仄收的格律要求。如果将首句中的"旅行"改为"行旅"，则首句中的第二个字变为仄声，与格律诗的平仄要求不符。

（二）诗歌中的换位

1. 古体诗中的换位现象

部分古体诗为满足特定的表达需求，摒弃了常见的、规约性的表达方式，故

① 陶江. 气节文章——蒋士铨传. 北京：作家出版社，2016：80-81.
② 彭定求，等. 全唐诗：第一卷. 郑州：中州古籍出版社，2008：338.
③ 彭定求，等. 全唐诗：第三卷. 郑州：中州古籍出版社，2008：1368.

意对词语内部语素的排列顺序，以及词语与词语之间的组合顺序进行调整，形成词语的换位。换位有时在形式上与同素逆序词相似，特别是双音节词的换位更是如此。但实际上二者并不相同。例如，民间传说，清乾隆皇帝有一次到十三陵游览。古代帝王陵寝前，通常会有很多威武高大的石人，叫翁仲。乾隆看到陵道上排列的石人，一时兴起，想考查一下随行的翰林学士的学识和眼界，就指着陵道上的石人问身边的翰林："这些是什么？"翰林回答说："这些是仲翁。"乾隆听到翰林把"翁仲"说成"仲翁"，立即作一首打油诗：

翁仲如何作仲翁，
只因窗下少夫功。
从今不许为林翰，
贬去江南做判通。①

我们在上文分析了同素逆序词。严格地说，同素逆序词得以成立的一个前提是：颠倒语序之后，两个词都仍然是词，比如"辛苦—苦辛""痛苦—苦痛""旅行—行旅"等，只不过二者在使用频率以及读者的接受度上有差异。在民间传说中乾隆所做的打油诗里，"仲翁""夫功""林翰""判通"并不是汉语词汇系统中的词，只是为了满足表达需要，通过倒置的方法，形成的临时性组合。但是在上下文语境的支持下，这些临时性表达也能清楚地表达其意义。

在古代诗歌创作中，词语的换位比较常见。在格律诗中，这种倒置并不限于双音节词的内部，还可以是一个短语内部所进行的顺序调整，甚至是整个小句内相关成分线性排列顺序的调整。换位方法的使用有时是为了满足押韵的要求，有时是为了满足平仄的要求，有时可能是为了强调某种意境，或者是符合吟诵的格律要求，比如：

山居秋暝

唐·王维

空山新雨后，天气晚来秋。
明月松间照，清泉石上流。
竹喧归浣女，莲动下渔舟。
随意春芳歇，王孙自可留。②

① 叶赫那拉·图鸿. 乾隆皇帝：第3册. 北京：中国人事出版社，1996：942.
② 彭定求，等. 全唐诗：第二卷. 郑州：中州古籍出版社，2008：589.

奉济驿重送严公四韵

唐·杜甫

远送从此别，青山空复情。
几时杯重把，昨夜月同行。
列郡讴歌惜，三朝出入荣。
江村独归处，寂寞养残生。①

在上面两首格律诗中，《山居秋暝》的颈联“竹喧归浣女，莲动下渔舟”描写的其实是“浣女归而竹喧，下渔舟而莲动”的场景。如果按照正常语序，写成“浣女归竹喧，下渔舟莲动”，一则不押韵，二则不符合平起仄收式近体诗的格律要求。还有的换位不是发生在小句内部，而是在两个小句之间，如《奉济驿重送严公四韵》中的“几时杯重把，昨夜月同行”，按照汉语中常规的叙事顺序，应该是“昨夜月同行，几时重把杯”。但如果采用常规叙事方式，无法做到偶句押韵，也无法满足仄起仄收式近体诗的格律要求。

绝　句

宋·志南

古木阴中系短篷，杖藜扶我过桥东。
沾衣欲湿杏花雨，吹面不寒杨柳风。②

志南和尚的《绝句》中的第二句“杖藜扶我过桥东”，通常的语序应该是“我扶藜杖过桥东”。为了诗歌的平仄以及意境的需要，志南和尚将“我扶藜杖”调整为“杖藜扶我”，节奏和谐，画面生动。

除了格律诗之外，词中的一些语句在顺序上也可以调整，比如：

浣　溪　沙

宋·苏轼

簌簌衣巾落枣花，村南村北响缲车。牛衣古柳卖黄瓜。
酒困路长惟欲睡，日高人渴漫思茶。敲门试问野人家。③

“簌簌衣巾落枣花”的常规表达是“枣花簌簌落衣巾”。但这样的表述顺序与《浣溪沙》的词律要求是相悖的。也就是说，在我国古代诗词曲赋的写作中，语音上的格律要求是第一位的，语音甚至会对语法进行压制，造成语法组合上的

① 彭定求，等. 全唐诗：第三卷. 郑州：中州古籍出版社，2008：1130.

② 宋诗一百首. 周啸天，注评. 北京：商务印书馆国际有限公司，2021：136.

③ 邹德金. 名家注评《全宋词》. 天津：天津古籍出版社，2009：142.

移位，但最终的结果并未影响诗词意义的表达。这与汉语表达的高语境依赖性以及作为语义型语言的特点有关。

2. 现代诗歌中的换位现象

现代诗歌中的换位现象也较为常见，比如徐志摩《沙扬娜拉》之第十八首《赠日本女郎》便是很好的例子。

沙扬娜拉（赠日本女郎）

徐志摩

最是那一低头的温柔，
　像一朵水莲花不胜凉风的娇羞，
道一声珍重，道一声珍重，
　那一声珍重里有蜜甜的忧愁——
　　沙扬娜拉！①

“蜜甜”是“甜蜜”的同素逆序词。在现代诗歌中，通过使用同素逆序词产生的移位现象较为多见。同样的还有：

不然，就让你的尊严羞死我！
让你的酷冷冻死我！（闻一多《死》）②

现代诗歌不像近体诗那样，需要遵循平仄格律方面的要求，但句末押韵依然比较常见。有时为了满足韵脚的和谐，会在不影响意义表达的情况下，使用换位的方法。

故乡是北京

阎肃 作词

走遍了南北西东，
也到过了许多名城，
静静地想一想啊，
我还是最爱我的北京。
不说那天坛的明月，北海的风，
卢沟桥的狮子，潭柘寺的松……③

---

① 徐志摩. 康桥之恋. 西安：陕西师范大学出版社，2018：157.

② 闻一多. 闻一多诗. 杭州：浙江文艺出版社，2000：56.

③ 阎肃. 故乡是北京//阎宇. 阎肃人生. 青岛：青岛出版社，2015：194.

在日常交际中，习惯的表达是“东西南北”或者“南北东西”。但《故乡是北京》作为歌词，押的是宽韵，韵脚都属于后鼻音韵母的范畴即可。在“东西南北”中，只有“东”的韵母为后鼻音韵母。类似的还有：

小庙春景

陈梦家

要太阳光照到
我瓦上的三寸草，
要一年四季
雨顺风调。
让那根旗杆
倒在败墙上睡觉，
让爬山虎爬在
它背上，一条，一条，……

更经常使用的“风调雨顺”在《小庙春景》中被改为“雨顺风调”，也是为了韵脚的和谐。这样，韵脚字“调（tiáo）”与“草”“觉（jiào）”“条”的韵腹都是 ao。同样的还有林徽因的《八月的忧愁》。

八月的忧愁

林徽因

……

从没有人说过八月什么话，
夏天过去了，也不到秋天。
但我望着田垄，土墙上的瓜，
仍不明白生活同梦怎样的连牵。①

需要注意的是，现代诗歌中有些换位现象与语音无关，而是出于情感表达的需要。这是现代诗歌与格律诗在换位上一个很大的不同——格律诗中的换位，通常是受平仄要求驱动的。现代诗歌中的换位，则可以独立于语音之外，比如余光中的《等你，在雨中》。

等你，在雨中

余光中

……

① 林徽因. 林徽因诗选. 南京：译林出版社，2016：60.

忽然你走来
步雨后的红莲，翩翩，你走来
像一首小令
从一则爱情的典故里你走来
在姜白石的词里，有韵地，你走来①

诗人描写的是自己心仪的女孩子在雨后走来的动人身影，她忽然步雨后的红莲翩翩走来；像一首小令，从一则爱情的典故里走来；有韵地从姜白石的词里走来。诗人将状语前置，呈现出很强的画面感。

思考与练习

1. 为什么同素逆序词会在古代汉语，尤其是诗歌中大量存在？同素逆序词在语序上的变化是否会引起意义上的变化？为什么？

2. 分析下面五律的格律形式，并分析其中的颈联为什么要出现错序。

山居秋暝

唐·王维

空山新雨后，天气晚来秋。
明月松间照，清泉石上流。
竹喧归浣女，莲动下渔舟。
随意春芳歇，王孙自可留。

3. 根据下面的描述，总结格律诗的特点，并分析宝钗与黛玉所作的《咏白海棠》是否符合格律诗的相关要求。

> 《红楼梦》第三十七回“秋爽斋偶结海棠社，蘅芜苑夜拟菊花题”。
>
> 李纨道：“方才我来时，看见他们抬进两盆白海棠来，倒很好，你们何不就咏起他来呢？”……迎春道：“这么着，我就限韵了。”说着，走到书架前，抽出一本诗来随手一揭，这首诗竟是一首七言律，递与众人看了，都该做七言律。迎春掩了诗，又向一个小丫头道：“你随口说个字来。”那丫头正倚门站着，便说了个“门”字，迎春笑道：“就是‘门’字韵，‘十三元’了。起头一个韵定要‘门’字。”说着，又要了韵牌匣子过来，抽出“十三元”一屉，又命那丫头随手拿四块。那丫

① 余光中. 余光中精品文集. 合肥：安徽人民出版社，1999：195-196.

头便拿了“盆”“魂”“痕”“昏”四块来。宝玉道：这‘盆’“‘门’两个字不大好做呢。”……①

咏白海棠（一）

薛宝钗

珍重芳姿昼掩门，自携手瓮灌苔盆。
胭脂洗出秋阶影，冰雪招来露砌魂。
淡极始知花更艳，愁多焉得玉无痕？
欲偿白帝宜清洁，不语婷婷日又昏。

咏白海棠（二）

林黛玉

半卷湘帘半掩门，碾冰为土玉为盆。
偷来梨蕊三分白，借得梅花一缕魂。
月窟仙人缝缟袂，秋闺怨女拭啼痕。
娇羞默默同谁诉，倦倚西风夜已昏。

4. 崔颢《黄鹤楼》中有“晴川历历汉阳树，芳草萋萋鹦鹉洲”之句。其正常语序为“晴川汉阳树历历，鹦鹉洲芳草萋萋”。利用所学过的格律诗的相关要求，分析此句为什么要换序。

5. 在《唐诗三百首》中，李白的《静夜思》被归入“乐府类”。王力先生在《诗词格律》中，把它归入“古绝”类。乐府类与古代绝句都属于古体诗的范畴。可见，《静夜思》应该是一首古体诗。本身是古体诗，但是经常被错认为是格律诗的还有李绅的《悯农》以及范仲淹的《江上渔者》。请对照格律诗的要求，分析上述归类是否正确，为什么？

6. 找出下面诗句中的错序部分，并根据格律诗的特点，结合全诗，分析为什么会出现下面的错序现象。

“荡胸生层云，决眦入归鸟。”（杜甫《望岳》）②
“柳色春山映，梨花夕鸟藏。”（王维《春日上方即事》）③
“云掩初弦月，香传小树花。”（杜甫《遣意》）④

---

① 曹雪芹. 新批校注红楼梦（三）. 程伟元，高鹗，整理. 张俊，沈治钧，评批. 北京：商务印书馆，2013：673.
② 彭定求，等. 全唐诗：第二卷. 郑州：中州古籍出版社，2008：1035.
③ 彭定求，等. 全唐诗：第二卷. 郑州：中州古籍出版社，2008：589.
④ 彭定求，等. 全唐诗：第二卷. 郑州：中州古籍出版社，2008：1122.

7. 格律诗强调平仄的相对、相间和相粘，目的是避免格律诗的平仄雷同、重复。为什么格律诗中的平仄要有差异？如果格律诗中的平仄雷同，在音律上会出现什么问题？

8. 唐代张打油做了一首咏雪诗，全文为："江上一笼统，井上黑窟窿。黄狗身上白，白狗身上肿。"这一类型的诗歌从此得名为"打油诗"。打油诗在民间自此广为流传。1927 年，蒋介石建立了国民政府，内部的官员争权夺利，钩心斗角，各怀鬼胎。于是鲁迅先生写了四句《南京民谣》打油诗："大家去谒陵，强盗装正经；静默十分钟，各自想拳经。"请结合上述两首打油诗，从格律的角度，分析打油诗的特点。

推荐阅读篇目

1. 陈玄荣. 唐代格律诗的平仄规则. 求是学刊，1978（3）：73-79.
2. 郭绍虞，蒋凡. 自由诗、格律诗与民歌. 语文学习，1978（5）：34-42.
3. 蒋胜国. 平仄及近体诗的平仄规则. 语文教学与研究，1998（9）：28.
4. 马凯. 谈谈格律诗的"求正容变". 光明日报，2011-01-19（11）.
5. 孙玉文. 古代语音和文言诗文阅读. 小学语文，2021（6）：4-11.
6. 张清常. 汉语诗歌要求押韵. 语言教学与研究，1998（4）：59-63.
7. 王昌茂. 平仄在近体诗格律中的地位和作用. 语文教学与研究，1997（8）：30.
8. 王力. 诗词格律. 北京：中华书局，2000.

第三节　汉语语音在修辞与民俗中的表现

一、叠音

叠音指的是重叠音节[①]。汉语中通常一个音节就是一个字，因此叠音也称为叠字。在汉语中，叠音是一种造词方法。主流的现代汉语课本经常会区分叠音词与重叠词，认为二者是从词的构成角度划分出的两个概念，其中，叠音词指两个相同的音节相叠，属单纯词的范畴，比如"潺潺""袅袅""翩翩"之类；重叠词则指两个相同的语素相叠，是合成词，比如"仅仅""刚刚""万万"之类。本教材从修辞的视

① 汉语中的叠音形式包括 AA 式（如"巍巍""嚷嚷"等）、ABB 式（如"绿油油""水汪汪"等）、AABB 式（如"瓶瓶罐罐""清清爽爽"等）、ABAB 式（如"研究研究""欣赏欣赏"等）。本教材主要分析 AA 式，这是最古老的、在古今汉语中都普遍存在的叠音形式，同时也会涉及 AABB 式。

角出发，关注叠音的使用，分析音、形、义完全相同的两个字在同一句中连接起来使用，达到对称和谐、形象生动的描写效果。叠音现象的修辞分析中，既包含作为单纯词的叠音词，也包括作为合成词的重叠词，我们对二者不做区分。

在古诗文中，叠音的使用极为常见，成为诗词曲赋表达中的常用手段，比如：

[3]昔我往矣，杨柳依依。今我来思，雨雪霏霏。（《诗经·小雅·采薇》）①

[4]伐木丁丁，鸟鸣嘤嘤。出自幽谷，迁于乔木。（《诗经·小雅·伐木》）②

[5]迢迢牵牛星，皎皎河汉女，纤纤擢素手，札札弄机杼。终日不成章，泣涕零如雨。河汉清且浅，相去复几许。盈盈一水间，脉脉不得语。（《古诗十九首·迢迢牵牛星》）③

[6]舟遥遥以轻飏，风飘飘而吹衣。（晋·陶渊明《归去来兮辞》）④

[7]漫漫秋夜长，烈烈北风凉。（三国·曹丕《杂诗二首·其一》）⑤

[8]繁枝容易纷纷落，嫩蕊商量细细开。（唐·杜甫《江畔独步寻花》之七）⑥

[9]落花寂寂啼山鸟，杨柳青青渡水人。（唐·王维《寒食汜上作》）⑦

[10]寻寻觅觅，冷冷清清，凄凄惨惨戚戚。乍暖还寒时候，最难将息。三杯两盏淡酒，怎敌他、晚来风急！雁过也，正伤心，却是旧时相识。

满地黄花堆积。憔悴损，如今有谁堪摘？守着窗儿，独自怎生得黑。梧桐更兼细雨，到黄昏，点点滴滴。这次第，怎一个愁字了得。（宋·李清照《声声慢》）⑧

[11]莺莺燕燕春春，花花柳柳真真，事事风风韵韵，娇娇嫩嫩，停停当当人人。（元·乔吉《天净沙·即事》）⑨

[12]寸寸微云，丝丝残照，有无明灭难消。正断魂魂断，闪闪摇摇。

① 诗经. 王秀梅，译注. 北京：中华书局，2006：251.
② 诗经. 王秀梅，译注. 北京：中华书局，2006：244.
③ 古诗十九首. 朱自清，释. 北京：中国广播影视出版社，2020：95.
④ 袁行霈. 陶渊明集笺注. 北京：中华书局，2011：317.
⑤ 三曹诗选. 孙明君，选注. 北京：中华书局，2005：56.
⑥ 彭定求，等. 全唐诗：第三卷. 郑州：中州古籍出版社，2008：1128.
⑦ 彭定求，等. 全唐诗：第二卷. 郑州：中州古籍出版社，2008：602.
⑧ 邹德金. 名家注评《全宋词》. 天津：天津古籍出版社，2009：321.
⑨ 陈鹏，闫丽红. 元曲三百首鉴赏辞典. 2 版. 武汉：崇文书局，2020：158.

望望山山水水，人去去，隐隐迢迢。从今后，酸酸楚楚，只似今宵。

遥遥，问天不应。看小小双卿，袅袅无聊。更见谁谁见，谁痛花娇！谁望欢欢喜喜，偷素粉写写描描。谁还管生生世世，夜夜朝朝。（清·贺双卿《凤凰台上忆吹箫》）①

现代汉语中，叠音的使用也极为常见，比如：

[13]惊蛰一过，春寒加剧。先是料料峭峭，继而雨季开始，时而淋淋漓漓，时而淅淅沥沥，天潮潮地湿湿，即连在梦里，也似乎把伞撑着。而就凭一把伞，躲过一阵潇潇的冷雨，也躲不过整个雨季。连思想也都是潮润润的。每天回家，曲折穿过金门街到厦门街迷宫式的长巷短巷，雨里风里，走入霏霏令人更想入非非。（余光中《听听那冷雨》）②

[14]在这个大梦里，一定还有长长短短，深深浅浅，肥肥瘦瘦，甜甜苦苦，无数无数的小梦。（朱自清《〈忆〉跋》）③

[15]曲曲折折的荷塘上面，弥望的是田田的叶子。叶子出水很高，像亭亭的舞女的裙。（朱自清《荷塘月色》）④

[16]这么一想，我就觉得远远近近的灯，都像在呢呢喃喃，絮絮叨叨地讲着各种各样的语言了。（秦牧《长街灯语》）⑤

二、谐音与修辞

谐音指的是在语言使用中利用语言符号同音或近音特点形成的语言现象。谐音只发生在语音相同或相近的字词之间，既是一种语言文化现象，也是一种修辞手段。谐音作为一种语言现象普遍存在于各种语言之中。如前所述，由于汉语音节结构简单，只有约1300个音节，因此汉语中的同音现象极为常见，相应地，汉语中的谐音现象也特别多，在修辞以及汉文化中都有相应的体现。

① 龚学文. 闺秀词三百首. 桂林：漓江出版社，1996：374-375.

② 余光中. 余光中精品文集. 合肥：安徽人民出版社，1999：3.

③ 朱自清. 朱自清散文. 北京：人民文学出版社，2005：52.

④ 朱自清. 朱自清散文. 北京：人民文学出版社，2005：118.

⑤ 秦牧. 秦牧散文. 北京：人民文学出版社，2005：40.

（一）谐音双关

汉民族表意委婉含蓄，少用直言，有时会利用字、词之间的同音、近音条件，故意使语言表达具有表里双重意义，以便产生言在此而意在彼的表达效果。

[17]杨柳青青江水平，闻郎江上唱歌声。东边日出西边雨，道是无晴（情）却有晴（情）。（刘禹锡《竹枝词二首·其一》）①

[18]井底点灯深烛（嘱）伊，共郎长行莫围棋（违期）。
玲珑骰子安红豆，入骨相思知不知？（温庭筠《新声杨柳枝》）②

谐音双关在日常交际中较为常见，比如歇后语中的“腊月里的萝卜——动（冻）了心”“老虎拉车——谁敢（赶）”“空中布袋——装疯（风）”“宋江的军师——无用（吴用）”“秃子打伞——无法（发）无天”等。

广告中的谐音双关比比皆是，比如得力文具的广告语是“得力，办公更得力”。利用成语谐音的广告更多，比如热水器广告的“随心所浴（欲）”、咳嗽药广告的“咳（刻）不容缓”、蚊香的广告“默默无蚊（闻）”等。但有些广告有滥改成语之嫌，比如胃药广告的“无胃（微）不治”、酒的广告语“酒（久）负胜名”“九酒（九）归一”等。

网络中的谐音现象也非常常见，比如“杯具（悲剧）”、“蓝瘦香菇（难受想哭）”、“我太南（难）了”③、“耗子尾汁（好自为之）”。甚至现在网络上还出现了镶嵌英文的谐音现象，比如“word 天（我的天）”“君要臣死，臣 facebook（臣非死不可）”等。

（二）谐音与仿词

仿词指为表达需要，更换现成词语中的某个语素，临时形成一个新词，其中有一部分仿词是利用了谐音，比如：

[19]五儿急的便说：“那原是宝二爷屋里的芳官给我的。”林之孝家的便说：“不管你‘方官’‘圆官’！现有赃证，我只呈报了，凭你主子前辩去。”（《红楼梦》第61回“投鼠忌器宝玉瞒赃，判冤决狱平儿行权”）④

① 彭定求，等. 全唐诗：第四卷. 郑州：中州古籍出版社，2008：1861.

② 温庭筠，韦庄. 温庭筠词集·韦庄词集. 上海：上海古籍出版社，2010：55.

③ “我太南了”较早源自网上的一个段子。“北极熊：企鹅，你怎么不来找我玩啊？企鹅：我太南了。”这里的“南”不再作为方位名词使用，而是谐音为“我太难了”。

④ 曹雪芹. 新批校注红楼梦（三）. 程伟元，高鹗，整理. 张俊，沈治钧，评批. 北京：商务印书馆，2013：1100-1101.

[20]宋嬷嬷听了，心下便知镯子事发，因笑道："虽如此说，也等花姑娘回来，知道了，再打发他。"晴雯道："宝二爷今儿千叮咛万嘱咐的，什么'花姑娘'、'草姑娘'的，我们自然有道理，你只依我的话，快叫他家的人来，领他出去。"（《红楼梦》第52回"俏平儿情掩虾须镯，勇晴雯病补雀毛裘"）①

例[19]中本来是"芳官"，因谐音写作"方官"，再仿词写为"圆官"。例[20]中的"花"本为姓氏，又由"花姑娘"仿拟出"草姑娘"。

（三）谐音与飞白

飞白作为辞格，其定义一直有争议。陈望道在《修辞学发凡》中认为飞白是明知其错但故意仿效。通过对语料分析，可以发现飞白确实建立在"错"的基础之上，但是这种错并不一定是故意的。姚淦铭提出"自然为之"的飞白与"故意为之"的飞白②。因此，飞白指的是有意或无意地使用某种错误的形式，以达到相应的表达效果的辞格，其中，飞白辞格中的一些错，与语音相关，比如：

[21]假洋鬼子回来时，向秀才讨还了四块洋钱，秀才便有一块银桃子挂在大襟上了；未庄人都惊服，说这是柿油党的顶子，抵得一个翰林。（鲁迅《阿Q正传》）③

[22]（韦小宝）问道："皇上，'鸟生鱼汤'到底是什么东西？"康熙笑道："还在鸟生鱼汤？你这家伙可真没半点学问。尧舜禹汤是古代的四位有道明君……"（金庸《鹿鼎记》第十四回）④

上面例子中的"柿油党"是"自由党"的谐音。乡下人不太可能第一时间搞懂新潮的政治名词，将"自由"附会成自己能理解的"柿油"再自然不过；韦小宝没有读过什么书，对上古历史一无所知，将"尧舜禹汤"理解成"鸟生鱼汤"，也符合小说中对他进行的人物设定。

（四）谐音与曲释

曲释，是出于一种特定的表达需要而有意歪曲解释，借题发挥。曲释有时要用到谐音。《唐阙史·李可及戏三教》记载了唐咸通年间李可及与他人关于儒教、

① 曹雪芹. 新批校注红楼梦（二）. 程伟元，高鹗，整理. 张俊，沈治钧，评批. 北京：商务印书馆，2013：947.

② 姚淦铭. "飞白"辞格探论. 苏州铁道师范学院学报（社会科学版），2002（2）：78-80.

③ 鲁迅. 鲁迅著作全编. 林非，主编. 北京：中国社会科学出版社，1999：319.

④ 金庸. 鹿鼎记：2. 广州：广州出版社，2013：479.

道教、释教的对话。有人问李可及，既然李可及说自己博通三教，那么请问释迦如来是何人，李可及回答是“妇人”。对方很奇怪，问：“为什么释迦如来是妇人？”李可及回答：“《金刚经》云：‘敷座而坐。’或非妇人，何烦夫坐然后儿坐也？”那人又问太上老君是什么人，李可及依然回答说是妇人，因为《道德经》上有“吾所以有大患者，为吾有身；及吾无身，吾有何患！”[①]之句。如果太上老君不是妇人，怎么会担心自己有“娠（身）”呢？那人又问孔子是什么人，李可及的回答还是“妇人”，因为“子曰：‘沽之哉！沽之哉！我待贾者也’”[②]之句。如果孔子不是妇人，为什么要待嫁呢？此则故事中，李可及利用谐音，故意对如来、太上老君和孔子进行曲解，以达到诙谐搞笑的目的。

（五）谐音与对偶

在对偶句中，尤其是在对子中，说话者有时会利用谐音，达到婉转明义的目的。明代程敏政才学过人，名臣李贤欲招之为婿，为考查程之才学，在一次宴席上李贤出了上句：“因荷（何）而得藕（偶）？”程敏政知其心意，对曰“有杏（幸）不须梅（媒）”，遂成一段佳话。

明末清初著名文学家金圣叹因“哭庙案”受牵连，被处以极刑。临刑前，看到儿子伏地痛哭，金圣叹百感交集，留下了“莲（怜）子心中苦，梨（离）儿腹内酸”的绝对，从此与儿永别。

（六）谐音与婉曲

不直接说明事物，而是借用一些与某事物相应的同义语句婉转曲折地表达出来，这种修辞方式叫婉曲。婉曲中最典型的例子是汉语中的避讳。

受中国封建社会伦理道德的影响和制约，某些时代或某些场合需要回避使用某些词，称为避讳。《现代汉语词典》（第7版，2016）对“避讳”的解释为：“不愿说出或听到某些会引起不愉快的字眼儿”“回避”。避讳产生于西周时期，周公制礼，确立了封建宗法制度，也规定了君臣上下的语言行为准则，在语言上产生了讳言现象，即“为尊者讳，为亲者讳，为贤者讳”（《公羊传·闵公元年》）[③]。

避讳种类繁多，分为国讳、家讳、贤讳、官讳、恶讳等。秦始皇名政，后人讳“政”及同音字“正”，将新年第一个月由“正月”改为“端月”。东汉为避光武帝刘秀的名讳，将一直通用的“秀才”改称“茂才”。这种情况愈演愈烈，

---

① 朱谦之. 老子校释. 新编诸子集成本. 北京：中华书局，1984：49.

② “我待贾者也”中的“贾”，读音为 gǔ，意思是“商人”，民间有“行商坐贾”的说法。此处李可及把“我待贾者也”读为“我待 jiǎ者也”，属于刻意曲解的范畴，只有这样才能谐音“待嫁”，从而得出后面的“孔子亦妇人”的结论。来源：论语. 陈晓芬，译注. 北京：中华书局，2016：112.

③ 春秋公羊传译注（全二册）. 刘尚慈，译注. 北京：中华书局，2010：182.

后来发展到连同音异形词也要回避，比如唐诗人李贺的父亲名为晋肃，其中“晋”与“进”同音。因此李贺终身不能考进士。韩愈为此专门写了《讳辨》一文劝他应考，说“父名晋肃，子不得举进士，若父名仁，子不得为人乎？”[①]

三、汉民俗文化中的谐音祈福与避凶

语言崇拜在各族语言中都有不同程度的体现。先民认为语言有一种神秘的力量，对语言的成功驾驭可发生各种奇异的效力，达到人们所期望的目的。巫祝使用语言驱使外物，在古代文献中早有记载。《韩非子·显学》：“今巫祝之祝人曰：‘使若千秋万岁。’”[②]白居易《祭龙文》：“若三日之内，一雨滂沱，是龙之灵，亦人之幸。礼无不报。神其听之。急急如律令！”[③]在任何社会中，趋吉避凶、求利避害都是具有普适性的心理诉求。汉民族普遍使用谐音手段追求吉利，或者是避免因发音相同或相近产生的不良联想，因此汉语言中有“一语成谶”“天遂人愿”等说法。中国人在过年时有时会倒贴“福”字，因为谐音是“福到（倒）”，也有人从不肯倒贴“福”字，因为想到的谐音是“福倒了”！中国人年夜饭中会准备鸡和鱼，谐音为“吉（鸡）庆有余（鱼）”；家长会给高考考生准备年糕和粽子，谐音是“高（糕）中（粽）”；女老师穿旗袍送考，表示“旗开得胜”；旧俗结婚，会在新人的床上撒上枣子和栗子，因为“枣”与“早”谐音，“栗子”与“立子”谐音，“枣栗子”有“早立子”之义；传统年画中有猴子骑在马背上的图案，表示“马上封侯（猴）”的寓意；“花瓶”表示“平（瓶）安”，形态丑陋的五只蝙蝠会一起出现在年画上，表示“五福（蝠）临门”……在过年时不小心打碎了东西，在汉文化中是一种不吉利的行为，中国人一定会说“岁（碎）岁（碎）平安”，以期通过谐音达到避祸的目的。汉民族讨厌数字 4，因为 4 与“死”谐音；喜欢数字 9，因为 9 与“久”同音，新人结婚尤其喜欢选 9，寓意是“长长久久”，符合中国人对婚姻“白头偕老”“百年好合”的希冀。因为“梨”与“离”谐音，夫妻或恋人之间一般不会分梨吃，过年时梨也不会作为果品出现在餐桌上。“鞋”与“邪”谐音，中国人很忌讳自己大门正好对着邻居家放在门口的鞋柜，因为这属于“撞邪（鞋）”。

谐音祈福辟邪具有地域性特点。上海人探望病号，不会带苹果，因为在上海话中，“苹果”与“病故”发音相同。相反，北方人探望病号除了带橘子（“橘”音与“吉”相近），也会带苹果。因为北方话中，“苹果”的“苹”与“平安”

① 韩愈集. 黄永年，导读. 南京：凤凰出版社，2020：98.

② 韩非子. 高华平，王齐洲，张三夕，译. 北京：中华书局，2014：596.

③ 白居易. 白居易集. 长沙：岳麓书社，1992：381.

的“平”谐音。在北方，送礼忌讳送书和钟，因为“书”与“输”同音，“钟”和“终”同音，是不吉利的。但是在吴方言中，人们把普通话中的韵母i与u都读u，造成了“书”与“始”读音相同，因此上海人会将书、钟作为礼物送给新婚夫妇，表示“有始（书）有终（钟）”。

谐音文化的地域性特点还表现为同样的内容在不同方言中有不同的表达方式，比如“折（shé）本”“蚀本”是中国民间所普遍忌讳的，连带“猪舌（shé）”的“舌（shé）”也被忌讳。北方称“猪舌”为“口条”，广东人则称之为“猪脷”。同样，“猪肝”的“肝”音同“干”，广州人称之为猪润，广州人称猪血为“猪红”；“苦瓜”改说成“凉瓜”，丝瓜的“丝”在粤方言中与“输”谐音，改叫“水瓜”或“胜瓜”，黄瓜的“黄”在粤语中的发音与“亡”谐音，改称“青瓜”。过年时，广州的商场超市都很爱播放《迎春花》，因为在粤语中“花”与“发”谐音，“迎春花”寓意着“迎春发”，这是作为千年商都的广州人民特别盼望的一件事情。

民俗文化中的一部分被认为与迷信活动相关，这是应该摒弃的。但不可否认，民俗文化往往寄托了广大民众对美好生活的向往，只要没有违反法律法规、公序良俗，通过语言使用以期求吉避凶的文化心理是可以理解的。

思考与练习

1. 下面的句子来自《文心雕龙》第四十六篇《物色》。请阅读下面的片段，说明为什么在汉语中会使用大量的叠音词。

> ……是以诗人感物，联类不穷。流连万象之际，沈吟视听之区；写气图貌，既随物以宛转；属采附声，亦与心而徘徊。故灼灼状桃花之鲜，依依尽杨柳之貌，杲杲为出日之容，瀌瀌拟雨雪之状，喈喈逐黄鸟之声，喓喓学草虫之韵……[①]

2. 朗读下面的诗，说明叠音在其中所起到的作用。

> 杳杳寒山道，落落冷涧滨。啾啾常有鸟，寂寂更无人。碛碛风吹面，纷纷雪积身。朝朝不见日，岁岁不知春。（唐·寒山《杳杳寒山道》）[②]

3. 下面的片段选自鲁迅的《从百草园到三味书屋》：

> ……扁下面是一幅画，画着一只很肥大的梅花鹿伏在古树下。没有

---

① 刘勰. 文心雕龙. 李平，桑农，注评. 南京：凤凰出版社，2011：205.

② 彭定求，等. 全唐诗：第八卷. 郑州：中州古籍出版社，2008：4065.

孔子牌位，我们便对着那扁和鹿行礼。第一次算是拜孔子，第二次算是拜先生……[①]

请从汉文化的角度，说明学生们为什么要向鹿行礼。

4. 一个外地女孩到山东，吃饭时服务员端上来一盘切好的大葱，旁边还配着一小碟甜面酱。女孩不知道该怎么吃，就请教服务员。服务员说："哦，这个葱要蘸着吃。"女孩站了起来，拿起一段葱要吃。服务员说："不对，你要蘸着吃。"女孩很迷惑，说："可是我已经站起来了呀。"请说明上述误解产生的原因。

5. 现在网络上新的表达方式层出不穷，比如"笑 cry""hold 住""I 服了 you""你 happy 就好"等，有人认为这是语言使用中的语码转换。"厉害了 word 国""book（不可）思议""深藏 blue（不露）""vans（万事）如意"之类，被认为是英文谐音镶嵌。分析上面两类语言现象的不同，说明对它们的分类是否恰当，为什么。

6. 在古代汉语中，"人"与"民"的使用有严格的区分。"民"的本义是"奴隶"[②]，后引申为被统治的人，"人"由"天地之性最贵者"（《说文解字》）引申为统治者。魏徵《谏太宗十思疏》："怨不在大，可畏惟人。"[③]杜牧《阿房宫赋》："使六国各爱其人，则足以拒秦；使秦复爱六国之人，则递三世，可至万世而为君。"[④]柳宗元《捕蛇者说》："故为之说，以俟夫观人风者得焉。"[⑤]上文中的"人"均指"民"的意思。结合当时的朝代背景，从文化的角度分析魏徵、杜牧和柳宗元为什么要把他们文章中的"民"改为"人"。

7. 据《全唐文》记载，李世民曾颁布过《二名不偏讳令》："依《礼》，二名义不偏讳，尼父达圣，非无前指。近世以来，曲为节制，两字兼避，废阙已多，率意而行，有违经语。今宜依据礼典，务从简约，仰效先哲，垂法将来，其官号人名，及公私文籍，有'世'及'民'两字不连续者，并不须避。"[⑥]翻译上面的这段话，并根据上面的条令，说明为什么在柳宗元的《捕蛇者说》中，有"故为之说，以俟夫观人风者得焉"这样的避讳李世民名字的句子，同时也有"专其利三世矣""自吾氏三世居是乡"这两句没有避讳李世民名字的句子。

---

① 鲁迅. 鲁迅著作全编. 林非，主编. 北京：中国社会科学出版社，1999：563.

② 左民安. 细说汉字——1000 个汉字的起源与演变. 北京：九州出版社，2006：264.

③ 吴楚材，吴调侯. 古文观止. 钟基，译. 北京：中华书局，2014：308.

④ 杜牧. 樊川文集. 景江南图书馆藏明翻宋刊本.

⑤ 吴楚材，吴调侯. 古文观止. 钟基，译. 北京：中华书局，2014：416.

⑥ 周绍良. 全唐文新编：第 1 部 第 1 册（总第 1 册）. 长春：吉林文史出版社，2000：37.

推荐阅读篇目

1. 李晋荃，王希杰. 谐音：从修辞到文化. 杭州师范学院学报，1996（2）：100-106.
2. 梅立崇. 汉语的语言避讳琐谈. 世界汉语教学，1987（1）：45.
3. 王绍芬. 论汉语谐音修辞艺术的文化内涵. 文化学刊，2018（3）：183-185.
4. 赵金铭. 谐音与文化. 语言教学与研究，1987（1）：40-56.

第二章　汉字与文化

语言是由声音与意义组合成的听觉符号系统，文字是记录语言系统的视觉系统。语言的出现，将人类与动物区分开来；文字的出现，将野蛮与文明区分开来。汉字作为人类历史上最古老的自源文字之一，承载了深厚的中国文化。

第一节　汉字的表意性及其发展

一、汉字概说

（一）汉字的产生

从殷墟甲骨文到现在，汉字有3000多年的发展史。关于汉字的起源，有各种说法，包括实物说、结绳说、契刻说、八卦说以及图画说等，其中接受度最高的说法是仓颉造字说。《荀子·解蔽》："故好书者众矣，而仓颉独传者，壹也。"[①]《吕氏春秋·君守》："奚仲作车，仓颉作书，后稷作稼，皋陶作刑，昆吾作陶，夏鲧作城，此六人者，所作当矣。"[②]在《淮南子·本经》中有"昔者仓颉作书，而天雨粟，鬼夜哭"之说。这段话被后世广泛引用并讨论。张彦远在《历代名画记·叙画之源流》中对此的解释是"颉有四目，仰观垂象。因俪鸟龟之迹，遂定书字之形。造化不能藏其秘，故天雨粟；灵怪不能遁其形，故鬼夜哭。是时也，书画同体而未分，象制肇创而犹略。无以传其意，故有书；无以见其形，故有画。

① 荀子注评. 李波，译注. 上海：上海古籍出版社，2016：321.

②《说文解字》："书，箸也。""从聿者声"，本义为动词，指"书写"。《史记·孙膑传》："斫大树白而书之曰'庞涓死于此树下'"（司马迁. 史记. 裴骃，集解. 司马贞补. 武英殿本.），意思是砍掉大树的树皮，在白色的地方写上"庞涓会在这棵树下死掉"。由动词"写"引申出写的凭借"文字"以及写的对象"书籍、书写"等。《荀子·解蔽》中"好书者众矣"用的是"书"的本义，《吕氏春秋·君守》中"仓颉作书"用的是引申义。

天地圣人之意也”[①]。《安士全书白话解》：“或疑仓颉造字，开万古文字之源。但当天为雨粟耳，奈何鬼复夜哭乎？不知世间文字，既有正用，即[②]有邪用。天之雨粟，因正用也；鬼之夜哭，因邪用也。”[③]

汉字是人类历史上最古老的文字之一。汉字作为自源文字，是汉族的祖先在长期的社会实践中创造出来的。现在人们普遍认为，仓颉应该是汉字的整理者以及集大成者。鲁迅在《门外文谈》中指出“在社会里，仓颉也不止一个，有的在刀柄上刻一点图，有的在门户上画一些画，心心相印，口口相传，文字就多起来，史官一采集，便可以敷衍记事了。中国文字的由来，恐怕也逃不出这例子的”。[④]这个论断是符合实际的。

（二）“六书”与汉字

汉字是汉文化的产物，同时也是汉文化的一个重要组成部分。在文字符号化的过程中，中西方的文字发展方向出现了偏离，其差距不断扩大。西方文字在符号化的发展中抛弃了象形性特点，以声音为基础，在视觉上显示为一维线形文字符号。世界上已知的四种最古老的文字——苏美尔的楔形文字、古埃及的圣书文字、美洲的玛雅文字以及我国的汉字，其最原始的形式都具有明显的图画性特点。我国的汉字则在篆书之后，经过隶变扬弃，象形性仍然保留它的根基，在视觉上显示为以形、义为主的二维平面方块的文字符号。

汉字是汉语书写的最基本单元。“六书”是汉字研究中的常用术语。郑众注《周礼·保氏》所列“六书”为：象形、会意、转注、处事、假借、谐声。关于汉字的构造，广为接受的是东汉许慎在《说文解字》中的分类，将汉字构造规律概括为“六书”，即象形、指事、会意、形声、转注与假借。象形、指事、会意、形声是造字的方法，转注、假借则为用字规律，是用字的方法，即所谓的“四体二用”。

汉字脱胎于图画，象形字是最原始的造字方法。事物的特征很多，在进行勾勒描画时，对重点特征的选取往往会因人、因时、因地而异。因此，以描摹为主要特点的象形文字主要分为三类，一是对具体事物的整体进行描画，比如：

（人）　（心）　（口）　（首）　（日）

---

① 张彦远. 历代名画记. 俞剑华，注释. 南京：江苏美术出版社，2007：1.

② “即”此处指“既”。

③ 周安士. 安士全书. 北京：团结出版社，2013：251.

④ 鲁迅. 且介亭杂文. 2 版. 北京：人民文学出版社，1993：82.

二是对具体事物的局部代表性特征进行描画，比如：

（竹） （羊） （牛）

三是将与事物相关的部分也一并画出，形成背景，借此凸显其中重要的部分。比如：

（眉） （瓜） （州） （果）

象形是最基本的造字方法，在汉字的构形系统中具有基础地位。一般认为，象形文字的造字，遵循的是“近取诸身，远取诸物”的原则。“近取诸身”是人类认知过程中对自身关注、认知以及描摹的结果，比如（目）、（面）等。“远取诸物”则是对自身以外世界的关注、认知与描摹，通常是对自然界山川日月风物、日常器物、动植物等的描摹，比如（水）、（雨）、（网）、（门）等。

象形文字的表意性特点突出。作为原始性的造字方法，象形造字法有较大的局限性。客观世界纷繁复杂，难以悉数勾勒描画。特别是抽象事物，无形无相；复杂事物，特征芜杂。据清代文字学家王筠统计，在《说文解字》9353个字中，象形字有264个，约占2.8%。虽然象形字数量很少，但以象形字作为字根，可以添加其他符号形成新字，从而使汉字的表意特点得以扩展，形成更多的汉字。

以象形字为基础，将抽象的事物通过添加符号的方式进行凸显，就形成了指事字，比如，以（木）为基础形成的指事字（本）和（末），以（刀）为基础形成的指事字（刃），以（手）为基础形成的指事字（寸）等。据清代王筠统计，在《说文解字》的9353个汉字中，指事字有129个，约占总数的1.4%。

象形字与指事字都为独体字。自会意造字法开始，形成了合体字，这是汉字发展史上重要的一步。会意字由两个或两个以上意义之间有联系的部件或字组合成新字，其中包括相同字组合后形成的会意字，比如（林）、（从）、（北）、（多）等，也包括由不同的偏旁或独体字构成的会意字，比如（休）、（杲）、（杳）等。据清代文字学家王筠统计，在《说文解字》9353个汉字中，会意字有1254个，约占总数的13.4%。

象形字、指事字、会意字只能表意，无法表音。形声造字法突破了象形字、指事字、会意字只能表意的特点，除了义符之外，形声字还增加了声符，使得汉字向意音文字体系迈进。形声造字法能产性强。即使在现代社会中，形声造字法也被大量使用，尤其是在术语命名方面更是如此，比如“镍”“汞”“砷”“氧”“钛”等元素，形旁表示物质的属性，声符表示该物质的读音。

（三）汉字的归类

随着形声字大量出现，汉字的数量增加得很快。众多汉字看起来杂乱无章，因此出现了对汉字归类的要求。在《说文解字》中，许慎将 9353 个字归入 540 部，每个部的第一个字称为“部首”，下注“凡某之属皆从某”，即凡该部首所统辖的汉字，都必然含有这个部首的形体，将其作为构件。清代学者陈建侯说：“每见一字，先求其母（指形旁），如山旁必言山，水旁必言水，此则万无移易者。因于其偏旁所合之字，详其为何义，审其为何声，虽不中，不远矣。”[①]

在《说文解字》中，部首都是独立的汉字，比如“页”“心”“贝”“支”[②]等。一个部首下面所统辖的汉字在形体与意义上有一定的联系。在后世的辞书编纂中，在《现代汉语拼音方案》公布之前，通过部首给汉字归类成为一种惯例。

部首具有意义统领作用。以部首字“页”为例。《说文解字注》：“页，头也。”甲骨文中，“页”写作[illegible]，小篆中作[illegible]。因此“页”作为部首字，其下辖各字都与“头”有关，比如“颗”的本义为“小头”。《说文解字》：“颗，小头也。”《说文解字注》：“颗，小头也。引申为凡小物一枚之称。珠子曰颗、米粒曰颗是也。”元好问的《同儿辈赋未开海棠二首·其一》有“翠叶轻笼豆颗匀”[③]之句。“硕”的本义为“头大”。《说文解字》：“硕，头大也。”《广韵》：“颈在前，项在后。”成语里有“引颈受戮”“望其项背”之说，曹植的《洛神赋》中有“延颈秀项，皓质呈露”[④]之语。“颠”指的是头顶，《墨子·修身》：“畅之四支，接之肌肤，华发隳颠，而犹弗舍者，其唯圣人乎！”[⑤]“题”，本义指额头。《楚辞·招魂》：“雕题黑齿！”“雕题”即在额头上刺花纹。“颇”，本义头偏，引申为“偏差”。《尚书·洪范》：“无偏无颇，遵王之谊。”

传统文字学中的另外一个重要概念是偏旁。偏旁是对合体字进行分析得到的结构单位，分为形旁和声旁两部分。

二、汉字中蕴含的文化信息

汉字是世界上最古老的文字之一，是中国历史与文化的重要承载媒介。古老

---

① 鲍善淳. 怎样阅读古文. 上海：上海古籍出版社，1982：10.

② 一些部首字现在已经不再被认为是独立的汉字，比如“匚”与“宀”，在古代分别读 fāng 和 mián，表示“盛东西的器具”和“房子”之义。《说文解字》：“匚，受物之器。象形。凡匚之属皆从匚。读若方。”《说文解字》：“宀，交覆深屋也。”现在称为“匠字框”和“宝盖头”，是部首，但不是字。

③ 元好问集. 李正民等，解评. 2 版. 太原：三晋出版社，2008：114.

④ 曹植. 曹植集. 朱绪曾，考异. 丁晏，铨评. 杨焄，点校. 上海：上海古籍出版社，2019：28.

⑤ 墨子译注. 张永祥，肖霞，译注. 上海：上海古籍出版社，2015：9.

的汉字形式是文化信息的重要载体。

（一）汉字字形中蕴含的文化信息

最古老的汉字脱胎于图画，在此基础上形成指事、会意等表意文字。汉字作为表意文字，其原始词形具有很强的表意功能。汉字最初的意义往往隐藏在字形之中。因此通过对原始字形的分析，可以探知其本义，这种方法被称为“形训”。

通过对汉字字形的分析，可以探知汉字的本义，比如在现代汉语中，“叔”的高频义项为“父亲的弟弟”。但是，从较原始的形体看，“叔”的金文写作，右边为手的形状，左部则代表要抓取的东西，是会意字。“叔”的小篆写作，《说文解字》的解释是：“叔，拾也，从又尗（shú）声。”《诗经·豳风·七月》有“七月食瓜，八月断壶，九月叔苴”[1]之句，意思是“七月吃瓜，八月摘葫芦，九月拾麻籽”。再比如“殳”（shū）字。“殳”的小篆字形为，上部是一支弯柄的兵器，下部是一只手，表示手拿兵器之意。“殳”的用途是防守，《司马法·定爵》中有“弓矢御，殳矛守”[2]。《诗经·卫风》中的《伯兮》诗中有“伯兮朅兮，邦之桀兮。伯也执殳，为王前驱”[3]之句。由于“殳”的本义指一种兵器，很多以“殳”为部件的字常含有与“打”“击”“杀”“撞”等相关的意义，如“殴”“殁”“役”“殿”（“殿”的本义指“击”声）等。

汉字源于图画，用以表意。因此通过分析汉字最初的字形，可以探知早期的社会生活状态以及社会伦理文化。

《说文解字》中，“夫”的甲骨文字形为。《说文解字》：“夫，丈夫也。从大，一以象簪也。周制以八寸为尺，十尺为丈。人长八尺，故曰丈夫。凡夫之属皆从夫。”《说文解字注》：“夫，丈夫也。从大一。从一大则为天，从大一则为夫，于此见人与天同也。天之一，冒大上，为会意。”可见，“夫”是顶天立地的形象。“妇”的甲骨文写法有或，尽管部件的位置颠倒，但都是一个女子手持扫帚形象。《说文解字》：“妇，服也。从女持帚洒扫也。”“妇，服也”，这是声训的一种，揭示的是文化意义。

“男”在甲骨文中写作或。这是一个合体字，其中有田地的形状，旁边的“力”是耕田工具，在甲骨文中，“力”写作，是对古代耒耜形状的描摹。可见在原始社会中，耕田劳作是男人的事情。《说文解字》：“男，丈夫也。从田从力。言男用力于田也。”“女”在甲骨文中写作或，是一个敛手跪着的

---

① 诗经. 王秀梅，译注. 北京：中华书局，2006：220.

② 司马法. 陈曦，陈铮铮，译注. 北京：中华书局，2017：114.

③ 诗经. 王秀梅，译注. 北京：中华书局，2006：93.

人形的样子。《说文解字》："女，妇人也。象形。"可见，"女"与"妇"同义，指在家中进行洒扫的女性。从"夫""妇""男""女"的字形可以推知，我国传统上男主外女主内的家庭生活模式，有非常久远的历史。

分析汉字最初的字形，还可以纠正训释错误。一个非常著名的例子是"为"。《说文解字》收录了"为"的小篆写法。许慎根据"为"的小篆字体，认为"为，母猴也，其为禽好爪，爪，母猴象也，下腹为母猴形"这一说法让人困惑，但并没有足够的资料可以进行证实或证伪。19 世纪末 20 世纪初，新的甲骨文被发现，在甲骨文中，"为"的字形为，而"象"的字形为或[①]。从字形可见"为"应该是合体字，左上方是一只手，右边是一头大象。"为"从造字方法上看是会意字，表示手牵大象进行劳作。罗振玉认为，"为"的字形从爪从象，指的是远古时代人们手牵大象耕种的样子，将"为"解释为"母猴"是错的。

（二）汉字字族中蕴含的文化信息

一般而言，生活中重要的事物在语言中会有相应的反映，在词汇系统中占据一定的位置，比如在新冠疫情期间，"核酸""气溶胶"等词高频出现。上古时代的一个字，相当于现代的一个词。因此，在特定时期内，汉字的分布领域、分布密度可以说明汉字所代表的事物在社会生活中的地位与作用。

我国有"六畜"之说，即马、牛、羊、鸡、犬、豕。从《说文解字》中汉字的数量可以推测：畜牧业在上古时期已经有了很好的发展。

六畜在古代祭祀中占据重要地位，它们在祭祀、结盟中作为"牲"出现。《说文解字》："牺，牛完全。"《春秋穀梁传·哀公元年》："全曰牲，伤曰牛。"[②]现代社会中往往"牺牲"连用。《说文解字》："牺，宗庙之牲也。"《左传·桓公六年》："不以畜牲。"孔颖达疏："牲、畜一物，养之则为畜，共用则为牲。"古代有"五牲"和"三牲"之说。古人一般以牛、羊、鸡、犬、豕为五牲，以牛、羊、豕为三牲。[③]

在烹饪方法上，秦汉时期已有炙、炮、燔、煎等方法，从文字中也可以看出来。

> [1]炙，炮肉也。从肉在火上。——《说文解字》
> [2]炮，毛炙肉也。从火包声。——《说文解字》

---

① 甲骨文中汉字的字形不固定，同一个汉字经常会有多种写法。

② 范宁. 春秋穀梁传. 宋建安余氏刊本.

③"五牲""三牲"中没有马。马为六畜之首，能负重，善奔跑，是中国历史上最重要的役畜之一，多用于交通与战争。

[3]燔，爇也。从火番声。——《说文解字》

[4]煎，熬也。从火前声。——《说文解字》

[5]熬，干煎也。从火敖声。——《说文解字》

[6]㶷，于汤中爚肉。从炎，从热省。——《说文解字》

同样，我们从汉字中也可以得知古代器皿的概况。举例：釜（古炊器。敛口圆底，有的有两个耳。用在鬲上，置于灶上，上面放甑来蒸煮）、鼎（古代烹煮器物，一般是三足两耳）、鬲（lì，古代炊具，形状像鼎而足部中空）、甑（zèng，古代炊具。底部有许多透蒸汽的孔格，置于鬲上蒸煮）、甗（yǎn，古代蒸煮用的炊具，中间有箅子）、斝（jiǎ，古代青铜制贮酒器，圆口，三足，供盛酒与温酒用）以及鬶（guī，古代炊事器具，有三足，有柄喙）等。

汉字的字族除了可以体现在语义场方面，还体现在使用同一义符的汉字聚合中。现代汉语中“礻”字旁，是“示”的变体形式。因此现代汉语中包含“礻”字旁的字，是“示”的变体。“示”在古代汉语中与祭祀、鬼神、祈福、崇拜等相关，甲骨文写作或，是上古人崇拜的灵石的形状。在灵石上可以放置祭品，以供鬼神检视并享用。《说文解字》：“示，天垂象，见吉凶，所以示人也。从二①，三垂，日、月、星也。观乎天文，以察时变。示，神事也。凡示之属皆从示。”“示”的本义在带有“礻”字旁的词族中都有所呈现。下面的例子来自《说文解字》。

[7]祖，始庙也。从示，且声。

[8]社，地主也。从示、土。

[9]祭，祭祀也。从示，以手持肉。

[10]祀，祭无已也。从示巳声。

[11]禁，吉凶之忌也。从示，林声。

[12]禅，祭天也。从示，单声。

[13]祈，求福也。从示，斤声。

[14]祷，告事求福也。从示，寿声。

[15]祝，祭主赞词者。从示，从人、口；一曰从兑省。

[16]祠，春祭曰祠，品物少多文词也。从示，司声。仲春之月，祠不用牺牲，用圭璧及皮币。

[17]祐，助也，从示右声。

[18]福，祐也。从示畐声。

① “二”是古文“上”字。

三、汉字字义的发展

（一）本义、基本义、引申义与假借义

汉字的本义指的是汉字最初的意义，是对意义进行的发生学角度的分析。举例如下："又"的本义是"右手"；"天"的本义是"人的头顶"；"封"的本义是"疆界；田界"；等等。

基本义指的是意义使用频率高、在意义派生中具有原型地位的义项，是对意义进行的共时分析。举例如下：在现代汉语中，"美"的基本义是"美丽，好看"（《现代汉语词典》第7版第1个释义）；"好"的基本义是"优点多的，使人满意的"（《现代汉语词典》第7版第1个释义）。

有些字的本义也是基本义，比如"月""山""竹"等。有些字的本义在现代汉语中已经不再使用，比如，"臣"的本义是男奴隶，"妾"的本义为女奴隶，"我"的本义是一种兵器。

随着社会的发展，语言也会发生相应的变化，在这过程中会出现意义的引申，比如"牢"由之前的"牛羊圈"进一步引申为"监狱、牢房"义。

假借义是由汉字假借现象引起的，比如"耳"本义指耳朵，但因为语音的相似或相同在假借为句末语气词"耳"后，就形成了假借义。

（二）汉字字义发展的四种途径

上古汉语一个字往往就是一个词，因此单音节词占主体。文字在产生伊始，秉承的是一字一义的造字原则。上古汉语中，"自"本义指鼻子，"万"本义指蝎（子），"莫"本义指"日落时"，"罗"本义指"用绳线结成的捕鸟的网"，"即"本义是"走近去吃东西"。随着社会的发展、历史的进步，新的概念不断出现，需要新词予以承载，此时有四种可能的处理方式可供选择。

第一，继续保持一字一义的做法增加新字。可以合理地推知，随着社会的进步、语言的发展，汉字的数量也在不断地增加。但是，人的认知能力与记忆能力都是有限的，汉字不可能无限地增加下去。因此，这种方法可以使用，但不可能是唯一的增加新词的方法。

第二，利用假借的方法旧字新用。汉语音节结构相对简单，同音字较多。新概念首先出现在口语中，如果新概念的语音形式与某一个旧字的发音相同，采用旧的写法是非常省力的做法，举例如下："而"，本义是颊毛。《说文解字》："而，颊毛也，象毛之形。"戴震注《周礼》："颊侧上出者曰之，下垂者曰而。"在春秋战国时期，"而"已借用为连词，比如《吕氏春秋·察今》："舟已行矣，而剑不行。"

第三，扩大本义的指称范围，以涵盖更多的描写对象。上古很多汉字的指称范围只局限于某一类事物。以“集”为例：“集”的甲骨文字形为，金文字形为，小篆形体为。《说文解字》：“群鸟在木上也。从雥从木。”后来意义引申，除了鸟之外，人的聚合也称为“集”。再比如“初”，甲骨文字形为，左边为衣服的形状，右边为刀的形状。小篆的形状为，与甲骨文基本相似。《说文解字》：“初，始也。从刀从衣。”因此，“初”本义指（量制衣服的）起始或开端，后引申为一切事物的开始或开端。

第四，利用语义之间的联系给旧字增加新义，形成一字多义现象。以“昏”为例：“昏”的甲骨文字形为，这是一个会意字，上面是人形，下面是太阳。太阳下降到人的手以下，表示黄昏已至。因为黄昏时分天色渐晚，“昏”引申出“暗黑”义；黄昏时人看不清物体，所以“昏”又引申出“模糊不清”义。而且，“昏”进一步抽象，扩展到认知领域，表示“头脑迷糊，不清楚”。《孟子·尽心下》：“贤者以其昭昭，使人昭昭；今以其昏昏，使人昭昭。”头脑不清楚的进一步发展就是失去感知能力，因此“昏”又可以表示“失去知觉”的意思。

上述四种方法在汉字字义的发展中都有使用，有时会出现兼用的情况。以“向”为例：本义是指“朝北开的窗户”。《诗经·豳风·七月》有“塞向墐户”[①]之语，意思是冬天到了，需要把朝北的窗户塞好，把门缝涂好。汉文化的发祥地是黄河流域，冬天刮北风，要御寒必须要把朝北的窗户堵严实，因为寒风是从这个方向吹过来的。后来“向”的指称范围扩大，不再局限于北方，而是指各个方向。然后“向”又从表示“方向”的名词义，进而表示“对着、朝向”这一动词义，甚至可以表示“偏袒”义。

通过假借的方法旧字新用，导致了现代汉语中大量同音字的存在；通过语义之间的联系给旧字增添新义，产生了大量的多义字（词）。在高频单音字中，这种情况尤其明显。

四、汉字表意性的发展变化

表意形体存在于所有最初的汉字中，在发展过程中，字形表意度逐渐弱化，表音成分进入汉字的形体结构之中。汉字表意特征的弱化与下列因素有关。

（一）隶变对字形结构的影响

在汉字的发展历程中，随着社会的发展、书写工具的变化，汉字经过了多次的变革，其形体结构也在不断地发展变化。汉字从甲骨文到金文，到战国古文，

① 诗经. 王秀梅，译注. 北京：中华书局，2006：219.

到小篆，然后是隶书，之后又出现了楷书，并且还发展出变体形式草书与行书。在这一发展过程中，给汉字带来颠覆性变化的是隶变，即汉字由小篆到隶书的变化。隶变是古今文字的分水岭。隶变之后，汉字完成了从古文字到今文字的转变。

李斯推行的“书同文”政策，使小篆成为秦代通行的书写方式。小篆书写繁杂，因此在行政事务中由书写相对简单的隶书所取代。《汉书·艺文志》：“是时始建隶书矣，起于官狱多事，苟趋省易，施之于徒隶也。”《说文解字》：“是时，秦烧灭经书，涤除旧典，大发隶卒，兴役戍，官狱职务繁，初有隶书，以趣约易，而古文由此绝矣。”①

隶书在不同历史时期的形体不尽相同，有秦隶（古隶）和汉隶（今隶）之分。秦隶通行于秦末汉初，汉隶通行于西汉中叶至东汉末期。汉隶在使用中逐渐变为更便于书写的楷书，并沿用至今。秦隶带有篆书的特点，汉隶有波势和挑法，字呈扁方形，相比小篆，是一种全新的字体。隶变让汉字的表意特点淡化、弱化乃至消失，使汉字朝纯符号文字的方向发展，书写较为简便。

隶变对汉字结构的影响主要表现在如下方面。

首先是汉字的符号化特征凸显。篆书中的象形因素基本消失，汉字脱离了对图画的依附，汉字的符号性特点大为增强，“因形知义”变得困难。以“民”为例：“民”本义是“奴隶”②。“民”的甲骨文字形为，金文为，上部都是一只眼睛，下部是一把刺入眼睛的锥子，表示在奴隶社会中，奴隶主为了让奴隶驯服，故意刺瞎他们的眼睛。“民”的小篆形体为，此时已经很难看出刺瞎眼睛之形，其隶书的书写方法与楷书的写法基本一致。

其次是汉字的笔画得以离析出来。古文字中不规则的曲线、小篆匀圆的线条在隶变之后变成平直方折的笔画，这样汉字的字形就可以被分解为不同的笔画。举例：“辇”，甲骨文字形为，金文字形为，小篆字形的笔画、部件都比较清楚，隶书字形为③。

最后是讹变的大量使用。殷焕先指出：“篆书以上的早期汉字，是字字有理性的，因为它还保留着较多的图画成分。”④。随着文字的发展、书写工具的改变，以及书写人群的扩大，有时字形会出现讹变，即在对文字的原义和组成偏旁缺乏正确理解的情况下，错误地破坏了原构造或改变了原偏旁。“射”的甲骨文形体为，像箭在弓上之形；金文的形体为，像手持弓箭而射之形；篆文的形体为，此时已经把金文中的弓形讹为“身”，将手形讹为“寸”，隶

---

① 许慎. 说文解字. 点校本. 北京：中华书局，2020.

② 左民安. 细说汉字——1000 个汉字的起源与演变. 北京：九州出版社，2006：264.

③ “辇”的隶书字形图片来自国学大师网。

④ 殷焕先. 汉字三论. 济南：齐鲁书社，1981：8.

书的形体为射[1]。至此"射"的形体讹变完成。讹变破坏了篆书原有的造字意图，简化了篆书的结构成分。总之，在汉字隶变后，对原始造字意图的分析必须要回溯到古文字阶段才可以。

（二）假借导致的汉字表意特征的弱化

原始文字的构形意图明显，因此形训是分析其本义的常用手段。随着口语中语言单位的增多，原有的文字系统需要进行扩充，从而使新出现的语言单位在文字体系中取得相应的位置。有一种方法就是借用已有的同音字的形体，表示口语中新的语言单位。"甲"本义是指古代打仗时所穿的甲衣，"乙"的本义指鱼肠，"丙"的本义指鱼尾[2]，"丁"的本义为"钉子"[3]。这四个字后来分别被假借为表示天干的"甲""乙""丙""丁"。

假借字的大量出现，使得汉字表意特征的消失速度加快。

（三）古代俗体字的使用

俗体字是相对于正体字而言的，正体字是官方承认的规范汉字，俗体字是民间流行但不符合规范的汉字。俗体字的使用由来已久。裘锡圭[4]指出，在甲骨文字中即有俗体字的存在。汉代因隶变而产生了大量俗体字。《说文解字》也收录了当时的一些俗体字，比如"肩"。魏晋南北朝是俗体字产生的高峰时期。这一时期的书法作品以及文本中经常出现俗体字，比如将"亂"写作"乱"，将"禮"写作"礼"等。

与正体字相比，俗体字强调实用性。俗体字是在正体字的字形基础上，通过简省笔画或者是改为较为简单的形体，使字形发生讹变的文字，其书写相对方便。但是从"六书"的角度分析，俗体字往往失去造字之初的原始意图，构词理据弱化甚至消失。以"肩"为例，《说文解字》："肩，髆也。从肉，象形。"《说文解字注》："俗肩从户。从门户于义无取。故为俗字。"

（四）汉字的简化

由于交际简便性的需要以及书写工具的改进，汉字发展的总趋势是由繁而简。在小篆之前，汉字的构形意图清楚。隶变之后，汉字的符号性增强。以"又"为例："又"意指"右手"，甲骨文字形为ㄡ，金文为ㄡ，小篆字形为ㄡ。《说文

① "射"的隶书字形图片来自国学大师网。

②《尔雅·释鱼》："鱼肠谓之乙，鱼尾谓之丙。"

③ 甲、乙、丙、丁的本义请见《尔雅》。

④ 裘锡圭. 文字学概要. 北京：商务印书馆，1988.

解字》："手也。象形。"在小篆及之前，"又"部字都与手有关。"叔"的金文字形为𠭘，本义是"拾取"；"受"甲骨文字形为𠬪，本义是"接受；承受"；等等。在汉字简化之后，合体字中的"又"的表意功能已经消失，比如"劝""难""邓""对""鸡"等汉字，其中的"又"只是一个简化的书写单位，代表了繁体字（traditional Chinese character）"勸、難、鄧、對、鷄"等字中被简化的部分。以"鸡"为例：甲骨文字形为[illegible]，金文字形为[illegible]，二者都是象形字。小篆字形为雞，为形声字。《说文解字注》："雞，知时畜也。从隹奚声。鷄，籒文雞从鸟。""隹"表示其类属为短尾鸟，"奚"表示读音。其字形简化为"鸡"之后，就不再属于"六书"中的任一类型。

需要注意的是，并不是所有的简化字都没有构词理据，比如"竈"的简化字为"灶"。"灶"为会意字，反映的是中国在农耕社会长期使用的、用土垒成灶台生火做饭的生活方式。现在部分农村地区仍然使用。

五、独体字和合体字的应用

（一）文与字

汉字体系是名副其实的"文字"。《说文解字·序》："仓颉之初作书，盖依类象形，故谓之文。其后形声相益，即谓之字。文者，物象之本；字者，言孳乳而浸多也。""文"的古形体为[illegible]，"字"的古形体为[illegible]。

从其本义看，"文"指的是独体字，主要由象形文字构成，也包括少量的指事字；"字"指的是合体字，包括会意字与形声字。因此，"文"与"字"的关系可以看作本体与衍生的关系，前者是后者形成的基础。

无论是独体字还是合体字，汉字整字都可以拆分为更小的单位。汉字的结构单位包括笔画和部件两种。笔画是构成汉字的最小连笔单位。传统的汉字基本笔画有点、横、竖、撇、捺、提、折、钩八种，即"永字八法"。1965 年《印刷通用汉字字形表》、1988 年《现代汉语通用字表》规定了五种基本笔画——横、竖、撇、点、折，其中折是复合笔形。部件是由笔画构成的较大构形单位，比如"好"中的"女"和"子"，"笑"中的"⺮"和"夭"等。部件可以成字，也可以不成字。

（二）合体字的可拆分性

汉字形体结构上的可拆分性、可组合性和可分析性，在汉语中形成了非常独特的语言现象。在日常交际中，我们经常会听到诸如"木子李""弓长张""日月明"等说法，这些都是对汉字进行拆分与组合的结果。

需要注意的是，日常生活中的析字法或合字法，有时只是民间的一种通俗性解读，从文字学角度分析是有问题的。以“臭”和“章”为例。

民间对“臭”的字形解释是“自大加一点就是臭（音 chòu）”，这是民间通过字形分解，规劝世人要保持谦虚谨慎。从字形上看，这种解释是有问题的。《说文解字》：“臭，禽走，臭而知其迹者，犬也。从犬从自。尺救切。”《说文解字注》：“（臭）禽走臭而知其迹者犬也。走臭犹言逐气。犬能行路踪迹前犬之所至。于其气知之也。故其字从犬自。自者，鼻也。引申假借为凡气息芳臭之称。从犬自。尺救切。”根据《说文解字》以及《说文解字注》可知，“臭”的读音为 xiù，其中的“自”指的是鼻子。因此“臭”作为会意字，意指狗的鼻子灵敏，可以感知到各种气味。“臭”的本义是“闻气味”，后来也指“气味”。可见，民间所常说的“自大加一点就是臭（音 chòu）”从字源角度分析应该是“自犬为臭（xiù）”。再比如“章”。“章”可以表示姓氏，与另一个常见姓氏“张”同音。在日常交际中，为了区分到底是哪个 zhāng，我们经常会问“您是姓弓长张还是立早章？”《说文解字》：“乐竟为一章。从音从十。十，数之终也。诸良切。”《说文解字注》：“（章）乐竟为一章。歌所止曰章。从音十。会意。诸良切。十部。十，数之终也。”许慎认为“章”为“音十”的会意字，其中的“音”指乐章，“十”是数的终极，乐章完结为一章。所以，“章”如果分析为部件，不是“立早”，而应该是“音十”。

陈望道在《修辞学发凡》中提出了“析字辞”的修辞方法，“把所用的字析为形、音、义三方面，看别的字有一面同它相合相连，随即借来代替或即推衍上去的，名叫析字辞”。[①]其中，利用字形析字的修辞与汉字的形体结构紧密相关。析字辞格大致可分为下列两种情况。

一是离合型析字辞格。简单地说，离合型析字辞格指或拆字成文，或合文成字，比如《红楼梦》第五回中有“子系中山狼，得志便猖狂。金闺柳花质，一载赴黄粱”。这里把“孙绍祖”的“孙”字析为“子”“系”两字，再用“子”“系”组合起来代替“孫”（孙）字。

下面是《三国演义》第九回“除暴凶吕布助司徒，犯长安李傕听贾诩”中的一段描写，具体如下。

> （董）卓出坞上车，前遮后拥，望长安来。行不到三十里，所乘之车，忽折一轮，卓下车乘马。又行不到十里，那马咆哮嘶喊，掣断辔头。卓问肃曰：“车折轮，马断辔，其兆若何？”肃曰：“乃太师应绍汉禅，弃旧换新，将乘玉辇金鞍之兆也。”卓喜而信其言。次日，正行间，忽然狂风骤起，昏雾蔽天。卓问肃曰：“此何祥也？”肃曰：“主公登龙

① 陈望道. 修辞学发凡. 上海：上海教育出版社，1997：148.

位，必有红光紫雾，以壮天威耳。”卓又喜而不疑。既至城外，百官俱出迎接。只有李儒抱病在家，不能出迎。卓进至相府，吕布入贺。卓曰：“吾登九五，汝当总督天下兵马。”布拜谢，就帐前歇宿。是夜有十数小儿于郊外作歌，风吹歌声入帐。歌曰：“千里草，何青青！十日卜，不得生！”歌声悲切。卓问李肃曰：“童谣主何吉凶？”肃曰：“亦只是言刘氏灭、董氏兴之意。”[①]

“千里草，何青青！十日卜，不得生！”中，“千里草”是将“董”分解为草字头和“重”字，其中的“重”又分解为“千”和“里”两部分。“十日卜”是“卓”字自下而上分解的结果。因此歌谣的意思是“董卓必死”。

下面是《三国演义》第七十二回“诸葛亮智取汉中，曹阿瞒兵退斜谷”中的片段。

操尝造花园一所；造成，操往观之，不置褒贬，只取笔于门上书一“活”字而去。人皆不晓其意。修曰：“‘门’内添‘活’字，乃‘阔’字也。丞相嫌园门阔耳。”于是再筑墙围，改造停当，又请操观之。操大喜，问曰：“谁知吾意？”左右曰：“杨修也。”操虽称美，心甚忌之。又一日，塞北送酥一盒至。操自写“一合酥”三字于盒上，置之案头。修入见之，竟取匙与众分食讫。操问其故，修答曰：“盒上明书‘一人一口酥’，岂敢违丞相之命乎？”操虽喜笑，而心恶之。[②]

二是增损型析字辞格。增损型析字辞格是通过对特定汉字形体的增加或减少来隐晦地表达相应的意义，提高语言的表达效果，比如：

薛综字敬文，沛郡竹邑人也……西使张奉于权前列尚书阚泽姓名以嘲泽，泽不能答。综下行酒，因劝酒曰：“蜀者何也？有犬为独（獨），无犬为蜀，横目苟身，虫入其腹。”奉曰：“不当复列君吴邪？”综应声曰：“无口为天，有口为吴，君临万邦，天子之都。”于是众坐喜笑，而奉无以对。（《三国志·吴书：薛综传》）[③]

薛综对蜀、吴的解释，为增损型析字辞格。“蜀”加上反犬旁则为“独（獨）”，不加反犬旁则为“蜀”；“吴”不加“口”为“天”，加上“口”则为吴。通过得体地使用析字辞格，薛综贬低了对手，抬高了自己。

再看下例：

---

① 罗贯中. 三国演义：全2册. 3版. 北京：人民文学出版社，1973：65.

② 罗贯中. 三国演义：全2册. 3版. 北京：人民文学出版社，1973：533.

③ 陈寿. 三国志. 裴松之，注. 北京：中华书局，2006：741.

昨天编完了去年的文字，取发表于日报的短论以外者，谓之《且介亭杂文》……（鲁迅《且介亭杂文二集·序言》）[①]

鲁迅当时住在上海市北四川路，为公共租界“越界筑路”区域，被时人称为“半租界”。《且介亭杂文》中的“且”是“租”的右半部分，“介”是“界”的下半部分（“租界”），“且介亭”暗指“半租界的亭子间”。

在泰山万仙楼北侧，有一个“虫二”[②]字样的石刻，为清光绪年间历下才子刘廷桂题镌。“虫二”为繁体字“風月”的内核部分，通过利用损字析字辞格，表示了泰山“风（風）月无边”之义。

合体字结构上的可拆分性和可分析性也产生了与字相关的对联，俗称拆字联。据清代乾嘉年间《解人颐》记载，明朝湖广石首人杨溥，曾任翰林学士。幼时地方官要其父亲服役。因其父年老体弱，他向地方官请求减免。地方官出了一个上联，“四口同图，内口皆归外口管”（“图”的繁体为“圖”，外是一个大“口”字，内有三个小“口”字），地方官用此拆字联，表示在他的统治范围内，任何事情都必须服从他的管理。杨溥对道，“五人共伞，小人全仗大人遮”（“伞”的繁体为“傘”，上面是一个大的“人”字，下面有四个小的“人”字）。杨溥也利用拆字联，用恭维、褒扬对方的方法，婉转地说明了自己的请求。地方官觉得杨溥应答如流，对仗工整，很有才气。地方官又考虑杨溥父亲的情况应役也确实有困难，就同意了他的请求。

对合体字进行拆分产生的对联形式非常丰富，比如：

[19]十口心思，思家、思民、思社稷
寸身言谢，谢天、谢地、谢君王
[20]一明分日月
五岳各丘山
[21]冻雨洒窗，东两点，西三点
切瓜分客，上七刀，下八刀

有一些对联甚至要结合古代字形或者是异体字才能够正确地理解，比如：

[22]冰（氷）冷酒，一点、两点、三点
[23]丁香花，百头、千头、万（萬）头

在上面的对联中，“氷”是“冰”的异体字，左边是一点水；“万”是简化字，其繁体字形式为“萬”，与“花”一样都有一个草字头。

① 鲁迅. 鲁迅全集：第六卷. 北京：人民文学出版社，2005：225.
② 按照现在的规范字用法，“虫”是“虫”的异体字。

还有一些析字对联与历史故事相关，比如“鉏麑触槐，甘作木边之鬼；豫让吞炭，终为山下之灰”。在这个对联中，“槐”被分解为“木边之鬼”，“炭”被分解为“山下之灰”，其中又暗含着相应的历史故事。据《左传·宣公二年》，晋灵公的大臣赵盾经常向晋灵公进谏。晋灵公因此非常憎恶赵盾，就派刺客鉏麑行刺赵盾。鉏麑在清晨潜入赵盾府上，发现赵盾穿戴整齐准备上朝，因为起得早，还不到上朝时间，赵盾就坐着打盹养神。鉏麑感叹道：“不忘恭敬，民之主也。贼民之主，不忠；弃君之命，不信。有一于此，不如死也。”所以鉏麑自己一头碰到槐树上撞死了。又据《史记·豫让传》记载：赵襄子灭智氏，豫让因此改名换姓，以漆涂身，吞炭自哑，多次谋刺赵襄子，想为智氏复仇。后来豫让被赵襄子抓获，自刎而死。

在中国古代民间盛行的测字术中，也有一些是利用拆字的方法进行的。朱由检是明朝最后一个皇帝，年号是崇祯。崇祯十七年（公元 1644 年），闯王李自成以西安为都城建立了大顺政权，并挥师北京，大明形势危急。有一个广为流传的民间传说，是关于崇祯皇帝测字的故事。据说崇祯乔装打扮，先是对测字先生说了个“友”字，测字先生说“友”是“反”字出头，意思是反贼很快就会出头。崇祯改口说是“有”字，测字先生说那就更不好了，“有”的上半部是“大明”中的“大”的一半，下半部是“大明”中“明”的一半，“有”表示明朝只剩下一半的江山。崇祯又改口说他指的是“酉”。测字先生说“尊”去头砍脚就是“酉”，九五之尊没了头脚，看来大明是真的要灭亡了。这则民间故事的真实性不可考证，但这个故事比较贴切地说明了汉字的可拆分性与可组合性特点。

一些民间传说也与合体字的分析有关。据传，清代和珅有一次请纪晓岚为自己新建园林中的亭子题词，纪晓岚欣然写了“竹苞”两字。和珅很高兴，请人镌刻在花亭上，并邀请客人欣赏。客人中有人明白这是纪晓岚在讽刺和珅，但却不敢明说。原来，纪晓岚所题的“竹苞”两个字拆开之后，就是“个个草包”。这种析字方法又与婉曲的修辞方法紧密相关。

利用汉字的可拆分特点，产生了汉语中独特的字谜。字谜是根据汉字结构组合多变的特点，运用离合、增损、会意等多种方式创造设制的一种文字游戏，举例：“旭日升空”的谜底是“九”；“一口咬去多半”的谜底是“名”；“池中没有水，地上没有泥”的谜底为“也”；“一口咬掉牛尾巴”的谜底是“告”；等等。

思考与练习

1. 在汉字的发展过程中，汉字的表意成分减弱，表音成分在增强吗？
2. 举例说明汉字的表意性特点。

3. 判断下列汉字属于“六书”里的哪一类。

门、户、天、足、逐、降、社、稷、监、向、采、妾、麦、斤、安

4. 猜字谜。

（1）一物有千口，你有我也有。

（2）一点一横长，一撇到南洋，南洋两棵树，长在石头上。

（3）言说青山青又青，二人土上说原因；三人牵牛缺只角，草木之中有一人。根据上面的字谜，打四个汉字。

5. 泰山景区的“虫二”，表示“风月无边”之义。一些景区受此启发，形成新的对联，上联为“虫二”，下联为“年华”。请问该对联使用了什么样的辞格，意思是什么。

6. 阅读下面《三国志·蜀书·魏延传》中的片段。文中赵直对“角”的分析是利用了汉字的什么特点？

> 延梦头上生角，以问占梦赵直，直诈延曰：“夫麒麟有角而不用，此不战而贼欲自破之象也。”退而告人曰：“角之为字，刀下用也；头上用刀，其凶甚矣。”①

7. 有人认为在汉语国际中文教育中，应该先教外国学生独体字，然后再教合体字。你认为这种汉字教学方法可行吗？

8. 在国际中文教育中，利用“六书”理论进行汉字教学是一种常用的方法。但是，现代汉字都可以用“六书”理论进行分析吗？比如现代汉字“鸡”“劝”“飞”等，是否可以归入“六书”中的某一类型？

9. 清代小学家戴震提出“四体二用”说，认为象形、指事、会意、形声是造字方法，转注和假借则是用字方法。你认为这种说法合理吗？为什么？

推荐阅读篇目

1. 杜兰兰. 文化语言学视阈下的中国古代字谜文化. 遵义师范学院学报，2021（3）：86-88.
2. 郭锡良. 汉字知识. 北京：北京出版社，2020.
3. 王宁. 汉字构形学导论. 北京：商务印书馆，2015.
4. 邹晓丽. 基础汉字形义释源. 北京：中华书局，2007.
5. 左民安. 细说汉字——1000 个汉字的起源与演变. 北京：九州出版社，2006.

① 陈寿. 三国志. 裴松之，注. 北京：中华书局，2006：596.

第二节　跌落神坛的汉字

一、中国历史上的汉字崇拜

世界上许多国家都有关于语言起源的传说，比如《圣经·创世纪》中谈到上帝造人之后，就创造了语言。大洪水过后，诺亚的子孙繁衍生息，虽居住在不同的地方，却都说同一种语言。后来，人类决定要修建一座通天塔，让子孙躲避可能再次出现的大洪水。上帝为之震怒，使他们的语言发生了变化，人类彼此之间无法交流，通天塔的建造工作也自然停止了。自此之后，人类的语言不再统一。无独有偶，在印度文化中，也有关于梵天创造语言之说。梵语为印度的古典语言，佛教认为它是佛教守护神梵天所造，称其为梵语或梵文。

奇怪的是，汉文化中没有关于语言起源的传说，但是关于文字起源的传说有不少，其中流传最广的是仓颉造字。许慎《说文解字·序》：“黄帝之史仓颉，见鸟兽蹄迒之迹，知分理之可相别异也，初造书契……仓颉之初作书，盖依类象形，故谓之文。其后形声相益，即谓之字。文者，物象之本；字者，言孳乳而浸多也。”

仓颉被国人视为造字的圣人。汉字在创制伊始就被赋予了神圣色彩。《淮南子·本经训》：“昔者仓颉作书而天雨粟，鬼夜哭。”[①]高诱注：“鬼恐为书文所劾，故夜哭也。”[②]与文字的神秘性相适配的是，仓颉本人被后世传说成生而异相，双瞳四目，愈发增加了其所创制的文字的神秘性。而且，受儒教文化以及科举取士制度的影响，我国在历史上一直赋予读书写字以极高的地位，中国民间历来有“万般皆下品，唯有读书高”的说法。在中国民间，老百姓对写有文字的纸张书籍极为珍视，不肯也不敢随意丢弃，从而形成了久远的“敬惜字纸”的传统。

“敬惜字纸”是我国文字崇拜的一种形式。北齐颜之推《颜氏家训·治家》：“吾每读圣人之书，未尝不肃敬对之；其故纸有《五经》词义，及贤达姓名，不敢秽用也。”[③]在中国的封建社会，通过科举考试取得功名是实现阶层跨越的重要手段，科举考试是很多读书人，尤其是贫寒家庭的读书人改变命运的机会。受迷信思想的影响，很多读书人在准备科举功课时，会寄希望于文昌帝君的庇佑，并想通过“敬惜字纸”的善行增加科举考中的机会。所谓字纸，就是写了或印了

① 淮南子注. 高诱，注. 上海：上海书店，1986：116.
② 淮南子注. 高诱，注. 上海：上海书店，1986：117.
③ 颜之推. 颜氏家训. 管曙光，注译. 郑州：中州古籍出版社，2008：45.

字的纸。民间认为，字是神圣的，受文昌帝君管辖。因此，用过的写有文字的纸张不可以随意弃置，需要送到特定的地方焚化。即使是在我国的穷乡僻壤，很多地方也都建有惜字炉、烧字塔、惜字塔、敬字亭、字纸楼、圣迹亭之类的建筑，专门用以焚化纸张，并且上面多刻有"敬惜字纸"字样，有的现在仍然留存。鲁迅的《朝花夕拾·琐记》中也有相关记载："庙旁是一座焚化字纸的砖炉，炉口上方横写着四个大字道：'敬惜字纸'。"[①]废弃的字纸先装入惜字篓运来，字纸焚化后形成"字灰"。每隔一段时间，这些"字灰"会被运送到江河湖海中"恭送圣迹"，即民间所谓的"送字灰"或"送字纸"。《二刻拍案惊奇》卷一"进香客莽看金刚经，出狱僧巧完法会分"开头"诗曰"："世间字纸藏经同，见者须当付火中。或置长流清净处，自然福禄永无穷。"[②]该诗也描绘了这一场景。

历史上，我国民间一直有"敬惜字纸"的传统。到明清时期，"敬惜字纸"的传统尤为盛行。明清时期还出版了大量劝人敬惜字纸的书，比如《文昌帝君惜字功过律》等。这些惜字书借文昌君的名义，制定了让人敬惜字纸的规范，同时为了加强其震慑力，又融入了在中国民间传统中非常流行的因果报应论。当时的老百姓普遍相信，"敬惜字纸"的人会得到善报，尤其是会有功名之报，有时这种功名之报甚至会泽被后世。这种观念在一些传奇小说中也有相应的表现，比如《二刻拍案惊奇》卷一"进香客莽看金刚经，出狱僧巧完法会分"：

> 话说上古苍颉制字，有鬼夜哭，盖因造化秘密，从此发泄尽了。只这一哭，有好些个来因。假如孔子作《春秋》，把二百四十二年间乱臣贼子心事阐发，凛如斧钺，遂为万古纲常之鉴，那些奸邪的鬼岂能不哭！又如子产铸刑书，只是禁人犯法，流到后来，奸胥舞文，酷吏锻罪，只这笔尖上边几个字，断送了多多少少人？那些屈陷的鬼岂能不哭？至于后世以诗文取士，凭着暗中朱衣神，不论好歹，只看点头。他肯点点头的，便差池些，也会发高科、做高官；不肯点头的，遮莫你怎样高才，没处叫撞天的屈。那些呕心抽肠的鬼，更不知哭到几时，才是住手。可见这字的关系，非同小可。况且圣贤传经讲道，齐家治国平天下，多用着他不消说；即是道家青牛骑出去，佛家白马驮将来，也只是靠这几个字，致得三教流传，同于三光。那字是何等之物，岂可不贵重他？每见世间人，不以字纸为意，见有那残书废叶，便将来包长包短，以致因而揩台抹桌，弃掷在地，扫置灰尘污秽中。如此作践，真是罪业深重！假如偶然见了，便轻轻拾将起来，付之水火，有何重难的事？人不肯做。

① 鲁迅. 朝花夕拾. 北京：商务印书馆，2015：58.

② 凌濛初. 二刻拍案惊奇. 北京：中华书局，2009：1.

这不是人不肯做，一来只为人不晓得关着祸福，二来不在心上的事，匆匆忽略过了。只要能存心的人，但见字纸，便加爱惜，遇有遗弃，即行收拾，那个阴德可也不少哩！

宋时，王沂公之父爱惜字纸，见地上有遗弃的，就拾起焚烧，便是落在粪秽中的，他毕竟设法取将起来，用水洗净，或投之长流水中，或候烘晒干了，用火焚过……妻有娠将产，忽梦孔圣人来分付道："汝家爱惜字纸，阴功甚大。我已奏过上帝，遣弟子曾参来生汝家，使汝家富贵非常。"梦后果生一儿。因感梦中之语，就取名为王曾。后来连中三元，官封沂国公。①

《聊斋志异》卷八"司文郎"中有因为未能敬惜字纸遭到上天惩罚的例子。

要冥司赏罚，皆无少爽。即前日瞽僧，亦一鬼也，是前朝名家。以生前抛弃字纸过多，罚作瞽。彼自欲医人疾苦，以赎前愆，故托游廛肆耳。②

威廉·埃德加·盖洛（William Edgar Geil）所著的《扬子江上的美国人——从上海经华中到缅甸的旅行记录（1903）》被誉为一个美国人在清末的《西行漫记》。在该书中，盖洛记录了他在宜宾的见闻：

我们穿过一块很大的墓地，那儿有人正在捡地上写着字的纸片。他是被一位富有的绅士雇来干这事的，他把这些纸片用火烧掉来祭文神。这个衣衫褴褛的人篮子上写有两行字："莫扔纸张"、"敬惜字纸"。这种对汉字表示尊敬的现象是很常见的，在好多店里，都有这种篮子，专门用来盛废纸……③

盖洛记录的就是盛行于清末的民间"敬惜字纸"的传统。在这样的传统下，"字纸"上的"字"在一定程度上被人为地神化了。鲁迅在《门外文谈》中指出"因为文字是特权者的东西，所以它就有了尊严性，并且有了神秘性"④。在教育成为统治阶级特权的封建社会，文字在一定程度上也成了区分社会阶层的一个标志。

---

① 凌濛初. 二刻拍案惊奇. 北京：中华书局，2009：1.

② 蒲松龄. 聊斋志异. 北京：中华书局，2009：357.

③ 威廉·埃德加·盖洛. 扬子江上的美国人——从上海经华中到缅甸的旅行记录（1903）. 晏奎，孟凡君，孙继成，译. 济南：山东画报出版社，2008：89.

④ 鲁迅. 鲁迅全集：第六卷. 北京：人民文学出版社，2005：92.

需要注意的是，属于“敬惜字纸”范畴的字纸，所记载的内容必须符合封建社会正统的伦理纲常与文德修养的要求。春册艳词、荒诞怪异类书籍不在敬惜之列，需要及时焚毁甚至要被官府惩治。而且，在明清时代，西方人大量涌入中国，西方文字也随之进入。印有西方文字的报纸书刊也不在敬惜之列。

二、“汉字落后论”的兴起以及废除汉字的呼声

（一）“汉字繁难论”

如上所述，汉字自产生开始，一直到整个封建社会，在几千年的使用过程中，一直被赋予至尊至圣的崇高地位。甚至连记录汉字的纸张，也在敬惜之列，需要有专人在惜字炉、敬字亭中焚化，然后将纸灰放到长流水中。可见，汉字是中华民族信息崇拜中重要的组成部分。

一般认为，“汉字落后论”是在语言接触之后产生的。在特定历史时期，通过与其他民族文字体系的对比，汉字的繁难被发现、被强化，从而被冠以“落后”的标签。鲁迅 1934 年在《关于新文字——答问》中直言：“比较，是最好的事情。当没有知道拼音字之前，就不会想到象形字的难。”[①]可见“汉字繁难论”的甚嚣尘上是在与拼音文字的横向对比中产生的。

实际上，汉语与其他语言的接触并不是在中国近代史才发生的。在汉魏晋南北朝时期，佛教传入中国，同时大量的佛教经典也被翻译到中国来。在这一时期，部分中国人自然要接触到印度佛教中使用的拼音文字——梵文。但是，梵文的发现，只是促进了音韵学在中国的发展，中国人并没有因此对与梵文迥异的汉字书写系统表示过怀疑或者诘难。宋朝的邓肃认识到“外国之巧，在文书简，故速；中国之患，在文书繁，故迟”[②]，但邓肃的观点也没有引起当时社会的关注。汉字的使用一直被认为是理所当然的事情。

在明代，大批西洋传教士到中国传教。为了在中国百姓中传教，传教士必须要懂得汉语。汉语是迥异于西方拼音文字的书写系统，为了帮助西方传教士学习汉语和汉字，教会罗马字兴起。西方传教士普遍认为汉字非常繁难。西班牙来华传教士马丁·德·拉达（Martin de Rada）在出使报告——《出使福建记》和《记大明的中国事情》中，明确表示汉语的学习难度非常大。拉达认为汉语“是最不开化的和最难的，因为那是字体而不是文字。每个词或每件事物都有不同字体，一个人哪怕识得一万个字，仍不能什么都读懂。所以谁识得最多，谁就是他们当

① 鲁迅. 朝花夕拾. 北京：中国言实出版社，2016：200.

② 转引自周有光. 汉字改革概论. 北京：文字改革出版社，1961：25.

中最聪明的人”[①]。教会罗马字也引起了当时的人们对汉字及拼音文字的比较与反思。明末学者方以智在《通雅》中说：“若事属一字，字各一义，如远西因事乃合音，因音而成字，不重不共，不尤愈乎！”这表达了他对拼音文字的向往，显露出“汉字繁难论”的端倪。在随后的两百年间，尤其是在清朝实行闭关锁国政策之后，来华传教士被集中送到澳门，中国内地减少了与西方的联系，教会罗马字也逐渐沉寂，“汉字繁难论”也鲜有提及。

“汉字繁难论”主要体现在两个方面。

第一，汉字字数多，结构繁杂，而拼音文字相对简易。明末清初的知识分子普遍认为，西方国家国力强盛，民富兵强，主要原因在于他们的文字简单，几十个字母反复使用就生成无数的语词。他们还认为，中国的文字之繁难，冠绝天下。西方人无论男女老少，都能识字明理，主要是因为文字简易。黄遵宪在《日本国志》中指出：“汉字多有一字而兼数音者，则审音也难。有一音而具数字者，则择字也难。有一字而具数十撇画者，则识字也又难”，并大声疾呼“欲令天下之农工商贾，妇女幼稚，皆能通文字之用，其不得不于此求一简易之法哉”[②]。

第二，汉字强调形体，拼音文字强调语音。汉字的字数，加上非常用字和生僻字，多以万计。但常用的汉字只有几千个。很多汉字是一字一形，一字一音，中国人要习得汉字，需要近十年甚至更多的时间。拼音文字数量少，简单易写，而且读音与拼写之间有一定的对应关系。西方人只需短短几年时间，即可诵读书写。基于上述原因，在切音字时期，国人为“自强之计”，急切探求中国贫弱之因和西洋富强之源。

（二）“汉字落后论”与“汉字废除论”

在19世纪末期，积贫积弱的中国被西方人的洋枪利炮打开了国门，中国面临着列强的疯狂侵略，腐败的清政府不得不签订一系列不平等条约，甚至是割地赔款，以求得暂时的苟且。在这种背景下，中国的一大批有志之士开始分析中国羸弱的原因，并致力于探索强国之路。西方列强在入侵中国之后，中西方必然会发生语言上的接触。“中国近代承受西方冲击，产生全面震撼。凡此一中华民族之整体历史文化、思想信仰、风俗习惯、语言文学、种类血缘，无不发生根本动摇。而在民族信心上，投注浓厚阴影，充满疑虑焦灼、犹豫厌恶，乃至于自怨自恨、自我功伐，以至于民族信心崩溃，实为创古所未见，亦正显示国力之衰竭，民族生命陷于挣扎生死存亡之间。”[③]在中国有识之士求新图强的运动中，

① 博克舍. 十六世纪中国南部行纪. 何高济，译. 北京：中华书局，1990：211.

② 黄遵宪. 日本国志：下卷. 天津：天津人民出版社，2005：807，811.

③ 王尔敏. 近代文化生态及其变迁. 南昌：百花洲文艺出版社，2002：291.

“汉字落后论”全面取代了“汉字繁难论”，对汉字进行的改革与民族解放运动融合在一起。

五四运动在提出“文学革命”的同时，也提出了“汉字革命”的口号。汉字被认为是阻碍中华民族发展的罪魁祸首。新文化运动时期对汉字的批评，主要集中在如下方面。

第一，汉字难学、难写、难认，因此成为国民普及教育的最大阻碍。相比之下，西方的拼音文字的书写简单，只需要记住几十个字母，非常容易书写。第二，汉字不便推广白话文。第三，西方科技发达，新的科技术语层出不穷，中国要富强，必须学习西方的先进技术。汉字是表意文字，不便记录西方以表音文字为承载主体的现代科技名词。第四，封建社会的文字记载的很多是封建思想，绝少为人民群众服务。

在 1918 年 4 月 15 日《新青年》第 4 卷第 4 号中，钱玄同在《中国今后之文字问题》中猛烈批判汉字难识、难写，认为汉字的存在对教育的普及、知识的传播是有害的，认为汉字应该改用拼音，才能从根本上解决问题。陈独秀、胡适等都表示完全认同钱玄同的“汉字废灭论”的观点。在《关于新文字——答问》中，鲁迅认为“方块汉字真是愚民政策的利器”，“汉字也是中国劳苦大众身上的一个结核，病菌都潜伏在里面，倘不首先除去它，结果只有自己死”[①]。瞿秋白在《普通中国话的字眼的研究》中，对汉字的抨击尤为激烈[②]。

汉字要废灭，必须有新文字替代，钱玄同提出了自己认为可行的汉字发展方向，即全面西化。

> 至废汉文之后，应代以何种文字，此固非一人所能论定；玄同之意，则以为当采用文法简赅，发音整齐，语根精良之人为的文字 Esperanto。
>
> 惟 Esperanto 现在尚在提倡之时，汉语一时亦未能遽尔消灭；此过渡之短时期中，窃谓有一办法：则用某一种外国文字为国文之补助，——此外国文字，当用何种，我毫无成见；照现在中国学校情形而论，似乎英文已成习惯，则用英文可也；或谓法兰西为世界文明之先导，当用法文，我想这自然更好……[③]

可以看出，五四运动时期，我国知识分子以及进步人士在对汉字的态度上普遍表现得比较负面，在相关表述中用词非常感性，不符合学术研究中的零度修辞要求。他们的文字改革热情高昂，逻辑性却不足，强烈的革新热情取代了理性

① 鲁迅. 且介亭杂文. 3 版. 北京：人民文学出版社，2006：163.

② 乱弹及其他（瞿秋白遗著）. 上海：霞社校印，1938：223.

③ 钱玄同. 中国今后之文字问题. 新青年，1918（4）：354.

的判断与思考。但是，不可否认的是，在积贫积弱的中国被列强环伺的时代背景下兴起的文字改革思潮，是爱国知识分子谋求国家富强之道的一次艰苦探索。

总之，在五四运动时期，“汉字繁难论”进一步发展为“汉字废除论”，把旨在进行文字改良的切音字时期的“汉字繁难论”发展成为彻底的“汉字改革论”，这种观点对后世影响很大。

从拉丁化新文字运动到1986年1月全国语言文字工作会议召开前，否定汉字的呼声依然强烈。其间，1931年在海参崴召开的中国文字拉丁化第一次代表大会通过了有关中国文字拉丁化的原则和规则，强调文字改革的必要性，并成立了远东边区新字母委员会，在旅苏的10万中国工人中进行扫盲和普及教育的工作。如前所述，旧文字的废除意味着要有新文字的替代。在这一时期，中国的文字改革工作者普遍接受西方学者所提出的人类文字发展演变的轨迹，认为世界文字发展的普遍规律是要走拼音文字的道路。

（三）“汉字保持论”

新中国成立后，我国文字改革工作在简化汉字、推广普通话方面取得了一定的成绩，但对“汉字落后论”和“汉字废除论”的认识仍存在误区。我国著名文改专家周有光也把文字制度发展的一般规律概括为由形音制度到音意制度，再到拼音制度。学界所普遍认同的是：拼音文字是世界文字发展的共同方向。文字改革工作的目标依然是最终废除汉字。1955年4月，吴玉章在政协全国委员会报告会上的报告《关于汉字简化问题》中指出，“早在1940年，毛主席就指示我们：‘文字必须在一定条件下加以改革’……。近年来，毛主席更进一步指出了中国文字改革要走世界文字共同的拼音方向。这就是说必须把汉字逐渐改变成为拼音文字”。实际上，在文字改革的过程中，我国政府对汉字拼音化的认识也在根据实际情况进行调整。1958年，我国政府明确文字改革的任务是简化汉字，推广普通话，制定并推行《汉语拼音方案》。周恩来总理1958年1月10日在《当前文字改革的任务》讲话中指出：“至于汉字的前途，它是不是千秋万岁永远不变呢？还是要变呢？它是向着汉字自己的形体变化呢？还是被拼音文字代替呢？它是为拉丁字母式的拼音文字所代替，还是为另一种形式的拼音文字所代替呢？这个问题我们现在还不忙作出结论……关于汉字的前途问题，大家有不同的意见，可以争鸣……这不属于当前文字改革任务的范围。”[①]1985年12月，中华人民共和国国务院办公厅发出《国务院办公厅关于中国文字改革委员会改名为国家语言文字工作委员会的通知》，把“中国文字改革委员会”改为“国家语言文字工作委员会”。1986年，全国语言文字工作会议召开，制定了新时期语言文字工作的方针，

① 中共中央文献研究室. 建国以来重要文献选编：第11册. 北京：中央文献出版社，1995：37.

明确指出新时期语言文字工作的重点是加强语言文字的规范化和标准化，其中，推广普通话成为首要任务，不再提“文字必须改革，要走世界文字共同的拼音方向”，确定了“汉字是国家的法定文字”，并且重申全国人民代表大会决议中的话“《汉语拼音方案》不是替代汉字的拼音文字。继续推动文字改革工作，使语言文字在社会主义现代化建设中更好地发挥作用”。会议明确，“为适应改革开放和建设社会主义市场经济的需要，当前国家语言文字工作的首要任务是‘大力推广和积极普及普通话’；汉字简化的方向不变，但‘汉字简化应持极其慎重的态度，使文字在一个时期内相对稳定，以利社会应用’”。[①]主题报告还指出：“汉字的前途到底如何，我国能不能实现汉语拼音文字，什么时候实现，怎样实现，那是将来的事情，不属于当前文字改革的任务，现在有不同的意见，可以讨论，并且进行更多的科学研究。但是仍然不宜匆忙作出结论。”[②]1986 年，国务院同意国家语言文字工作委员会《关于废止〈第二次汉字简化方案（草案）〉和纠正社会用字混乱现象的请示》，自此，于 1977 年 12 月 20 日发布的《第二次汉字简化方案（草案）》停止使用。1986 年，《关于废止〈第二次汉字简化方案（草案）〉和纠正社会用字混乱现象的请示》提出：“对汉字的简化应持谨慎态度，使汉字的形体在一个时期内保持相对稳定，以利于社会应用。”2000 年，《中华人民共和国国家通用语言文字法》规定书写中国通用语言——普通话的通用文字是规范汉字，《汉语拼音方案》是拼写普通话和给规范汉字注音的工具。

2010 年 3 月 23 日，习近平在俄罗斯“汉语年”开幕式的致辞中指出：“汉字是中华文明的重要标志，也是传承中华文明的重要载体……在长期使用汉字过程中，勤劳智慧的中华民族发明了造纸术、活字印刷术。这两项重大发明，既使历史悠久、博大精深的中华文化得到广泛传承，又使中华文化得以同世界交流、向世界传播。”[③]习近平明确了汉字为中华文明的标志以及中华文明载体的地位，是新时期我国政府对汉字的定位。

2022 年 10 月 28 日，习近平总书记考察了位于河南省安阳市的殷墟遗址。习近平总书记指出：“中国的汉文字非常了不起，中华民族的形成和发展离不开汉文字的维系。”

---

① 国家语言文字工作委员会. 中国语言文字事业发展报告（2020）. 北京：商务印书馆，2020：21. 全国语言文字工作会议秘书处. 新时期的语言文字工作——全国语言文字工作会议文件汇编（1986 年 1 月）. 北京：语文出版社，1987.

② 杨润陆. 现代汉字学通论. 北京：长城出版社，2000：87. 全国语言文字工作会议秘书处. 新时期的语言文字工作——全国语言文字工作会议文件汇编（1986 年 1 月）. 北京：语文出版社，1987.

③ 习近平. 习近平在俄罗斯“汉语年”开幕式上的致辞.（2010-03-25）[2023-3-7]. http://www.gov.cn/govweb/ldhd/2010-03/25/content_1564218.htm..

四、汉字真的落后吗？

（一）汉字有自己的优缺点

任何文字体系都有其自身特点。世界上没有任何一种文字是完美无缺的，比如五四运动时期广受赞美的拼音文字，其表音情况与所记录的语言的语音也并非百分之百地契合。因此，评价任何一种文字都应该从系统的角度进行整体分析，不能以偏概全。

客观地说，“汉字落后论”所指出的汉字的一些缺点和不足确实是存在的，比如最为人诟病的是汉字无法见形知音，形声字的声旁表音准确率不高，汉字结构复杂，不容易书写等。但是，汉字自身的优点也显而易见。首先，汉字符合汉语作为“语素-音节”文字的特点。其次，汉字的形体不与语音直接联系，这恰恰成为汉字沟通方言、贯穿古今的优势，这一点是拼音文字做不到的。

（二）“汉字落后论”对汉字与拼音文字的类比，不在同一层次上进行

文字是记录语言的书写符号系统，其形体构造具有层级性特点。汉字的构形单位分为三级：笔画、部件（偏旁）和字。拼音文字没有“字”，只有“词”的概念，其构形单位也相应地具有三个层级：字母、词根与词缀以及词。可见，笔画是汉字的最小构形单位，字母是拼音文字的最小构形单位，它们属于同一层级。对两种文字的形体构造进行比较，应该进行同层级间的比较，进而分析其繁简。可是，“汉字落后论”却把汉字的最高构形单位（字）与拼音文字的最小构形单位（字母）进行直接比较。对不同层级、不同性质单位的比较有悖于科学性和逻辑性。

仅就形体而论，汉字基本笔画只有横、竖、撇、点、折五种，英文字母有 26 个。我国的《康熙字典》收录汉字 4 万余个[①]。《牛津英语词典》第 3 版收词量逾 60 万条[②]。虽然不必据此得出与“汉字落后论”相反的“汉字简易，拼音文字繁难”的结论，但也足以证明“汉字落后论”所说的汉字繁难确实是很难让人信服的。

（三）目前的汉字信息处理水平已证明汉字不便或难于信息处理的担忧是杞人忧天

汉字信息处理技术是用计算机对汉字进行转换、传输、存贮、分析等加工的科学，其中汉字信息处理是中文信息处理的关键和基础，其难点是汉字编码问题。目前的汉字编码方案符合易学性、快速性、兼容性等要求，汉字部件规范也普遍

---

① 谢谦. 国学词典. 成都：四川辞书出版社，2018：497.

② 曾泰元. OED 的“汉源词”总表. 英语世界，2020（1）：90.

符合汉字构成规律，科学性和应用性突出。汉字信息处理的研究成果在诸多方面得到推广和应用。

（四）“汉字落后论”依据的“人类文字发展的普遍规律”并不具有普遍性

所谓表形→表意→表音的人类文字发展的普遍规律并不存在。表音字母并不是人类文字发展的共同方向。因此，以其为基础形成的“汉字落后论”“拉丁字母优越论”是没有根据的。

思考与练习

1. 郭绍虞在《我对文字改革问题的某些看法》中指出，“在解放以前，我是赞同文字改革的。为什么赞同？一大半是为了革命”；而到了晚年则“对文字改革的问题是由赞同而逐渐发生怀疑的”；“我最近研究中国的语言文字之学，觉得汉字固然有它的缺点，但是优点要比它的缺点更多一些。与西语相比较，最低限度，可以各有千秋，决不是劣等民族的语言文字”①。你是怎么看待上面这段话的？

2. 吕叔湘在《汉语文的特点和当前的语文问题》中指出：“汉字不适宜于译音。只要用汉字翻译，就宁可译意而不译音。译意的科技名词不象译音的人名地名那么累赘，一般也没有不准确的问题，可是不统一的问题还是存在的。五十年代曾经有人搜集过 microphone（麦克风）这东西的译名，从十四种词典里找到十四个译名：传声器，传音器，播音器，广播器，扩声机，扩音机，扩音器，扬声器，强音器，增音器，微音器，听微机，显微声器，显微音器……但是，尽管有这个缺点，还是掩盖不了译意名词的优点，那就是，能够让人‘望文生义’，容易懂，容易记。译意名词的缺点不在于它本身而在于学了这一套名词术语之后仍然不得不学另外一套国际通用的名词术语；知道‘铀’不够，还得知道 uranium……是国际通用的，尽管不同语言里边在发音上和拼法上可能有些小出入，大体上可以彼此相通。科学名词无国界，基本上可以这样说，可惜这句话不适用于中国。”②你怎样看待汉字在科技名词翻译中的作用？

3. 瑞典著名汉学家高本汉认为：“中国不废除自己特殊的文字而采用我们的拼音文字，并非出于任何愚蠢和顽固的保守性。中国的文字和中国的语言情形非

① 郭绍虞. 我对文字改革问题的某些看法. 文字改革，1982（1）：27-28.

② 吕叔湘. 汉语文的特点和当前的语文问题//吕叔湘. 吕叔湘自选集. 上海：上海教育出版社，2019：422-423. “不象”应作“不像”。

常适合，所以它是必不可少的。”[①]你是怎样评价高本汉的上述论断的？

4. 如何看待下面的语码混合现象？

（1）现在是 coffee break，我们一会儿再讨论这件事情吧。
（2）你这个 sem 的成绩怎么样啊？
（3）每个学生都需要做一个 presentation。
（4）你这么说话显得挺 low 的。
（5）这个小孩子很顽皮，老师完全 hold 不住。

5. 周恩来总理 1958 年 1 月在《当前文字改革的任务》中指出：“还有一个问题是大家都关心的，就是汉字的前途究属如何的问题。汉字在历史上有过不可磨灭的功绩，在这一点上我们大家的意见都是一致的。至于汉字的前途，它是不是千秋万岁永远不变呢？还是要变呢？它是向着汉字自己的形体变化呢？还是被拼音文字代替呢？它是为拉丁字母式的拼音文字所代替，还是为另一种形式的拼音文字所代替呢？这个问题我们现在还不忙作出结论。”结合上述讲话，说一说你对汉字未来发展的认识。

6. 在中国历史上，文字改革曾经被赋予了救国的伟大使命。文字改革派认为西方的“切音”文字方便易学，因此西方民众识字者众多。中国的“象形”文字字数多，笔画多，且书写形式与口语形式相分离，不利于在中国民众中普及。据不完全统计，到 1910 年为止，公布于世的拼音方案有 28 种之多。请结合上述材料，并结合所学的知识，分析晚清出现汉字废立之争的时代背景。

7. 结合时代、历史、文化背景，分析为什么到了五四运动时期，关于“汉字落后”的观点忽然甚嚣尘上。

推荐阅读篇目

1. 崔明海. 存与废：20 世纪三四十年代有关汉字改革问题的思想争论. 学术探索，2017（1）：110-117.
2. 周有光. 汉字改革概论. 3 版. 北京：文字改革出版社，1979.
3. 王爱云. 新中国文字改革. 北京：北京人民出版社，2019.
4. 王力. 汉字改革. 太原：山西人民出版社，2014.
5. 王力，魏建功，周祖谟，等. 汉字改革的必要性和可能性. 北京大学学报（人文科学版），1956（4）：67-80.
6. 谢晖. 走出汉字改革的误区——汉字落后论批判. 汉字文化，1994（3）：19-23.

① 王立军. 汉字：中华文化的独特符号. 光明日报，2017-01-15[2023-03-07].https://news.gmw.cn/2017-01/15/content_23476428.htm.

第三节　汉语拼音方案与汉语拼音化运动

一、传统的汉字注音方法

汉字作为表意文字，其字形与读音之间没有必然联系。尽管随着后期大量形声字的出现，汉字的表音成分增强，但是仍然有大量的形声字，声旁只是近似性地表音，无法通过声旁推演出完全正确的读音。以常见的形声字“江”“河”为例，左边的三点水为形旁，右边的“工”和“可”为声旁。如果采用普通话的语音，会发现其声旁的准确程度并不高。

由于汉字形体与语音之间没有必然联系，我国最早采用的注音方法是读若法和直音法。读若法选取相同或相似读音的汉字进行注音；直音法选取相同读音的汉字进行注音。这两种注音方法采取的是整字注音，没有对汉语音节的内部结构进行分析。汉代开始出现了反切法，其基本规则是“上字取声，下字取韵”，即用前一个汉字表示声母，用后一个汉字表示韵母和调位，比如，“收，式州切”，“鸡，古兮切”，“将，即谅切”等。

二、西方人设计的拼音方案

16 世纪欧洲进行了宗教改革，罗马教廷的势力被削弱，不得不向欧洲之外的地区扩展地盘。同时，新航路的开辟也为欧洲传教士进入中国提供了极大的可能与方便。在中国历史上，明末清初主要是天主教传教士来华传教；到清代末期，新教传教士开始进入华夏传教。传教士不但要与政府官员接触，同时也要与普通百姓交流。语言是人类社会最重要的交际工具。来华传教士深切地感觉到汉语与他们所使用的语言之间差别极大，学习汉语既是急事，也是难事。因此，来华传教士出于在中国传教导致的汉语学习需要，在中国没有简便、易学的注音工具可用的情况下，开始探索使用西文字母对汉字进行拼读的可能。早在清末的切音运动之前，肩负所谓“中华归主”传教任务的在华传教士就开始尝试利用西方的字母来拼读汉字，以期在中国拓展宗教活动。

传教士学习汉语的主要目的是传教。对普通民众的传教主要借助口语进行。中国疆域广大，方言众多。方言之间最大的差异主要体现在语音方面。因此，要吸引更多的民众接受其宗教观点，传教士需要努力掌握各地的方言。同时，为了在中国顺利地传教，传教士必须与政府官员以及社会名流交往，这需要使用官话。而且，我国方言之间、方言与官话之间的语音差别很大。因此，传教士不但需要对传教地区所使用的方言进行语音标注，也需要对官话的语音进行标注。

综合来看，来华传教士所设计的比较著名的汉字注音方案有利-金方案、马礼逊方案、威妥玛-翟理思方案以及在此基础上形成的邮政式拼写法。

（一）利-金方案

利玛窦（Matteo Ricci）是意大利的天主教传教士，在明朝万历年间到中国传教。一开始利玛窦到澳门罗明坚（Michele Ruggleri）开办的“经言学校”学习汉语、汉字以及中国的礼仪文化，后于1583年9月到达广东肇庆，建立罗马天主教在中国内地的第一个传教基地。罗明坚与利玛窦编写过一部《葡汉辞典》的未完成稿。辞典手稿分三栏：第一栏为葡语词目，按字母顺序排列；第二栏是用罗马字拼写的汉语对应词；第三栏是用汉字书写的汉语对应词。《葡汉辞典》中的拼音方案中，有23个声母、52个韵母。杨福绵认为，《葡汉辞典》中的罗马字注汉字音是汉语最早的拉丁字母拼音方案，是利玛窦的注音系统以及《西儒耳目资》注音系统的前身，也是后期的汉语拼音方案的奠基之作。但同时杨福绵也指出，《葡汉辞典》中的罗马注音“系统尚不完备”，“例如无送气音和声调符号；声母和韵母的拼法尚未完全一致，不免有模棱含混的地方”[①]，比如“怕”和“罢”都拼成pa，同一韵母的拼法也不同，比如“起”字拼成“chi、chij、chiy等。同时，《葡汉辞典》也没有卷舌音的标注等。《葡汉辞典》描写的是南京官话，但其中夹杂着其他地区的方言语音标注，比如该词典把“花”标注为fa，这记录的是粤方言的发音情况。

利玛窦编纂的《西字奇迹》于明万历三十三年（1605年）在北京出版。《西字奇迹》中的四篇文章[②]中的汉字添加了拉丁字母注音，记录的是明末官话[③]的发音情况。

利玛窦的原著《西字奇迹》现在很难见到。1983年，学者鲍保鹄在梵蒂冈图书馆发现了这部书，全书仅有六页，内容包括三篇罗马字注音文章[④]，刊行于1605年，其编号分别为Racc.、Gen. Oriente、2331. 12。罗常培根据该书的汉字与拉丁文对照的译文，从中整理出26个字父（声母）、44个字母、5个声调，以及一个专门设计出的送气音符号[C]。

金尼阁（Nicolas Trigault）是第一位来华的法籍耶稣会士，在利玛窦逝世后6

---

① 杨福绵. 罗明坚、利玛窦《葡汉辞典》所记录的明代官话. 中国语言学报，1995（5）：35-81.

②《西字奇迹》原来包括三篇宣传天主教教义的文章，分别是《信而步海，疑而即沉》《二徒闻实，即舍空虚》《淫色秽气，自速天火》，都用罗马字注音。第二年，即1606年，利玛窦在后面加写了文章《述文赠幼博程子》。

③ 杨福绵通过对罗明坚、利玛窦所编写的《葡汉辞典》的研究，认为明朝的官话是以南京话为基础的。这一观点现在已经被学界普遍接受。

④ 冯志伟. 汉语拼音运动的历史回顾. 术语标准化与信息技术，2004（4）：26-31.

个多月抵澳门。1626年，金尼阁在杭州出版了《西儒耳目资》。《西儒耳目资》是一部用拉丁字母给汉字注音的字汇，目的是帮助西方传教士学习汉语的语音与文字。徐宗泽认为："'西儒耳目资'者，意谓为西士攻读华文之便，耳以听字之音韵，目以视字之拼合，拼合即以西字码拼成字之声。"①。《西儒耳目资》中有 5 类声调②（清平、浊平、上声、去声、入声），几乎可以拼出明末官话的全部音节。总体来看，这套拼音方案已经发展得较为完善，不但标注了送气音，还标注了声调。更重要的是：使用统一的罗马字母标注汉字。

金尼阁的汉字拼音方案是在利玛窦方案的基础上修改而成的，因此也是使用拉丁字母对汉字读音进行标注。明代语言文字学家王徵参与了《西儒耳目资》的修订校梓。

由于母语背景趋同以及欧洲语言内部的相似性，利-金方案只在传教士中使用较多，几乎没有中国人使用。利-金方案的拼读在现代汉语语言系统中仍有留存。"孔子"和"孟子"的英语译名可以追溯到利-金方案。孔子被译为 Confucius，孟子被译为 Mencius，是采用利-金方案形成的拉丁语拼译法。首先取"孔（夫）子"与"孟子"的汉语发音，最后的-us 是拉丁语中阳性名词的后缀。随着英语成为强势语言，人们按照英语发音规律拼读 Confucius 和 Mencius。按照现代汉语普通话的语音标注规律分析，现在已经很难看出 Confucius 和 Mencius 与汉语语音之间的联系。

（二）马礼逊方案

从利-金拼音方案之后，朝代更迭，明亡清兴。清代实行闭关锁国政策，传教士在中国的活动受到限制，外国传教士在汉语拼音方案创制方面没有进一步的发展，再无创新和突破。直到 19 世纪，英国传教士罗伯特·马礼逊（Robert Morrison）出版了《华英字典》。在该字典中，马礼逊提供了一套注音方案，不仅用来标注官话，也用来拼写粤方言，是第一个用英语字母拼写方言的注音方案。

（三）威妥玛-翟理思方案及邮政式拼写法

威妥玛（Thomas Francis Wade）③是英国驻华外交官，1867 年出版了供来华

① 徐宗泽. 明清间耶稣会士译著提要. 上海：上海书店出版社，2010：245.

②《西儒耳目资》对声调之间的差异进行了描述。"平声有二，曰清，曰浊。仄声有三，曰上，曰去，曰入。五者有上下之别，清平无低无昂。在四声之中，其上其下每有二。最高曰去，次高曰入。最低曰浊，次低曰上。"转引自北京大学汉语语言学研究中心《语言学论丛》编委会编《语言学论丛 第二十九辑》（北京：商务印书馆，2004 年，第 148 页）。

③ Thomas Francis Wade 的中文译名，是在按照汉文化中姓在前、名在后的命名规则的基础上进行音节删减的结果。另一种翻译方式是"韦德"，但其接受度远低于"威妥玛"。

外交人员学习汉语使用的京音官话课本《语言自迩集》。书名中的“自迩”取自儒学经典《中庸》：“君子之道，辟如行远，必自迩；辟如登高，必自卑。”意思是君子实行中庸之道，就像走远路一样，必然从近处开始；就像登高山一样，必然从低处起步。威妥玛借此表达如下的观点：语言的学习，必须要打好基础，才能取得预期目标。

在《语言自迩集》之前，教材大都以南京官话为描写对象。《语言自迩集》以北京官话为描写对象，按照英语语音系统的描写方法，把汉语语音分为元音与辅音，并介绍了送气音。《语言自迩集》中明确指出北京话中有四个声调，这四个声调分别是：第一声为上平，也叫高平调；第二声下平，或叫低平调；第三声为上声，也叫升调；第四声为去声，也叫降调。用数字 1、2、3、4 表示四声，并将其标注在注音的右上角。《语言自迩集》建立了第一个详细的北京语音的声、韵、调配合表，即“音节总表”。《语言自迩集》所列的声母和韵母的组合，还谈到了语流音变现象，包括连续变调、儿化和轻声等。《语言自迩集》成功发展了用拉丁字母拼写汉语的方法，被称为“威妥玛式拼音”。

威妥玛式拼音减少了音位数量，力求各个音符一致并近似于英语发音，这是其优点。“威妥玛在审音方面是敏感且精细的，他对北京音的描写，有时近乎严式标音。”①因此，威妥玛式拼音虽然音位数量减少，但是存在一符多用现象；在拼音时采用了较多的附加符号，而在使用这些符号时有时又会省略，从而产生拼写上的混乱。

后来，英国外交官、汉学家赫伯特·艾伦·翟理思（Herbert Allen Giles）在他所编纂的《华英字典》中对威妥玛的标音系统进行进一步改良，最终形成了“威妥玛-翟理思式拼音”。

我国在 1958 年制定了《汉语拼音方案》，作为国家规定的注音方案。因此，威妥玛-翟理思式拼音现在只在一些专有名词中还有保留，比如 Sun Yat-sen（孙中山）、Soong Ching-ling（宋庆龄）、Chiang Kai-shek（蒋介石）、Soong May-ling（宋美龄）、Mao Tse-tung（毛泽东）、Moutai（茅台）、Chunghwa（中华）、Changyu（张裕）等。有些使用威妥玛-翟理思式拼音的汉语专有名词已被吸纳为英文的外来语，例如 Kungfu（功夫）、Tai-chi（太极）、*I-ching*（《易经》）、Taoism（道教）、Chingming Festival（清明节）、Kungpao Chicken（宫保鸡丁）等。

威妥玛-翟理思式拼音几经修订，后被邮电部门使用，用来拼写中国地名。1906年，在上海举行了帝国邮电联席会议，规范与统一了中国地名的拉丁字母拼写法。帝国邮电联席会议决定，总体上以翟理思《华英字典》中的拉丁字母拼写法为依据拼写中国地名，从而形成了邮政式拼写法。与威妥玛式拼写法不同，邮政式拼

① 张卫东. 威妥玛氏《语言自迩集》所记的北京音系. 北京大学学报（哲学社会科学版），1998（4）：136-144.

写法有如下特点：①在原有的北京语音系统基础之上，用不同字母来区分尖、团音；②将 u 写作 w，将 ou 写作 ow，比如“汉口”写作 Hankow，“锦州”拼写为 Chinchow；③在北京语音系统之外，考虑到中国的实际情况，加入一些方言的拼音，会议规定广东、广西、福建部分地名按当地方言的发音拼写，拼写依据的是翟理思《华英字典》所附的方音拼法；④保留一些在之前已经广泛使用的中文地名的音译形式，比如 Foochow（福州）、Canton（广州）、Amoy（厦门）等；⑤为了电报通信的方便，取消了连写符号、送气符号等附加符号。这种拼写方式被称为“邮政式拼音”，广泛用于邮政电信、海外图书馆中文藏书编目、外交护照中中文人名以及地名的译音等，是 20 世纪上半叶西方国家拼写中国地名、人名的标准。以下地名拼写采用的是邮政式拼写法，比如 Peking（北京）、Tientsin（天津）、Tsinan（济南）、Tsingtao（青岛）、Hong Kong（香港）、Yangtze River（扬子江）、Tsinghua（清华）、Soochow（苏州）以及 Kwang-tung（广东）等。

我国 1958 年公布了《汉语拼音方案》，威妥玛式拼音及其衍生的邮政式拼音被淘汰。1977 年，联合国第三届地名标准化会议通过了采用《汉语拼音方案》作为中国地名罗马字母拼法的国际标准，威妥玛式拼音（包括邮政式拼音）停止使用。1979 年 6 月 15 日，联合国秘书处发出通知，明确规定：利用拉丁字母转写中国人名和地名的国际标准是汉语拼音。1982 年，国际标准化组织承认了《汉语拼音方案》的地位。但有时还可见威妥玛式拼音法。

三、中国人的拼音化运动

鸦片战争之后，西方列强的坚船利炮打开了中国的大门，西方的语言与文字也随之进入中国社会。到五四运动时期，所谓的“汉字落后论”成为影响广泛的学说，面对列强环伺、积贫积弱的中国，国人积极开展救亡图存运动。在这种背景下，对繁难的汉字进行改革成为当时的知识分子救亡图存的主要途径之一。钱玄同提出废除汉字，代之以世界语、英语或法语，但是该主张过于激进，全盘西化的文字改革方案没有得到大部分民众的支持。人们普遍接受的是另一个解决方案——实行汉语的拼音化，推行拼音文字，借此普及识字教育，广开民智，兴盛国运，从而开启了中国现代史上的汉语拼音化运动。

（一）清末切音字运动

西方人所设计的拼音方案对我国的知识分子启发很大。清末民初，一部分中国的知识分子认为中国之所以被列强欺凌，中华民族之所以陷入危机，在于科学技术不发达。科技不发达的主要原因在于国民的文化水平太低，识字的人太少。

西方发达的原因在于国民的文化程度高，识字的人很多。在这一背景下，中国的发展问题就聚焦至中国的文字问题——西方文字简易，易学易懂；中国文字繁难，难学难记。中、西方民众识字率的悬殊被认为与各自的文字体系紧密相关。中国文字的繁复被认为是阻碍国民素质提高的罪魁祸首，一场旨在简化文字、启发民智的汉语拼音化运动——切音字运动在清末轰轰烈烈展开。自卢戆章《一目了然初阶》起，历时 20 年的、发端于民间的创造和推行汉语拼音方案的运动，被称为“切音字运动”。

“切音”，又叫“合声”，实际上就是拼音。“切音字”是对这一运动中所涌现出的各种类型的拼音文字的统称。“切音字”即指一切拼音字，如西方国家的拼音文字、日本的假名、朝鲜的谚文以及清代的满文等。除此之外，还包括当时新创制出的各种汉语拼音文字方案。

1892～1910 年，有 23 人正式提出 28 种汉语拼音文字方案（即切音字）。最早的是卢戆章，他编著了《一目了然初阶》，这是一本识字教育的入门读物，所谓“男可晓女可晓，智否贤愚均可晓”，因此取名《一目了然初阶》。对汉字的切音，《一目了然初阶》中采用的是拉丁字母及其变体，其中拉丁字母有小写体 15 个（a、b、c、d、e、h、k、m、n、o、r、u、v、w、x），大写体 3 个，分别是 L、R、G，还有 1 个手写体（S），另有一个希腊字母（θ）。该切音字方案借鉴我国传统的反切，采用的是声韵双拼制。该读本以切音形式描写厦门音、“官话”音和其他方言的语音，其字母有汉字笔画式的，有拉丁字母式的，还有速记符号等其他形式，是一种混合式的注音字母，这是中国人自己创制的首个拼写汉语的拼音文字方案。1906 年，卢戆章用字母拼写北京官话。后来，受日本假名的启发，卢戆章创制了第二套汉字拼音方案，以“中国切音字母”之名出版。

在此之后 20 年，各种切音方案不断涌现，著名的有吴稚晖的《豆芽字母》、蔡锡勇的《传音快字》、沈学的《盛世元音》、朱文熊的《江苏新字母》、王照的《官话合声字母》以及劳乃宣的《简字全谱》等，将近 30 种。切音形式包括汉字笔画（包括独体古文）式、拉丁字母式、速记式符号以及自创符号式等。尤其值得注意的是 1906 年朱文熊的《江苏新字母》，该书不仅全部采用拉丁字母，并在自序中说“与其造世界未有之新字，不如采用世界所通行之字母”，这是清末学者第一次明确提出用拉丁字母进行汉字切音的理论主张。切音字的拼切方法包括双拼制、三拼制、音素制等；拼切对象有官话、吴音、粤音、闽音等。有些方案可以兼拼几种方音。到了后期，受统一语言、推行国语的影响，拼官话音成为主流。

卢戆章的拉丁字母式切音字方法并不成功。1900 年，王照发表了《官话合声字母》，这是一种标注“北平语音的新文字”。王照在保定办起了“拼音官话书报社”，又刊行《拼音官话报》。在这一时期，切音字是作为文字而通行的。《官话合声字母》自 1900 年诞生到 1910 年遭清政府强行查禁，曾在全国大部分地区推广。

1910 年，清政府成立了资政院。1911 年，资政院在中央教育会议上通过了一个包括五项决议的学部中央教育会议议决《统一国语办法案》，其中第四项决议是在符号形体上，要求简单、美观、便于书写，议决在 1916 年普及国语。决议虽然通过，但是清政府已经走到了崩溃的边缘，自身不保。1911 年 10 月，武昌起义爆发，辛亥革命成功，随后中华民国成立。

1913 年，中华民国教育部召开“读音统一会”。这是我国在历史上第一次对汉字的标音系统进行的国家层面的探讨。这次会议审议通过了标注汉字读音的注音字母，标志着清末 20 余年来切音字运动的结束，也标志着中华民国时期国语运动的开始。

（二）国语运动

切音字运动期间，为各地方言所创造的拼音方案纷至沓来，这与“同文而治”理念背道而驰。所以切音字运动发展到最后，自然而然地产生了统一国语的要求。

1912 年，北洋政府着手筹备制定全国统一的拼音方案，审定国音，裁定字母。1913 年 5 月，国民政府教育部召开“读音统一会”，采用章太炎“取古文篆籀径省之形”而制订的符号，加以修订、楷化，确定为“注音字母”，采用笔画简单的古汉字作为字母，共 39 个字母。这是我国第一套法定的汉语拼音字母。采用的是汉字笔画式的自制符号，基本做到一个字母代表一个音素，所采用的声、韵双拼制，是对我国传统的反切注音、记音方法的继承和发展。

注音字母后经修订，且“仅代反切之用”，确立了注音字母不是拼音文字，而是标注汉字读音的工具。1918 年 11 月，国民政府教育部正式发布注音字母。注音字母共有 39 个，其中声母 24 个，韵母 15 个。由于“字母”本身的歧解性，1930 年 4 月，国民政府颁令将“注音字母”改称“注音符号”。

后来，经过国民政府的强制实行和大力推行，注音符号在社会上得到了广泛的应用。表 2.1 为注音符号与汉语拼音对应关系。

表 2.1　注音符号与汉语拼音对应关系

注音符号	来源	取声切韵	汉语拼音
ㄅ	“包”之古字，《说文解字》：“勹，裹也，象人曲形，有所包裹。”，读“ㄅㄠ”	取其“ㄅ”声	b
ㄆ	《说文解字》：“攵，小击也。”即手执竿轻敲，读“ㄆㄨ”	取其“ㄆ”声	p

续表

注音符号	来源	取声切韵	汉语拼音
ㄇ	“幂”的本字。遮蔽覆盖之意，古音“ㄇㄧˋ”	取其“ㄇ”声	m
ㄈ	《说文解字》：“匚，受物之器。”古代一种盛物的器具，读“ㄈㄤ”	取其“ㄈ”声	f
ㄉ	古之“刀”字，读“ㄉㄠ”	取其“ㄉ”声	d
ㄊ	古之“突”或“凸”，读“ㄊㄨ”	取其“ㄊ”声	t
ㄋ	古之“乃”字，读“ㄋㄞˇ”	取其“ㄋ”声	n
ㄌ	古之“力”字，读“ㄌㄧˋ”	取其“ㄌ”声	l
ㄍ	《说文解字》：“巜，水流浍浍也。”川之小者，田间的水道，读“ㄍㄨㄥ”	取其“ㄍ”声	g
ㄎ	《说文解字》：“丂，气欲舒出，ㄅ上碍于一也。”气受阻碍而无法舒出或行而不利，读“ㄎㄠˇ”	取其“ㄎ”声	k
ㄏ	古之“厂”字，山侧避风雨之居处，读“ㄏㄢˇ”	取其“ㄏ”声	h
ㄐ	古之“纠”字，《说文解字》：“ㄐ，相纠缭也。”，读“ㄐㄧㄡ”	取其“ㄐ”声	j
ㄑ	ㄑ：水小流。同“畎”、田间沟渠。读“ㄑㄩㄢˇ”	取其“ㄑ”声	q
ㄒ	古之“下”字，读“ㄒㄧㄚˋ”	取其“ㄒ”声	x
ㄓ	古之“之”字，读“ㄓ”	取其“ㄓ”声	zh
ㄔ	明·张自烈《正字通》：“左步为彳，右步为亍，合彳亍为行。”彳：左脚的步伐。读“ㄔ”	取其“ㄔ”声	ch
ㄕ	古之“尸”字，读“ㄕ”	取其“ㄕ”声	sh
ㄖ	古之“日”字（象形），读“ㄖ”	取其“ㄖ”声	r
ㄗ	古之“节”字，误读或借作“ㄗ”音。读如（早）之声	取其“ㄗ”声	z
ㄘ	古之“七”字，误读或借作“ㄘ”音。读如（草）之声	取其“ㄘ”声	c
ㄙ	古之“私”字，读“ㄙ”	取其“ㄙ”声	s
ㄚ	古之“丫”字，《广韵》：“丫，象物开之形。”物之歧头曰“ㄚ”，读“ㄧㄚ”	取其“ㄚ”韵	a
ㄛ	古之“呵”字，《说文解字》：“ㄛ，反丂也。”。读如（或）之韵	取其“ㄛ”韵	o
ㄜ	“ㄛ”之转化，由“ㄛ”添笔而成。读如（峨）之韵		e
ㄝ	古之“也”字，读“ㄧㄝˇ”	取其“ㄝ”韵	ie

续表

注音符号	来源	取声切韵	汉语拼音
ㄞ	古之“亥”字，读“ㄏㄞˋ”	取其“ㄞ”韵	ai
ㄟ	“流”也，读“ㄨㄟ”	取其“ㄟ”韵	ei
ㄠ	《说文解字》：“幺，小也。”读“ㄧㄠ”	取其“ㄠ”韵	ao
ㄡ	握于手之象形字，读“ㄧㄡˋ”（又）	取其“ㄡ”韵	ou
ㄢ	花苞之象形，其意“含”也。读“ㄏㄢˊ”	取其“ㄢ”韵	an
ㄣ	古之“隐”字，又作“乚”：匿也。读“ㄧㄣˇ”	取其“ㄣ”韵	en
ㄤ	《玉篇·尢部》：“尢，跛、曲胫也。”脚跛也，读“ㄤ”		ang
ㄥ	《说文解字》段玉裁注：“𠂋，古文厷，象形，象曲肱。”厷读“ㄍㄨㄥ”	取其“ㄥ”韵	eng
ㄦ	“儿”的简化字。读“ㄦˊ”		er
ㄧ	“一”是数字之始，读“ㄧ”		i
ㄨ	古之“五”字，读“ㄨˇ”		u
ㄩ	古盛饭之器，读“ㄩ”		ü

注：部分内容参考华语网 https://www.thn21.com/base/yuyan/9512.html

（三）《汉语拼音方案》

新中国成立之后，文字改革活动主要有三大成就。第一，制定《汉语拼音方案》；第二，整理异读字和异体字；第三，简化部分繁体字。

1955 年 2 月，中国文字改革委员会设立了“汉语拼音方案委员会”，开始设计汉语拼音方案。1956 年，《汉语拼音文字方案（草案）》问世，正式发表时，删掉了“文字”两字，表明该方案的主要功能是注音。1958 年，《中华人民共和国第一届全国人民代表大会第五次会议关于汉语拼音方案的决议》明确指出“汉语拼音方案作为帮助学习汉字和推广普通话的工具”。2000 年颁布的《中华人民共和国国家通用语言文字法》第十八条规定：“国家通用语言文字以《汉语拼音方案》作为拼写和注音工具。《汉语拼音方案》是中国人名、地名和中文文献罗马字母拼写法的统一规范，并用于汉字不便或不能使用的领域。初等教育应当进行汉语拼音教学。”

《汉语拼音方案》包括字母表、声母表、韵母表、声调符号以及隔音符号。

《汉语拼音方案》是对中国历史上出现的诸多拼音方案进行合理继承的基础上进行的创新。马庆株指出：“《汉语拼音方案》（以下简称《方案》）总结了 16 世纪 80 年代以来许多方案，14 个方案对《方案》有贡献。声母来自利玛窦、

卫匡国、刘孟扬、黄虚白、刘继善、拉丁化新文字 6 个方案；韵母来自利玛窦、金尼阁、卫匡国、马礼逊、艾约瑟、威妥玛、S. Couvreur、马提尔、朱文熊、黄虚白、国语罗马字 11 个方案。韵母自成音节形式来自利玛窦、马礼逊、威妥玛、刘继善、国语罗马字 5 个方案。汉语拼音是中外十几代人智慧的结晶，是集大成的最佳方案，考虑周到，比较众多的方案，作出最佳选择，安排好每一个声母和韵母，实属不易。”[①]

《汉语拼音方案》是中华人民共和国法定的拼音方案，广泛应用于社会的各个领域。吴玉章 1964 年发表了题为《汉语拼音方案在各方面的应用》的文章，对《汉语拼音方案》颁布使用六年之后的作用进行总结，归纳了十个方面。第一，给汉字注音；第二，帮助少数民族创造和改革文字；第三，帮助外国人学汉语；第四，提高了聋哑教学质量；第五，改进盲字；第六，增加电报速度；第七，用于视觉通信；第八，用作代号和缩写；第九，用于编纂字典、词典；第十，用于序列索引[②]。

尽管《汉语拼音方案》在社会生活中发挥了巨大的作用，显示了极强的优越性，但是，在长期的使用过程中，《汉语拼音方案》所存在的一些问题也日益显露。具体包括三个方面。

1.《汉语拼音方案》体系的问题

（1）“字母表”本音、呼读音、名称音使用混乱。尤其是名称音，缺乏社会基础，现在几乎没有人使用。

（2）字母表、声母表、韵母表不统一的问题。《汉语拼音方案》的字母表中有 v，但是，这个 v 既没有出现在声母表中，也没有出现在韵母表中。在韵母表中，又出现了一个不见于字母表中的ü，形成了“三表不统一”的局面。

（3）运用注音符号对字母表进行注音的问题。《汉语拼音方案》的字母表中，用注音符号对字母的名称音进行了标注。具体如下。

字　母　表

字母：	Aa	Bb	Cc	Dd	Ee	Ff	Gg
名称：	ㄚ	ㄅㄝ	ㄘㄝ	ㄉㄝ	ㄜ	ㄝㄈ	ㄍㄝ
	Hh	Ii	Jj	Kk	Ll	Mm	Nn
	ㄏㄚ	ㄧ	ㄐㄧㄝ	ㄎㄝ	ㄝㄌ	ㄝㄇ	ㄋㄝ
	Oo	Pp	Qq	Rr	Ss	Tt	
	ㄛ	ㄆㄝ	ㄑㄧㄡ	ㄚㄦ	ㄝㄙ	ㄊㄝ	

① 马庆株.《汉语拼音方案》的来源和进一步完善. 语言文字应用，2008（3）：17-18.

② 吴玉章. 汉语拼音方案在各方面的应用. 文字改革，1964（3）：1-4.

Uu　Vv　Ww　Xx　Yy　Zz
ㄨ　万ㄝ　ㄨㄚ　ㄒㄧ　ㄧㄚ　ㄗㄝ

在《汉语拼音方案》开始实施前，我国的汉字教学使用的是注音符号。在这样的时代背景下，用注音符号为《汉语拼音方案》中的字母表、声母表以及韵母表注音，是为了帮助有注音符号基础的学习者快速在注音符号与汉语拼音之间建立对应关系。发展到现在，中国的汉语使用者对注音符号知之甚少。因此，就目前情况来看，注音符号在《汉语拼音方案》中的存在是冗余的。

2. 汉语本族语使用者视角下《汉语拼音方案》中存在的问题

1）y、w 的拼写规则问题

《汉语拼音方案》规定：韵母表中 i 行、u 行、ü行的韵母，如果自成音节，开头要使用 y 或 w。这种情况《汉语拼音方案》中共列举了 23 种。要理清 y、w 与 i、u、ü的关系，并且要分清什么时候要加上 y、w，什么时候要把 i、u、ü替换为 y、w，对于小学生来说，有非常大的难度。

2）iou、uei、uen 的省写问题

iou、uei、uen 前面加上声母时，要写成 iu、ui、un。实际上，iou、uei、uen 的韵头、韵腹、韵尾俱全，省写破坏了韵母内部的规律性，不符合读音的实际情况。

3. 二语学习者视角下《汉语拼音方案》中存在的问题

1）字母 i 身兼三职

声母 zh、ch、sh、r 属舌尖后音，z、c、s 属舌尖前音，在汉语普通话里，这两组音都不能和齐齿呼韵母相拼合。《汉语拼音方案》为了减少附加符号的使用，规定舌尖后元音-i [ʅ]、舌尖前元音-i [ɿ]在前接声母的时候短横须去掉。因此，《汉语拼音方案》中出现了运用一个字母 i 表示舌尖后元音、舌尖前元音与舌面前高不圆唇元音三个音的情况。这种三合一的情况导致很多使用汉语拼音学习汉语的外国学生经常会出现下面的发音偏误，比如，把“知道”读成“鸡到”，把“吃饭”说成“妻饭”，把“老师”念成“老西”，等等。

2）ü上两点的省写

现代汉语中的舌面前音 j、q、x 是从舌面后音 g、k、h 中分化出来的。这两组声母中，一组（g、k、h）只与开口呼、合口呼拼合；另外一组（j、q、x）只和齐齿呼、撮口呼拼合，规律非常明显。

《汉语拼音方案》在制定伊始，为了书写的方便，避免出现过多的小圆点，规定在与 j、q、x 相拼时，ü上面的两点须省略。相应地，jü、qü、xü的汉语拼音

形式为 ju、qu、xu。外国学习者在说汉语时，会说成"我要七物（去）上海""同学们都很想看京几物（剧）""下午我们还要继西屋（续）排练节目"等。外国学生经常问的问题是："为什么 j、q、x 不像 n 和 l 那样，后面跟的是ü还是 u 一看就明白呢？"

同样的问题也出现在以 y 开头的零声母音节上。《汉语拼音方案》在 i 和ü开头的零声母音节前加上了 y，并且ü上的两点也省略。因此，很多外国学生读的 yu，是 i 加 u（合口呼）的拼读，不是撮口呼的ü；外国汉语学习者读的 yun，是 i 加 uen 的拼读，也不是ün。

3）有关 iou、uei、uen 的省写

《汉语拼音方案》把 iou、uei、uen 省写为 iu、ui、un，经常会误导汉语二语学习者认为它们是二合元音。在国际中文教学中会发现：外国的汉语学习者是根据拼音形式来读语音的，音节上没有出现的音素，学习者不可能自主加上去。由于 iou、uei、uen 省略的是主要元音，缺少了韵腹，发音时口形不一样，音质自然也不相同。

4）ao、iao、ong、iong 的实际发音与书写不一致问题

现代汉语语音系统中的复韵母 ao、iao、ong 中的 o，实际发音不是[o]而是[u]。但是，《汉语拼音方案》却用 o 来标写。复韵母üng 在《汉语拼音方案》中写成了 iong。因此，《汉语拼音方案》中的 ao、iao、ong、iong 所表示的实际读音是[au]、[iau]、[uŋ]、[yŋ]，实际发音与书写形式之间的不一致，造成了留学生在汉语二语学习过程中容易出现语音问题。

5）用习惯上表示清浊对立的音素来表示汉语中的送气与不送气的对立

在很多国家中，"p、b""t、d""k、g"表示的是清浊音的对立，我国的《汉语拼音方案》用"p、b""t、d""k、g"表示送气音与不送气音的对立。汉语二语学习者在习得过程中，受母语负迁移的影响，会把其母语语音体系中的清浊音与汉语中的不送气与送气音等同起来。

随着社会的发展，《汉语拼音方案》在使用过程中出现了上述的一些问题，并引起了学界的关注与讨论。尽管如此，《汉语拼音方案》仍是在对之前相关拼音方案进行合理继承的基础上形成的、经过社会广泛讨论以及专家反复论证的最优化方案，在普通话推广中起到了重要作用，也是帮助国内外汉语学习者学习汉字的工具，其重要性是毋庸置疑的。

思考与练习

1. 利用"六书"理论，查阅工具书，分析下列汉字的造字方法。

月、囚、文、又、妾、且、虹、牙、梅、降、齐、香

2. 经常有人用赵元任的《施氏食狮史》来说明汉语书写系统实行拼音化不可行。你是怎么看的？

附：施氏食狮史

石室诗士施氏，嗜狮，誓食十狮。施氏时时适市视狮。十时，适十狮适市。是时，适施氏适市。施氏视是十狮，恃矢势，使是十狮逝世。氏拾是十狮尸，适石室。石室湿，氏使侍拭石室。石室拭，施氏始试食是十狮尸。食时，始识是十狮尸，实十石狮尸。试释是事。

3. 某著名出版社出版了一部有关中俄国界东段学术史研究的著作，其中，人名 Chiang Kai-shek（蒋介石）被翻译为“常凯申”。学界对此一片哗然。请分析造成这种误译的原因是什么，怎样可以避免这种情况的出现。

4. 传统的汉字注音方法有哪些？主要缺陷是什么？

5. 简述《汉语拼音方案》的优缺点。

6. 你认为汉字落后吗？为什么？与拼音文字相比，汉字作为表意文字，其优点体现在哪些方面？

7. 有人认为汉字是一种工具，工具应该强调使用的便捷性，汉字过于繁难，因此应该实行拼音化。有人认为汉字是中华文化的重要载体，为了文化的继承与延续，汉字不应该实行拼音化。你认为上述两种说法是否有道理？从理论上说，汉字是否有拼音化的可能？从实践上看，汉字有没有必要进行拼音化？在以键盘输入为主的信息时代，汉字形体的复杂是否仍然是视觉符号交际中的重要障碍？

推荐阅读篇目

1. 陈章太.《汉语拼音方案》的功绩、发展及问题. 语言文字应用，2008（3）：6-8.
2. 冯志伟.《汉语拼音方案》之前的拼音探索. 语言政策与规划研究，2020（2）：12-24.
3. 郭伏良，冯凯云.《汉语拼音方案》国际推广回顾与新时代发展展望. 汉字文化，2018（24）：87-89.
4. 黎锦熙. 关于《汉语拼音方案（草案）》的修订和批评. 拼音，1956（1）：25-27，18.
5. 刘振平. 汉语拼音经典方案选评. 北京：北京语言大学出版社，2013.
6. 尤敦明.《汉语拼音方案》中 iou、uei、uen 的“丢音”现象给语音教学带来的问题. 上海师范大学学报，1985（2）：113-116.

第四节　一文两字之惑

一、繁体字、简体字与简化字

（一）繁体字与简体字

简体字与繁体字是相对而言的。一个汉字如果有两个以上的形体，形体笔画多的叫繁体字，笔画少的叫简体字。多年以来，关于汉字的简化，一直有不同的声音存在。一些人认为汉字是中国传统文化的传承，不宜进行改动，尤其是简化；另一些人认为汉字是一种书写工具，书写简便是其发展趋势。

早期的汉字是由图画发展起来的，形体不固定，在描绘事物的形象时，其精细程度不同，就产生了繁体与简体的区别。早在甲骨文中，一些字就同时存在繁体和简体形式。

由于隶变之后仍有不少字结构复杂，笔画繁多，南北朝以来，在常用的楷体汉字中，出现了较简便的俗字。笔画比正字少的俗字，一般被叫做简体字。汉字进入楷书阶段后，简体字大多源于民间俗字。简体字是流行的形体较简易的俗字，很多来自草书楷化，或文献中笔画简单的俗字、异体字、古字或者是假借字。在唐代柳公权《金刚经》的拓本中，写的是简体形式的“礼”而不是繁体形式的“禮”。在明万历年间刻本《金瓶梅词话》中，“襖”简化为“袄”。可见，同一个字（当然不是每一个字）的繁体与简体形态，自古就存在。在没有严格正字法的社会环境中，书写时的繁、简并行是常态。现在的“学”字，在文字简化之前既有繁体形态的“斆”，也有简体形态的“學”，而且在古书中，“學”字用简体为多。当然，相对于现代的简化字“学”，古代简体形态的“學”显然在书写上要更繁复。因此，所谓的繁简是相对的概念。

（二）台湾地区使用的繁体字

1. 台湾地区使用的繁体字简介

通常意义上的“正体字”，是与“异体字”相对而言的，比如“峰”为正体字而“峯”为异体字。

长期以来，有的人选择性地挑选出一些汉字，用以说明简化字中存在的种种问题。

对简化汉字进行的以偏概全式的攻击无疑是片面、错误的。有为简化字正名的人指出简化字的优点。汉字简化后，“护（護）用手，爱（愛）有友，灶（竈）

生火，显（顯）明明，龟（龜）有甲，笔（筆）有毛，宝（寶）有玉，众（衆）有人，网（網）像形，灭（滅）无需水，呼吁（籲）有口，号（號）非虎啸，体（體）制为人也是为本，战（戰）为占有不宜单人，昼（晝）乃日出一尺高，虫（蟲）不是越来越多是越少越好；而佛仍为佛，神还为神，信仍为信，仁还为仁，善仍为善，美还为美，福仍为福，喜还为喜”。

为探究现行简化字的来源，《简化字溯源》一书以1986年新版《简化字总表》为参照，从《总表》的第一表、第二表中选取388个字头（含简化偏旁）对现行简化字进行溯源研究。这项研究所得出的数据如下。

> 现行简化字始见于先秦的共49字，占所选388个字头的12.63%；始见于秦汉的共62字，占15.98%；始见于魏晋南北朝的共24字，占6.18%；始见于隋唐的共31字，占7.99%；始见于宋（金）的共29字，占7.47%；始见于元朝的共72字，占18.56%；始见于明清的共74字，占19.07%；始见于民国的共46字，占11.86%；始见于中华人民共和国成立后（截至1956年《汉字简化方案》公布）的1个字，占0.26%。研究结果令人信服地证实：现行简化字绝大多数来源于历代的“俗字”和“手头字”，即历代简体字；有一些来自草书和行书；还有一些竟还是“古本字”，比它们的繁体的历史或“资格”还要老得多呢！①

2. 台湾地区从未进行过汉字的简化工作吗？

五四运动时期，钱玄同、胡适、蔡元培、周作人、林语堂等都是汉字简化的支持者。

1922年，钱玄同与黎锦熙向中华民国政府国语统一筹备会第四次大会提交了文件《减省现行汉字的笔画案》，提出了八种汉字简化策略，第一次系统地提出了汉字简化的方法与策略。1932年，国语统一筹备委员会编的《国音常用字汇》出版，收入了宋元以来的大多数习用简体字。1934年1月，钱玄同向国语统一筹备委员会提出了《搜采固有而较适用的“简体字”案》，认为现在通行的俗体字，宋元以来小说等书中俗字、章草、行书与今草，《说文解字》中笔画减少的异体以及碑碣上的别字，都是固有简体字。建议在上述固有简体字的基础上，进行汉字的简化。此后，国民政府教育部预备推行简体字，钱玄同主持选字工作，选定简体字2400多个，编为《简体字谱》。

1935年8月，国民政府教育部向社会公布了《第一批简体字表》，收简体字

① 张书岩，等. 简化字溯源. 北京：语文出版社，1997：6.

324个，比如，“為”简化为“为”，“雖”简化为“虽”，“憐”简化为“怜”，“戀”简化为“恋”，等等。南京国民政府教育部于1935年8月22日制定公布了《各省市教育行政机关推行部颁简体字办法》，宣布自1936年7月1日起，强制推行简体字。“凡新编小学课本，短期小学课本及民众学校课本，不用部颁简体字者，不予审定”；“新编或重印之儿童读物，不用部颁简体字者，各校不得采用”。推行简体字的法令颁布后，一批国民党政要、名流纷纷表示反对，在各地组织所谓的“存文会”，其中反应最激烈的是时任考试院院长戴季陶，公开反对简化字的推行。迫于压力，国民政府在1936年初发布训令，称简体字应暂缓推行，《第一批简体字表》被收回废止。与官方立场不同的是，1936年10月容庚出版了《简体字典》，并且在燕京大学开设简体字课加以试验，可见简体字的使用是有群众基础的。

在同一时期，中国共产党在苏区、抗日根据地以及解放区推行简体字，取得了成功。这些简体字主要包括“拥、护、干、产、奋、红、党、苏、劳”等，被称为“解放字”。

蒋介石在1952年在台湾试图第二次推动汉字改革。他认为汉字笔画太多，士兵教育困难，学生学习难度也太大，因此需要对汉字进行适度简化。在此背景下，台湾地区成立“简体字研究委员会”。关于汉字的繁简问题再次引发了激烈的争论。在这场争论反复进行时，中国大陆率先推行汉字简化。从此台湾地区不再讨论汉字简化问题。1969年，何应钦提出“整理简笔字案”，并制定三个原则：第一，研究公布常用字，不宜提倡简笔字；第二，积极研制标准字模，以划一印刷体；第三，致力研究中文打字机之改良，以求结构简化，运用轻便。可以看出，台湾地区决定不再论及汉字简化问题，而是试图通过现代技术手段的应用与开发，实现繁体字的快速、便捷输出。

（三）简化字

简体字和简化字是两个不同的概念。两者的区别在于：简体字是指流行于群众之中、未经整理和改进的形体较简易的俗字，不具有法定性，其写法可以有一种，也可以有多种；简化字则是指在简体字的基础上，经过整理和改进，并由政府主管部门公布的法定简体字，其规范写法只能有一种。

中华人民共和国成立后，我国政府开始着手进行汉字改革。1952年，中国文字改革研究委员会成立，开始草拟汉字简化方案。1955年1月，中国文字改革委员会发表了《汉字简化方案（草案）》。1956年国务院批准了《汉字简化方案》。1964年，我国公布了《简化字总表》，对1956年公布的《汉字简化方案》三表做了补充，规定了合法的简化字2274个。在“文化大革命”中，《简化字总表》

被废止，1975 年 5 月，中国文字改革委员会拟出《第二次汉字简化方案（草案）》，并报请国务院审阅。1977 年 12 月，《第二次汉字简化方案（草案）》征求社会意见。1986 年，国务院同意国家语言文字工作委员会提出的《关于废止〈第二次汉字简化方案（草案）〉和纠正社会用字混乱现象的请示》，宣布废除“二简字”。1986 年，《简化字总表》重新公布，对个别简化字做了调整，收简化字 2235 个。

2013 年，国务院发布了《通用规范汉字表》。《通用规范汉字表》继承了 1956 年国务院颁布的《汉字简化方案》和 1986 年国务院批准重新发布的《简化字总表》的核心内容，整合了《第一批异体字整理表》《简化字总表》《现代汉语常用字表》《现代汉语通用字表》等四个汉字规范表，是一部集中华人民共和国成立以来汉字简化和整理工作之大成的通用及规范性的汉字应用的最新国家标准。《通用规范汉字表》收录通用规范汉字 8105 个，共分三级：一级字表为常用字集，收字 3500 个，主要满足基础教育和文化普及的基本用字需要；二级字表收字 3000 个，使用度仅次于一级字。一、二级字表主要满足出版印刷、辞书编纂和信息处理等方面的一般用字需要。三级字表收字 1605 个，是姓氏人名、地名、科学技术术语和中小学语文教材文言文用字中未进入一、二级字表的较通用的字，主要满足信息化时代与大众生活密切相关的专门领域的用字需要。

《国务院关于公布〈通用规范汉字表〉的通知》中明确指出：“《通用规范汉字表》公布后，社会一般应用领域的汉字使用应以《通用规范汉字表》为准，原有相关字表停止使用。”

1. 汉字简化的方法

简化字自 1956 年由国务院发布推行，是我国法定用字。汉字简化的方法包括如下几种。

（1）删减笔画繁多的字，保留大致轮廓，比如，習→习、奮→奋、醫→医、霧→雾、廣→广、齒→齿、傘→伞等。

（2）把繁体字形体上比较繁杂的部分改成简单的笔画，比如，燈→灯、撲→扑、戲劇→戏剧、區→区等。

（3）采用某一通用的简体代替繁体，比如，隊→队、醜→丑、歸→归等。

（4）用楷书笔法来楷化草书形体，比如，爲→为、長→长、禮→礼等。

（5）沿用古已有之的简体字，比如，涖→莅、與→与等。

（6）类推法。某个偏旁简化后，凡含有该偏旁的字也会以类似的形体来简化。大部分简化字是通过这种方式产生的，比如“萬”简化作“万”后，“厲”“邁”相应地简化作“厉”“迈”。

原有繁体字的平均笔画为 16 画，简化后的汉字平均笔画为 10.3 画。在 7000 个通用字中，简化字约占 1/3[①]。

2. 简化字中需要特别注意的问题

从繁简字的对应关系来看，无论是在《简化字总表》还是《通用规范汉字表》中，一个简体字对应一个繁体字的情况占绝对优势，占比达 95%以上。但是，在两个字表中，都存在着一个简体字对应两个或两个以上繁体字的情况[②]。

1）同音归并字

两个同音字中，一个字被废弃后，其原义归入另一个同音字字形之下，就形成了同音归并字。简化字中有一些来自原先意义不同的同音字或音近字。汉字简化后，它既要承担自己原先的字义，同时又要表示与之对应的繁体字的字义，一字兼二职。在古代汉语中，“穀”表示的是作为粮食作物的“谷子”，形体较为简单的“谷”则表示“山谷”，现在二者大都已经合用一个字形“谷”；在古代汉语中，“醜”表示相貌、模样、言行等不美，“丑”表示地支的第二位，表示时辰，现在二者合用一个字形“丑”。再比如“鬥”与“斗”，“鬥”表示“打斗、争斗”，“斗”表示十升的容量，现在二者合用一个字形“斗”。《咬文嚼字》2002 年第 6 期有《斗牛和“鬥牛”》一文，谈到现代电视剧由于误用繁体字而闹出的笑话：“天上竟然出现了一个‘鬥牛宫’”，“难道天上的神仙也喜欢鬥牛”？

属于同音归并字的还有：“範”与“范”、“餘”与“余”、“鬍”与“胡”、“後”与“后”、“裏”与“里”、“韆”与“千”、“鼕”与“冬”、“齣”与“出”、“闆”与“板”、“鎔”与“熔”、“製”与“制”、“鬚”与“须”、“薑”与“姜”、“禦”与“御”、“睏”与“困”、“颳”与“刮”、“鞦”与“秋”、“纔”与“才”、“麵”与“面”、“鬆”与“松”、“築”与“筑”以及“雲”与“云”等。在古代汉语中，上述同音字在意义上各有差异；在现代简化字体系中，前者大都已经被废弃不用，其意义归并到后一个字形之下。

2）两个或两个以上的字共同使用一个新的字形

比如“歷”和“曆”，现在简化为“历”。前者从“止”（“脚趾”义），表示“经历、经过”义；后者从“日”，表示“岁时节气”义。在阅读用简化字

---

① 黎传绪．简化字问题刍议//史定国．简化字研究．北京：商务印书馆，2004：299.

② 沙宗元、沈亮对《通用规范汉字表》与《简化字总表》简繁汉字对比分析指出：1986 年发布的《简化字总表》中收录了与 2235 个简化字相对应的 2261 个繁体字；2013 年发布的《通用规范汉字表》附件 1 中收录了与 2546 个规范字相对应的 2574 个繁体字。参见沙宗元，沈亮．《通用规范汉字表》与《简化字总表》简繁汉字对比分析．中国文字学报，2017（8）：17-28.

排印的古代作品时，读者需要判别同音归并字所代表的到底是哪一个字。

二、繁体字的使用现状

（一）世界范围内繁体字的使用情况

繁体字已有2000多年的使用历史。新中国成立伊始，受历史、社会因素的影响，港澳台地区当时难以随中国大陆（内地）一起进行文字改革。文字的发展不同步，造成了现在的同语不同文、一文两字的状况。在文字使用方面，中国大陆（内地）使用的是简体汉字，即简化字，港澳台地区以及部分海外华人使用的是繁体字。繁体字目前仍在港澳台地区和部分海外华人中使用。20世纪70年代之前在所谓的“中华民国”未退出联合国之前，联合国的中文文件，一直都使用繁体字。中华人民共和国于1971年恢复在联合国的合法席位，全面推动中文简化字（simplified Chinese character）的使用，之后在较长一段时间内，联合国的中文文件曾长期繁、简字并行。2008年之后，联合国决定：在联合国停止同时使用中文繁、简体字的做法，一律改用简体字。

目前，简化字主要用于中国（不含港澳台）、马来西亚、新加坡等。日本、韩国之前也使用部分繁体汉字，现在已陆续改用简体汉字。随着中国综合国力的增强，越来越多的中国人走出国门，促进了中外经济、文化交流，越来越多的国家开始使用简化字。由于简化字书写的便捷性，中国台湾使用简化字的情况也越来越多。

（二）关于繁体字使用的法律法规

我国政府在1986年之前，一直致力于汉字的规范工作，倡导使用规范汉字。

所谓的规范汉字，包括《简化字总表》中规定的简化汉字、《现代汉语通用字表》中收录的汉字，现在指《通用规范汉字表》中收录的一、二、三级字。不规范汉字主要指《简化字总表》中被简化的繁体字、《第二次汉字简化方案（草案）》中的简化字和淘汰的异体字。国家语言文字工作委员会于1986年在《关于废止〈第二次汉字简化方案（草案）〉和纠正社会用字混乱现象的请示》中，对社会用字作如下规定：“翻印和整理出版古籍，可以使用繁体字；姓氏用字可以使用被淘汰的异体字。除上述情况及某些特殊需要者外，其他方面应当严格遵循文字的规范，不能随便使用被简化了的繁体字和被淘汰的异体字，也不能使用不规范的简化字。”

2000年，我国颁布了《中华人民共和国国家通用语言文字法》，其中的“通用文字”即指“规范汉字”。该法第17条明确了繁体字和异体字的使用范围。具体如下。

第十七条：本章有关规定中，有下列情形的，可以保留或使用繁体字、异体字：

（一）文物古迹；

（二）姓氏中的异体字；

（三）书法、篆刻等艺术作品；

（四）题词和招牌的手书字；

（五）出版、教学、研究中需要使用的；

（六）经国务院有关部门批准的特殊情况。

中国政府在国际上积极推广简化字。新加坡和马来西亚分别于 1976 年和 1981 年颁布了与中国一致的《简化字总表》，泰国教育部于 1983 年同意所有的华文学校都可以教简化字，发行简化字和繁体字对照手册。《人民日报》（海外版）创刊之初采用繁体字，经国家语委的不断努力，1992 年改用规范汉字编排。尽管联合国规定：所有地区的语言文字与语言文字来源国所使用的现代语言应该保持一致，但是在 1971 年第 26 届联合国大会之前，联合国所有的中文文件都使用繁体字。1971 年之后，出现了繁、简汉字并行的局面；2008 年开始，联合国决定使用中文简化字。

海外的汉语教学长期存在繁、简汉字相互竞争的局面。随着国际中文教育的发展壮大，简体汉字也被越来越多的外国学习者接受。

三、繁简字之争

（一）简化字带来的问题

汉字简化在扫除文盲以及文化普及方面发挥了积极的作用。但是，对汉字的简化，无论是学界还是民间，一直存在着不同的意见。

简化汉字最初是因为汉字拼音化无法在短期内完成而采取的权宜之计，再加上简化字推行过程中存在局部的反复调整，尤其是“二简字”的负面影响很难根除，在一定程度上加剧了汉字使用的不规范。学繁体字的外国人到中国来，看到“面馆”不知道是可以用餐的地方，因为在繁体字中，“麵”才是吃的，而“面”表示的是脸部，不能吃。

（二）“恢复繁体字”的声音

1956 年公布的《汉字简化方案》在中国推行了半个多世纪。简化字的推行，方便了人民的日常书写，对国民识字率的提高起到了重要作用。但是繁体字并未完全退出现代的文字书写体系，在书法作品、名胜古迹，甚至包括一些老字号的商铺中，繁体字仍在使用。可以说，汉字简化极大地提高了书写效率，但是繁体字并未从中国人的日常交际中消失。中国改革开放之后，尤其是香港、澳门回归之后，港澳台地区的区域文化在中国大陆（内地）得以广泛传播，被国人熟悉甚至得到了部分人的喜爱，而港澳台地区使用的文字则以繁体字为主。

2008 年，我国 21 位文艺界委员提交了一份关于《小学增设繁体字教育的提案》，建议在我国的小学阶段增设繁体字教育。同年，台湾地区将繁体字改称“正体字”，并决定推动正体字列为世界文化遗产名录。这一推动繁体字申遗的举动，引起了华人世界的普遍关注。在 2009 年全国政协会议上，有委员建议全国用 10 年时间，分批废除简体字，恢复使用繁体字。理由如下：①20 世纪 50 年代简化汉字时的一些做法太过粗糙，有损汉字的艺术和科学性，比如“爱”字，繁体字里有个“心”，简化后，造成“无心之爱”；②以前说繁体字太烦琐，难写难学，不利于传播，但是现在很多人都是用电脑输入，再烦琐的字在键盘输入时都是一样的；③现在台湾地区依然使用繁体字，恢复繁体字使用有利于两岸统一。在 2011 年全国政协会议上，委员再次提到恢复繁体字问题，认为繁体字在传承中国文化中起着重要作用，不能丢失。

台湾地区也提出希望实现两岸“书同文”，比如马英九曾表示，海峡两岸已成功举办多次经贸论坛，未来应该举办文教论坛，以达到“书同文”的目的。马英九提出在印刷、出版时应该采用“正体字”（即大陆所称的繁体字），手写时可采用简体字。

在 2019 年全国政协会议上，有全国政协委员提交了《关于在全国中小学进行繁体字识读教育的提案》，建议在中小学经典阅读和书法教育中进行繁体字识读教育的相关内容。该提案认为，首先，尽管繁体字在日常交流中出现的频率较少，但仍然具有一定的识读必要性。其次，繁体字因其字形复杂，可以显示更多信息。最后，人们阅读古籍、练习书法或与港澳台地区进行交流时，识读繁体字也会带来诸多便利。2019 年 9 月 26 日，教育部在答复《关于在全国中小学进行繁体字识读教育的提案》的函[①]中对该提案予以回复。首先，针对提案中所说的关于简化汉字“因简害义”“有损汉字的艺术美和规律性，不利于文化传承”问题，教育部复函指出，汉字的简体形式最早出现在甲骨文和金文中，南北朝以来楷书、草书、行书中也不断有简体字产生。现行简化字即是遵循约定俗成的原则，通过搜集、整理、筛选千百年来在民间通行的简体字，在广泛征求意见的基础上确定简化字体，并经过一段时间的试行后确定的，具有历史继承性、体系性和深厚的群众基础。教育部的复函同时指出，另据国家 11 个部委组织的“中国语言文字使

① 教育部答复《关于在全国中小学进行繁体字识读教育的提案》的函. 语言文字周报，2019-12-25（001 版）.

用情况调查”，我国民众阅读繁体字书报“基本没有困难”和“有些困难但凭猜测能读懂大概意思”的比例占 58.69%，这显示多数人基本能够认读繁体字。关于第二个问题——中小学繁体字识读教育问题，教育部的回复是：按照《中华人民共和国国家通用语言文字法》的规定，“学校及其他教育机构以普通话和规范汉字为基本的教育教学用语用字。法律另有规定的除外”。因此，学校教学应依法使用规范汉字。但在中小学经典阅读和书法教育中，可以涉及繁体字教育有关内容。

思考与练习

1. 在第 26 届香港电影金像奖颁奖礼上，最佳视觉效果奖的获奖人名单里有邹志盛和佘国亮两个人（繁体字分别写作“鄒志盛”和“佘國亮”）。从现场视频来看，作为主持人的某女明星在念到“邹”字时有些迟疑，向现场的另一个男明星请教。之后，该女主持人把“佘（she）”读成了 yú。随后，主持人因为看不懂“国”的繁体形式“國”，又向男明星求教。颁奖典礼结束后，网民就此事展开激烈讨论。一些网友认为该明星不会读繁体字显得很没文化，丢了内地人的脸。也有人认为，从 1956 年《汉字简化方案》通过之后，简体字已全面取代了繁体字和异体字。该主持人作为一个在 20 世纪 80 年代出生的非专业人士，“不会读繁体字很正常”。当然像“國”这样经常会出现的繁体字，“不会读也有点说不过去”。请问你是如何看待上述事件的？

2. 有人认为，简化字的使用，使一些本来可以通过字形区分意义的字失去了这部分功能。“里”与“裏”，前者本来表示长度单位，后者表示里面、内部；“面”与“麵”，前者表示人的面部，后者表示可以食用的谷物粉末；“后”与“後”，前者表示国君或国君的妻子，后者表示时间或方位上的位置；等等。你是怎么看待这个问题的？

3. 在汉字简化之后，我国在生僻地名的书写中，改用了一些通用字进行替代，比如将“盩厔”改为“周至”，“雒南”改为“洛南”等。有人认为，按照“名从主人”的原则，对上述地名的改动破坏了文化的历史传承，因此上述地名应该保持原样。你是怎样评价这种做法的？

4. 如何理解繁体字、简体字与简化字的关系？

5. 有人认为，文字是书写语言系统的工具，工具强调其便捷性，因此汉字的简化是正确的。有人认为，文字是语言的载体，也是文化的一部分，因此汉字的简化削弱了汉字的文化传承性。你觉得上面的两种说法是否有合理之处？为什么？

6. 近年来在一些提案中，会出现在学校教育中“恢复繁体字”的要求。作为一名大学生，你觉得恢复繁体字教学是利大于弊，还是弊大于利？为什么？

7. 常见的汉字简化的方法有哪些?

8. 清代小学家段玉裁指出，“同谐声者，必同部也”，意思是声符相同的一组字，读音相同或相近。你是怎么看待段玉裁的观点的?

9. 王安石在其《字说》中，将“波”解释为“水之皮也”，“坡”解释为“土之皮也”。苏轼对此进行讽刺，认为如果按照这种解释方法，“滑”字从水从骨，应该是“水之骨”也。分析王安石对“波”和“坡”的造字法分析是否正确。

推荐阅读篇目

1. 国家语言文字工作委员会汉字处. 现代汉语通用字表. 北京：语文出版社，1989.
2. 钱伟. 试论世界一语两文现象及其背后的政治和宗教因素. 广西师范学院学报(哲学社会科学版)，2015（2）：73-76.
3. 史定国. 简化字研究. 北京：商务印书馆，2004.
4. 教育部. 国家语言文字工作委员会. 通用规范汉字表. 北京：语文出版社，2013.
5. 王宁. 《通用规范汉字表》解读. 北京：商务印书馆，2013.

第三章　汉语词汇与文化

词汇与文化的联系最为明显。新事物的出现，旧事物的消亡，人们认识的变化、观念的改变，都会反映到词汇上。词汇是文化最显性的承载物。

第一节　词汇单位概说

从结构语言学的视角看，现代汉语中通常是语素组成词，词组成短语。短语分为临时短语与固定短语。固定短语中包含大量的熟语，熟语之下又包括成语、惯用语、俗语、谚语等。

一、语素

语素是语言中最小的音义结合体。从结构语言学的视角看，语素是语言层级系统中建立在音系基础之上的、符号层中有意义的最小语言单位。就汉语而言，通常情况下，一个汉字就是一个语素。但是，在一些联绵词以及部分音译外来词中，汉字只是起到记录音节的作用，并没有相应的意义，比如“参差”中的“参”和“差”，“巧克力”中的“巧”、“克”和“力”，它们只是记录语音的单位，并不表示任何的意义，因此不是语素。

（一）语素的分类

语素可以从不同的维度，比如是否能够独立使用、造词能力的强弱以及构词中所处的位置进行分类。下面分项论述。

1. 按照是否能够独立使用，语素分为自由语素与黏着语素

自由语素指在现代汉语层面能够独立使用的、最小的音义结合体，比如“门”

“手”“美”“冷”等，它们既能够独立使用，又是最小的语言符号，因此既是语素，同时也是词。黏着语素指在现代汉语层面不能独立使用的最小音义结合体，比如“户”“明”“智”等。在古代汉语中，“户”“明”“智”可以独立使用，其中，“门”与“户”相对。《说文解字》：“门，闻也，从二户。”“户，护也，半门曰户。”“明”与“智”相对，《老子·道经·第三十三章》：“知人者智，自知者明，胜人者有力，自胜者强。”语言系统处在不断的发展变化中，在现代汉语中，它们必须与其他语言符号共现。因此，从历时角度看，现代汉语中的黏着语素是古代汉语中词的降格形式。

2. 按照语素的语法功能区分，语素分为词干和词尾

词干（stem）指语言单位的基础形式。词干是针对屈折语中的语言符号而言的，比如英语中的 sit、sat、sitting，尽管屈折变化不同，表示的语法意义各异，但其词干部分都是 sit。词尾，也被称为构形后缀，不构成新词，纯粹表示语法的屈折变化。英语作为屈折语，总是通过词的形态变化表示语法意义，此时需要添加-s、-ing、和-ed 等屈折形式以改变语法意义，即上面所说的词尾。

汉语作为孤立语的典型，缺乏形态变化，主要通过语序和虚词表达语法意义。因此，对于汉语中是否存在构形语素[①]，学界意见并不统一。一些词汇单位，比如“-们”，被认为表示“数”这一语法范畴；“-着”“-了”“-过”有时被认为会表示“体”这一语法范畴。但是，汉语里这准词缀多数兼有造词和构形的双重作用，与屈折语中的语法范畴有很大区别。

3. 按照语素的造词能力，语素分为词根和词缀

在合成词中，承载基本义并且不能再做进一步分析的语素为词根，比如汉语中的“人民”，是由词根语素“人”和“民”组成的复合词。英语中的词根-lect，可以表示“讲、读”义，构成 lectern、lector、lecture、dialect 等词；还可以表示“选择、收集”义，组成 collect、elect、intellect、neglect、select 等词。

词缀，也叫造词语素，指词汇意义基本上已经虚化、位置固定的成分，必须附着在词根之上，构成新词。也就是说，词缀是与词根相对的造词成分。

词根语素的位置不固定，它可以出现在一个词语单位的前部或后部，因此被称为不定位语素；词缀的位置是相对固定的，它被称为定位语素。在现代汉语中，复合式造词法仍然占据主流，但是“词根+词缀”或“词缀+词根”的派生式造词的数量增长很快。根据不同的分类参数，词缀可以分为不同的类型，具体如下。

---

① 汉语中存在着构形形态，最典型的是动词和形容词的重叠形式。

1）根据造词时词缀出现的位置，可以把词缀分为前缀、后缀和中缀

前缀出现在词根前面，如“阿姨”“阿婆”中的“阿”，“老鼠”“老虎”中的“老”等。后缀黏附于词根之后，如“被子”“杯子”“包子”中的“子”。中缀指的是位于两个词根之间的成分，比如“白不呲咧”“脏不拉几”“酸不拉几”“黑不溜秋”中的“不”，“小里小气”“傻里傻气”“慌里慌张”“稀里糊涂”“流里流气”中的“里”等。汉语的中缀数量较少。

2）根据音节数量的多少，分为单音节词缀、双音节词缀和多音节词缀

单音节词缀只含有一个音节，如“子”“儿”“头”等，在汉语中的数量最多。它们与词根组合，构成汉语中的派生词。含有两个音节的词缀为双音节词缀，多出现在形容词之后，且以叠音形式为主，构成描写性的形容词，如“凉森森”“黑乎乎”“苦巴巴”“牛哄哄”“慢悠悠”“美滋滋”“甜丝丝”“酸溜溜”等。多音节词缀指由两个以上的音节构成的词缀，如“傻不拉几”“白不呲咧”“灰不溜秋”等，多音节词缀往往具有贬义。

3）按照所构成新词的词类来划分，汉语词缀可分为名词词缀、动词词缀、形容词词缀和副词词缀

常用的名词词缀有“子”“儿”“头”，常见的动词前缀有“见-”，常见的形容词后缀有“-然”，常见的副词后缀有“-而”（比如“幸而”“继而”等）。需要注意的是，汉语词缀存在跨类现象，一些词缀与词根结合后可以构成多种词类。后缀“-儿”，可以构成如“亮儿”“眼儿”的名词，可以构成如“玩儿”“赶趟儿”的动词，可以构成如“一块儿”的副词，可以构成如“这儿”“那儿”“哪儿”的代词，还可以构成如“一伙儿”“一对儿”“一份儿”的量词等。

4）根据词缀的来源划分，词缀可分为自源词缀和他源词缀

自源词缀指在语言历时发展过程中，由本民族语言中的语素虚化而成的成分。汉语的词缀绝大多数都是自源的，比如后缀“-子”“-儿”等。他源词缀是指在共时层面上源自其他语言中的一些成分。他源词缀的数量少，但是随着全球化进程的加快，不同语言间的接触增多，现代汉语中他源词缀的数量也在增多。他源词缀有不同的来源。一些他源词缀来自日源词，比如“-主义”。现在源于日语的他源词缀增加得较快，如“-控”“宅-”等，他源词缀属于借形词缀。现代汉语中还有一些词缀来自其他语言，主要是英语，比如“泛-（pan-）”“亲-（pro-）”“-门（-gate）”等。

5）按照词汇意义的虚化程度，词缀分为真词缀和准词缀

真词缀，也叫纯词缀，指意义完全虚化、造词能力强、位置固定的语素。准词缀指介于实词语素与真词缀之间，意义并没有完全虚化，且在词中位置较为固定的语素，比如“准-”“零-”“反-”“非-”“-性”“-精”等。准词缀的造词能力很强，比如“零”作为准词缀，可以派生出“零污染”“零容忍”“零负

债”“零感染”等表达。吕叔湘先生指出：“有不少语素差不多可以算是前缀或后缀，然而还是差一点儿，只可以称为类前缀和类后缀……说它们作为前缀和后缀还差点儿，还得加个‘类’字，是因为它们在语义上还没有完全虚化……存在这种类前缀和类后缀可以说是汉语语缀的第一个特点。”①准词缀也被称为类词缀。

准词缀作为语素中的一个特殊类型，有较为明显的特点，具体包括如下。

第一，结构的黏附性。准词缀必须附着在词根之上，不能单独出现。

第二，位置的固定性。准词缀的位置是固定的。

第三，造词的能产性。一些准词缀的造词能力很强，比如准词缀“零-”和“-精”，可以组成“零容忍”“零污染”“零投诉”“零懈怠”“零换乘”“零接触”以及“杠精”“柠檬精”“作精”“睫毛精”“可爱精”等。

第四，语义的半虚化性与范畴性。准词缀的词汇意义只是发生了虚化，并未完全消失，比如，“零容忍”“零污染”“零增长”“零误差”。“零误差”中的“零”，表示“完全不（能）、没有”的意思；“微技能”“微社区”“微直播”“微传媒”“微阅读”“微整形”“微课程”中的“微”，表示“微型、小型”的意思。而且准词缀具有类义功能，表示某一特定的范畴义，在一定程度上可以决定词的语法属性，比如“-头”一般放在形容词或动词的后面，构成新的名词，像“甜头”“苦头”“盼头”“看头”“来头”“想头”“念头”等。

第五，语音的弱化。词缀语义的虚化往往伴随着语音的弱化。汉语词缀读音弱化的一般规律是：后缀多读轻音。最明显的是后缀“-儿”，已经不能作为独立的音节，而是附着在主要元音后面并且发生儿化，如“花儿”“亮儿”“盖儿”等。双音节的叠音后缀读阴平，比如“明晃晃”“亮堂堂”中的“晃”和“堂”都是如此；多音节后缀第一个音节读轻音，后边音节读阴平，比如“花里胡哨”。但也有例外，比如“怪里怪气”中的“里”读轻声，但后面的“怪气”依然读的是本调。汉语普通话以双音节音步为主，其次是单音节音步和三音节音步。单音节音步中的音节必然加长，而三音节音步中必有一个(中间的)音节或两个(中、末)音节极短，这使得单音节音步和三音节音步都趋向等同于双音节音步的长度。这也可以解释为什么多音节后缀会发生语音的弱化情况。

（二）现代汉语语素发展的新趋势

1. 音节语素化

音节语素化，指一些本来只作为记音单位出现的汉字，在使用过程中开始代

① 吕叔湘. 汉语语法分析问题. 北京：商务印书馆，1979：48.

表这个联绵词或音译词的整体意义参与造词，组合范围扩大，组合能力提高，获得了稳固的意义，从而完成了从表音成分到音义结合体的转变，并成为一个语素。

古代汉语中的一些联绵词出现过音节语素化的情况，但比较少，比如“骆驼”“蝴蝶”“蚂蚁”“蜘蛛”“蛤蜊”为联绵词，但随着语言的发展，这些联绵词中的“驼”“蝶”“蚁”“蛛”“蛤”等，分别可以构成“驼峰、驼铃、驼色、驼绒”、“粉蝶、彩蝶、蝶泳”、“蚁族、蚁群、蚁穴、黑蚁”、“蛛网、蛛丝”以及“文蛤、青蛤、蛤仁”等。它们也被称为“简称语素”，即作为缩略形式，承载的是整个语素的意义。除了上述表达之外，现代汉语中音节语素化的范围在扩大，比如“尴尬”，作为一个联绵词，“尴”和“尬”最初只是记音单位。近年来，“尬笑”“尬聊”“尬演”“尬歌”“尬舞”“尬吹”“好尬”“超尬”等表述经常出现，“尬”已经发展成为一个简称语素。

音节语素化大多是语言接触的产物。在汉代，大量的有关佛教的词进入中国，其最初的形式为音译词，比如“佛陀”“僧伽”等，其中的“佛”和“僧”在当时也只是记音单位，没有任何实在的词汇意义，类似于现代汉语中的“踟”与“蹰”。之后“佛陀”和“僧伽”被缩略为“佛”和“僧”，并作为语素参与到“佛教”“佛龛”“佛堂”“拜佛”“念佛”“大佛”“僧人”“高僧”等词汇单位中，具有实在的词汇意义。

在现代社会中，随着社会的发展，全球交往日趋频繁，语言接触的广度和深度都在增大，借词的使用更加普遍。一些音译外来词不仅进入了汉语词汇系统，并且在发展过程中，音译词中的部分表音成分发展为词根语素，比如 model 和 taxi 在汉语中经常被译为“模特”和“的士”。随着使用频率的提高，现在出现了“超模”“男模”“嫩模”“手模”“车模”以及“打的”“面的”“摩的”“的哥”“的姐”“的票”等词汇单位。可见“模”和“的”已由最初音译词“模特”和“的士”中的一个表音成分，发展成为“模特”和“的士”的缩略形式，并承载了“模特”和“的士”的完整意义出现在词语中。而且“模”和“的”具有较高的能产性，衍生出相应的词族。现代汉语中由音译词中的表音成分发展为词根语素的例子还有：啤（冰啤、扎啤、干啤、果啤）、奥（申奥、奥赛、奥数、奥体中心）、粉（粉丝、铁粉、黑粉、脑残粉、僵尸粉、路转粉）、吧（水吧、茶吧、咖啡吧、吧台、吧女）等。甚至一些字母，也开始出现了语素化的趋势，比如“P图”中的 P，“K 歌”中的 K 以及“E 时代”中的 E 等。

除了表音成分之外，借词中的一些其他成分也可能发展为准词缀，比如英语中 watergate（水门），表示“丑闻”，其中的-gate（-门）不但在英语中有强大的造词能力，其汉语对译形式“-门”在现代汉语中也具有了较强的造词能力，形成“艳照门”“拉链门”“罗生门”等组合，其中的“-门”也表示“丑闻”义。

音节语素化有时会增加新的意义，比如“拷”。在汉语中，“拷”的本义是

“打；拷打”，《玉篇·手部》：“拷，打也。”英语中的 copy（复制）在现代汉语中音译为“拷贝”。受语言表达经济性的制约以及口语表达中形式趋简的影响，“拷贝”被缩略成“拷”，“拷”因此具有“复制”的意义。再比如“秀”。在石鼓文和小篆中，“秀”的形态都是分为上下两部分，其中上部是成熟的庄稼，下部是一个面朝左的人，手臂前伸，表示手拿庄稼。“秀”原为会意字[①]，本义指谷物抽穗扬花。英语中的 show 进入汉语词汇中后也被翻译成“秀”，表示“表演”“演出”“展示”等意义，比如“灯光秀”“歌舞秀”“综艺秀”“时装秀”“脱口秀”“作秀”“秀恩爱”等。这种因为语际接触带来的音节语素化多形成新的同音字或同音词，在汉语语文词典中往往必被处理成同音关系，自然也会分立词目。在《现代汉语词典》（第 7 版，2016）中，“拷”和“秀”的处理具体如下。

> [1]拷¹kǎo 拷打：～问。
>
> 拷²kǎo [动] 拷贝②：把那份文件～下来。
>
> 【拷贝】kǎobèi ① [名] 用拍摄成的电影底片洗印出来供放映用的胶片。也叫正片。② [动] 复制（音像制品、计算机文件等）。③ [名] 复制出的音像制品和计算机文件等。[英 copy]
>
> [2]秀¹xiù ① [动] 植物抽穗开花（多指庄稼）……
>
> 秀²xiù 表演；演出：作～｜时装～｜泳装～。[英 show]……

同样的还有“酷”等。

除了增加新的意义之外，现代汉语中音节语素化还可能会增加新的读音，比如 bye bye（再见）在现代汉语中译为“拜拜”。“拜”在现代汉语中原来只有一个读音 bài，在《现代汉语词典》（第 5 版，2005）中，“拜拜”的读音依然标注为 bàibài，这显然与语言使用的实际情况相背离。《现代汉语词典》（第 6 版，2012）和《现代汉语词典》（第 7 版，2016），“拜”被处理为多音字，增加了一个新的读音 bái。相应地，拜拜的读音也标注为 báibái。

2. 准词缀数量增多

一般认为，上古汉语的语音系统比现代汉语要复杂很多。在汉语的发展过程中，汉语音节中出现了末尾辅音脱落、浊音清化等现象，一些本来可以通过语音得以区别的语言符号，比如“剑”和“箭”，因为语音趋简变得无法区别。为了满足语言的载义与辨义功能，部分汉语在造词上词形加长，出现了双音节化趋势，

---

①《说文解字》：“秀，上讳。”汉光武帝的名字为刘秀，为避君讳，东汉人许慎并没有分析“秀”的字形。

双音节化成为现代汉语词汇的主要特征。在双音节化的词汇中，一些语素的位置长期相对固定，且具有较强的造词能力，从而形成了一批准词缀。它们在意义上并未完全虚化，承载着较为明显的词汇意义；同时造词能力强，往往会形成一个词族，比如“零污染”“零容忍”“零犯罪”“零投诉”“零首付”等。除“零-”之外，前缀如“半-”“小-”“大-”“反-”“非-”“泛-”“前-”“亲-”“后-”“亚-”“超-”“多-”“软-”“硬-”“准-”“次-”等，后缀如“-族”“-型”“-控”“-粉”“-吧”“-巴”“-门”“-客”“-秀”“-主义”“-性”“-家”等，都是现代汉语词汇中常用的准词缀。

3. 词根向词缀的转化

汉语的造词以复合法为主，即采用“词根 + 词根”的造词方式。古代汉语中的词缀较少，仅仅包括“有-”“阿-”“言-”“-尔”“-然”等有限的几个，绝大多数是词根语素。在现代汉语中，源于古代汉语的一部分词根语素除了继续作为词根使用之外，又衍生出词缀或准词缀的用法，比如“-化”，在甲骨文中，“化”的左边是一个面朝左侧立的人，右边是一个头朝下脚朝上的倒着的人。因此，“化”是会意字，表示“颠倒”，“颠倒”即“变化”。在《说文解字》中，“化”解释为“化，教行也。从匕，从人，匕亦声”，其本义为“变化，改变”。汉语“×化”结构中的词尾“-化”产生于五四运动前后，最初是日语对英语中的词尾“-ize”“-ise”的译法，后来汉语又从日语中借入该词。此后，汉语又类推创造出一系列“×化”结构的词汇单位，如“程式化”“妖魔化”“边缘化”“工业化”“信息化”“电子化”“产业化”“戏剧化”“国际化”“程序化”“制度化”等。

词根向词缀的转化在现代汉语中比较常见，比如“狗”，本来指家庭中蓄养的一种常见动物。现在“狗”经常用于“单身狗”“加班狗”“考研狗”“考证狗”“大四狗”等表达当中。可以看出，“狗”已经从最初的表动物义转而表示“因某事而身心俱疲的人”，位置固定，并具有较强的造词性，但是其语义并没有完全虚化。在词根向词缀的转化中，现代汉语产生了大量的准词缀。

二、词

（一）词的定义

语素与语素组合之后，会形成更高一级的单位——词。在各类现代汉语教科书中，关于“词”的定义，大多采用的是“词是能够独立运用的最小的语言单位”这一说法。这是从语法角度对“词”下的定义，属于“句法词”（syntactic word）

的范畴。汉语学界之所以从语法角度对“词”进行界定，是因为我国早期的大部分汉语教材是在词法的范畴内对词进行的分析。

除了从语法角度对词进行分类外，学界对“词”进行了其他角度的分类。从分词连写的角度，区分出形式词和理论词；从使用特点的角度，区分出语法词与词汇词；从对外汉语教学的角度，区分出词典词与教学词；按照词出现的领域，区分出书写词、语法词、词典词与输入词[①]；从韵律的角度，区分出音节词、词汇词、句法词与韵律词。

据笔者所知，对“词”的定义进行比较全面梳理的是杰罗姆·L. 帕卡德（Jerome L. Packard）[②]，帕卡德列举了关于“词”的八种定义。第一，书写词（orthographic word），指通过书写形式就可以自然而然区分出的语言单位，比如英语中的 word。对汉语词而言，因为在实际书写中采用的是连写的方式，因此这种判断方法基本不起作用。第二，社会词（sociological word），指那些普通民众所意识到的、介于音素（phoneme）和句子之间的语言单位类型，比如“抬头不见低头见”“不好意思”之类。第三，词汇词（lexical word），指不经由规则产生的词汇单位（lexical item），比如“大不了”“无所谓”等。第四，语义词（semantic word），指具有单一概念的语言单位，比如“机器”“手机”等。第五，音系词（phonological word），指通过音系标准划分出的语言单位，比如句子中会有自然而然的停顿，两个停顿之间的单位即音系词。因此音系词可能表现为一个较大的语言单位。与音系词采用大致相似的评判标准的是韵律词（prosodic word）。韵律词是从韵律学角度定义的、在音步中实现的能够自由运用的最小语言单位。冯胜利指出，汉语中一个标准的音步是由两个音节构成的，形成“1+1”格式，因此双音节是汉语复合词的标准韵律形式。处在一个稳定的音步中的两个成分往往具有明显的词化倾向，双音化“融合”的终极结果是双音节单位的“词汇化”，对汉语语言使用者而言具有更强的“词感”。三音节则可构成一个“超音步”（super foot），超音步不是汉语的基本音步，是在标准音步基础上形成的衍生物。超音步可以构成一个“超韵律词”，但其“词感”程度比起标准韵律词要明显降低。[③]第六，形态词（morphological word），指经由造词法规则产生的语言单位，即由复合或派生法构成的词。第七，心理词（psychological word），即一个语言单位按照相关标准来看不属于词的范畴，但是在语言使用者的心理中却认为是词。“皮鞋”“布鞋”从凝固度看应该是短语，但汉语言使用者通常认为它们是词。也有相反的情况，比如在现代汉语中“起眼”“耐烦”经常被认为是一个词，但按照词的

---

① 书写词指在语言的书面动态使用现实中被空格隔离的词；语法词指根据词的语法定义而确定的词；词典词指词典中收集的词；输入词是文字编码输入计算机过程中使用的词。

② 帕卡德. 汉语形态学：语言认知研究法. 北京：外语教学与研究出版社，2001：7-14.

③ 冯胜利. 论汉语的“韵律词”. 中国社会科学，1996（1）：161-176.

定义，词是最小的、能够独立运用的语言单位。实际上，“起眼”与“耐烦”很少独立使用，二者需要与“不”共现。第八，句法词。句法词指由句法运作生成的词，比如“打破”，即属于动结式句法词。

对词的判断，有时会采用不同的标准。通常认为，判断词与短语应该采用插入法，即一个语言单位的中间如果不能插入其他成分，就是词；如果能够插入其他成分的就是短语。这是对词汇单位进行判定的语法标准，这一语法判断标准有时与汉语本族语使用者的语感相悖，比如“鸡蛋”，我们可以在中间插入一个“的”。同样，“羊毛”中间也可以插入一个“的”。如果按照插入法的标准来判断，“鸡蛋”和“羊毛”都应该是词组；但是，大多数汉语本族语使用者会认为它们是词，也就是说，话语中双音节单位的“词感”比较高。再比如，词的定义是“能够独立使用的最小语言单位”。但是在汉语中，一些双音节语言单位，比如“起眼”，在使用中只能出现否定形式。也就是说，“不起眼”才是独立使用的最小语言单位。但是，在一些汉语教材中，有时会把“鸡蛋”和“起眼”同时列入生词表中，这是因为编者同时采用了“韵律词”和“心理词”两个标准。

（二）词的类型

从不同的角度进行分类，词可以分为不同的类型。如按照义项丰富程度的差异，词可以分为单义词与多义词；按照全民性、稳固性和能产性等参数，可以分为基本词和一般词；按照语体特征，可以分为书语词和口语词；按照附加情感意义的差异，可以分为褒义词、贬义词以及中性词；按照使用区域的不同，可以分为通用词和方言词；按照使用时间的不同，可以分为古语词与现代词等。下面我们主要从三个方面分析词的分类。

1. 按照音节进行分类，词可以分为单音节词、双音节词以及多音节词

除了少量的联绵词外，在古汉语中，一个字通常是一个词。《尔雅》《方言》《说文解字》《广雅》《一切经音义》中都出现了双音节词。古汉语以单音节词为主，发展到现代汉语，词汇系统中双音节词占优势。多音节词指两个以上音节的词，比如“机关枪”“北大荒”“乒乓球”“巧克力”等。需要注意的是，在现代汉语中，随着语言的发展，一些多音节外来词出现类名脱落的情况，很多多音节词因此变成了双音节词，比如 hamburger、ballet、T-shirt、jeep、pizza、tango、golf、beer、Karting、beret，在开始进入汉语词汇时，采用的是“音译 + 类名”的形式，即“汉堡包”“芭蕾舞”“T 恤衫”“吉普车”“比萨饼”“探戈舞”“高尔夫球”“啤酒”“卡丁车”以及“贝雷帽”。随着汉堡包、芭蕾舞在日常生活中使用频率的提高，汉语本族语使用者对它们的熟悉度也越来越高，无须类名参

与也能明白其所指。因此“汉堡”“芭蕾”“T恤”“吉普”“比萨”现在已经单独使用，类名脱落趋势明显。“啤酒”中的“啤”为beer的音译，加上类名“酒”后形成双音节词，从语音韵律的角度看，“1+1”是一种常规的韵律格式，因此类名需要保留。但在参与其他词汇单位的形成中，“啤”则无须添加类名，比如“干啤”“扎啤”“哈啤”“青啤”等。“卡丁车”不是日常生活中常见、常用的物品，汉语本族语使用者对其熟悉度较低，因此类名要保留。

双音节是现代汉语的主要节奏特点。汉语使用者习惯把单音节词补充成双音节词，比如“桌子”“椅子”等；同时也会把超过两个音节的词减缩为双音节词，比如“人民代表大会”缩减为“人大”，“妇女联合会”缩减为“妇联”等。目前，学界对汉语中的双音节化现象的成因，主要有如下观点。一是语音简化说。该观点认为，在古汉语音系简化后，一些本来通过语音相区别的词，在语音上趋同，发展成为同音词。音系的简化迫使汉语词汇的词形加长，通过丰富上下文语境来区别词义。二是文化心理说。这种观点认为中国文化历来讲究对称与和谐，表现在语言上，汉语本族语使用者更倾向于两字对称的表达方式。三是外来词影响说。这种观点认为在对外来词的吸收过程中，汉语词汇系统最初多采用音译的方法，这自然导致双音节词，包括多音节词的数量不断增长。四是韵律说。该观点认为汉语倾向于使用“1+1”或“2+2”的韵律模式，韵律上的要求导致了汉语中的双音节化趋势。

2. 按照来源进行分类，分为本土词与外来词

本土词指在特定语言系统中按照相应规则形成的词，没有受到语言接触的影响。本土词包括古已有之的词，比如“山”“水”“德”“信”“君子”等；也包括现代社会中产生的新词，比如“房贷”“冰箱”“工资”等。外来词是语言接触的结果，包括典型的音译词，比如“奥林匹克”“奶昔”“迪斯科”“可乐”“星巴克”“图腾”“咖啡”等；也包括字母词，比如CT、DVD、DNA等。汉语中的音译外来词经过汉化后，往往可以融入本土词中，看不出之前的外来词身份，比如“德律风”调整为“电话”，“伊妹儿”调整为“电邮”等。

3. 按照使用语域进行分类，词汇可以分为通用词汇与专业词汇

通用词汇指的是全民普遍使用的词，使用频率高，使用范围广，比如“爱”“吃”“水”“饭”“房子”“书”“喜欢”等。专业词汇指在某一个（些）行业领域，比如医学、物理、美术、航天、农业等领域中所使用的词汇，比如医学中的“硅肺”“透析”，股票市场中的“均线”“K线图”“布林线”，戏剧专

业中的“水袖”“道白”等。专业词汇在使用语域上受限，具有使用上的标记性，是一种典型的社会方言。专业词汇是语言符号系统中的一个重要组成部分。

通用词汇与专业词汇的界限并不是泾渭分明的，二者可以相互转化，比如通用词汇单位“桌面”已经派生出专业意义，表示“电脑显示系统”。相反，一些专业词，比如“落差”“抛锚”“收官”“硬件”“充电”“基因”等，已经具有通用的语文义。但是，从转换的方向看，专业词汇派生出通用义的情况更为多见。

三、短语

短语，早期被称为“仂语”或“词组”。《现代汉语词典》（第 7 版，2016）对“仂语”的解释是“词组的旧称”；对“词组”的解释是“语义和语法上都能搭配的两个或更多的词的组合，口语中没有句调，书面上没有句末标点（区别于‘词’与‘句子’），如‘新社会、打扫干净、破除迷信’。也叫短语”。

短语分为两类：一是根据交际需要，由两个或两个以上的词临时组合而成，这种短语被称为自由短语，比如“喜欢旅游”“喜欢打猎”“乐于分享”“乐于从命”“随时待命”“随时动身”等。自由短语属于语法组合的范畴。还有一类短语，其中的组成成分与语序一般不能随意改变，其形式相对固化，这类短语为固定短语，比如“干净利索”“蓝天白云”“青山绿水”“好事多磨”“有惊无险”“六六大顺”等。固定短语的语义理据相对显豁，可以通过组成成分大致推知其意义。

四、熟语

熟语是一个概括性的总称，指常用的、定型化的固定短语，包括成语、惯用语、歇后语、谚语、俗语等。下面分项叙述。

成语具有结构的稳定性、风格的典雅性以及意义的整体性的特点。结构的稳定性指成语的构成成分和结构形式都是固定的，不可以随意变动顺序或调换、增减其中的成分。风格的典雅性指的是成语语体风格庄重，多用于书面语体中①。意义的整体性指其意义在多数情况下不是构成成分的加合，而是字面意义的引申，比如“顺手牵羊”，表面上指把别人的羊牵走，引申为拿走不属于自己的东西。

部分成语具有语义的透明性，比如“后来居上”“厚积薄发”“弱不禁风”“缘木求鱼”“抱薪救火”“怒发冲冠”等。这些成语通过字面意义也能大致明

① 有人认为有些成语源于口头俗语，如“一干二净”“万紫千红”“千方百计”“吆三喝四”等。本教材认为上述表达是四字格，但不是成语。

了其意义，但这类成语占的比例不高。更多的成语在语义上是隐晦的，需知晓其来源或典故才能明白具体所指，比如“齐东野语”“鸡鸣狗盗”“不刊之论”“萧规曹随”“齐大非偶”等。

成语以四字格居多，也有例外的情况，比如“莫须有”“迅雷不及掩耳”“顾左右而言他”“成也萧何，败也萧何”“百足之虫死而不僵”等，数量较少。据考查，《中国成语大辞典》收录的非四字格成语，仅仅占总数的4.43%①。

惯用语是一种短小的固定短语，多用于口语中，在语音结构上以三音节居多，比如“打秋风”“吃豆腐”“安乐窝”“保护伞”“障眼法”“窝里横”“凉半截”等。也有少量惯用语是三音节以上的，比如“戳脊梁骨”“打马虎眼”“喝西北风”“煲电话粥”“撒胡椒面”“有两把刷子”等。在结构形式上，惯用语相对稳固，但有些惯用语的构成材料与结构也会表现出一定的灵活性，比如，“敲边鼓”也可以说成“打边鼓”，且意义基本不变；“泼冷水”也可以替换成“浇冷水”，或者说成“泼脏水”，但意义稍有差异。有些惯用语为离合结构，中间可以插入其他成分，比如“戴了顶高帽”“泼了盆冷水”“碰了个软钉子”等；有时还可以变化惯用语的语序，比如“给他小鞋穿”（穿小鞋）、“胸脯拍得山响”（拍胸脯）等。但大部分惯用语结构稳固，意义具有双重性特点，即同时具有表层语义与深层语义，表层语义多通过比喻或借代的方式形成深层语义，比如“有两把刷子”，不能说成“有一把刷子”或“有三把刷子”，意义也在字面上的表层语义的基础上进行引申，指“有本事、有能耐”。

歇后语是由类似谜面和谜底两部分组成的固定短语，有时可以只说前面的一部分。歇后语主要分为两类。第一类是比喻类歇后语。前面部分是比喻，后面部分是对其进行的说明，比如“竹篮打水—— 一场空”“哑巴吃黄连——有口/苦说不出”“兔子尾巴——长不了”“王小二过年—— 一年不如一年”“周瑜打黄盖—— 一个愿打一个愿挨”等。第二类是谐音类，这类歇后语的后一部分利用汉语中的谐音表达真实的意思，比如“外甥打灯笼——照舅（旧）”“和尚打伞——无发（法）无天”“山顶滚石头——石（实）打石（实）”“孔夫子搬家——净是书（输）”等。

歇后语承载了汉语中丰富的文化信息，但需要注意的是：一些歇后语格调不高，比较粗俗，有时甚至包含对特定群体的不尊重或嘲弄，比如“八十岁老太太打哈欠——一望无牙（涯）”“叫花子看戏——穷开心”等，应尽量避免使用。

谚语指在民间流传的、反映民间智慧或饱含生产经验与科学知识的短语或句子，通俗性与科学性兼备，比如“磨刀不误砍柴工”“妻贤夫祸少”“强扭的瓜不甜”“吃水不忘挖井人”“羊毛出在羊身上”“响鼓不用重锤”“久病床前无

① 周荐. 现代汉语词汇学教程. 北京：北京大学出版社，2016：25.

孝子”“少年夫妻老来伴”“朝霞不出门，晚霞行千里”“冬吃萝卜夏吃姜，不用医生开药方”“今冬麦盖三层被，来年枕着馒头睡”“春天孩子面，一日变三变”“天狂必有雨，人狂必有灾”“路遥知马力，日久见人心”“要想人不知，除非己莫为”等。

有些谚语表达的意思基本相同，比如“常在河边走，哪能不湿鞋”与“久行夜路必遇鬼”的意义相近，“出头的椽子先烂”与“枪打出头鸟”的意义相近等。有些谚语表示的意思则截然相反，比如“大路不平有人铲”和“各人自扫门前雪，莫管他人瓦上霜”意思相反，“得饶人处且饶人”和“打蛇不死后患无穷”意思相反等。

需要注意的是，有些谚语从现代科学的视角来分析是有问题的，比如“饭后一支烟，赛过活神仙”“不干不净，吃了没病”“桃养人、杏伤人、李子树下埋死人”“正月剃头死舅舅”“左眼跳财，右眼跳灾”等；有些谚语反映的是过时、落后甚至是封建的思想或观念，比如“人为财死，鸟为食亡”“无利不起早”“衙门口朝南开，有理无钱莫进来”“有钱能使鬼推磨”“君子不跟命争”“阎王让人三更死，谁敢留人到五更”“男怕属鸡，女怕属羊”“嫁出去的女儿泼出去的水”“多一事不如少一事”“出头的椽子先烂”等。受传统思想的影响，有些谚语甚至包含对女性群体的轻视或侮辱，比如“女子无才便是德”“天下最毒妇人心”“好男不跟女斗”“女人当家，房倒屋塌”“男人四十一枝花，女儿四十豆腐渣”“忠臣不事二主，好女不嫁二夫”“娶妻娶德，纳妾纳色”“丑妻近地家中宝”等。对于上述谚语，应该批判地看待并谨慎使用。

俗语是普通民众所创造的、在日常口语交际中使用的通俗性语句。俗语通常在五言以上，生动形象，多具有幽默、讽刺或诙谐的色彩，有小部分俗语具有粗鄙义，比如“求爷爷告奶奶”“打蛇随棍上”“癞蛤蟆想吃天鹅肉”“干啥啥不行，吃啥啥没够”“烂泥扶不上墙”“爹矬矬一个，娘矬矬一窝”“中看不中用”等。

五、特殊类型的汉语词汇单位——离合词和离合式习语

从原型范畴论的角度看，范畴的边界是模糊的、弥漫的。在范畴的隶属度方面，范畴内成员体现出一种明显的梯度性特征。从语言系统的层级性看，汉语语言系统中语素、词、短语间的关系是相互交叉的，换言之，词法与句法的界限也是模糊的。汉语中有这样的一种现象，“着急”可以作为一个词使用，也可以扩展为“着什么急”“着哪门子急”；“开会”是一个词，也可以扩展成“开了一上午的研讨会”等。作为汉语中的一种特殊类型，上述表达的语法归属引起了学界长久而持续的关注。王力将其看作“仂语”（词组或短语），认为凡两个字的

中间可以插得进别的字的，就是仂语。陆志韦等在《汉语的构词法》中提到“能扩展的结构呐，在不扩展的场合也整个词联写，同样收入词典。已经扩展了，其势不能不分写。那末，动字和宾语还算是一个词给某种‘词嵌’拆开了呢，还是变成两个词了呢？……这样的动宾格的词是离合词”①。离合词是目前学界接受度很高的术语。

随着汉语作为第二语言教学的兴起，离合词在习得过程中所出现的问题引起汉语教学界的注意。总体而言，对外汉语教学界在对离合词性质的定位上采取的是教学实用观点，认为应该把离合词视为特殊的、能够扩展的词，比如“睡觉”，从教学角度考虑，将其视为一个词比作为词组处理更为合适。

（一）离合词的主要类型

1. 动宾型（V+O 型）离合词

动宾型（V+O 型）离合词举例：“丢人”“丢脸”“争气”“吃苦”“吃亏”“吃醋”“放心”“偷懒”“行贿”“生气”“安家”“爆料”“撤职”“补仓”“参军”“订婚”等。力量、晁瑞认为，“宋元是汉语离合词开始萌芽的时期，这个时期的离合词都是动宾式的，没有例外”②。在现代汉语中，动宾型离合词在汉语离合词中占的比重最大。

2. 动补型离合词

动补型离合词包括两类：一是动结式，如“参透”“瞅见”“打败”“干掉”“拔高”“摆平”“补足”“搞定”“看穿”“看破”等；二是动趋式，如“出来”“出去”“进来”“进去”“看上”“赶上”等。

动补结构的离合词中间可以加“得”和“不”，如“参得透”与“参不透”，“打得倒”与“打不倒”，“看得上”与“看不上”等。

3. 主谓型离合词

主谓型离合词的数量较少，如“脸红”“心软”“手痒”“心寒”“心酸”“嘴硬”“性急”“手生”“命大”等。

---

① 陆志韦，等. 汉语的构词法. 修订本. 北京：科学出版社，1964：88.

② 力量，晁瑞. 离合词形成的历史及成因分析. 河北学刊，2007（5）：174-177.

4. 联合型离合词

联合型离合词的数量最少，包括“洗澡”“游泳”“考试”“登记”等。所谓联合型，是从历时角度进行的分析。以“洗澡”为例。《说文解字》：“洗，洒足也。”王充《论衡·讥日》：“沐者，去首垢也。洗去足垢，盥去手垢，浴去身垢。”①《说文解字》：“澡，洒手也。”可见，“洗”“澡”在古代汉语中是近义词，在搭配对象上互补，呈并列关系。但是，在现代汉语中，“洗澡”中“澡”的动词性极度弱化，甚至被认为是名词，因此“洗了一个热水澡”等说法极为常见。再以“帮忙”为例。从语言发展的角度看，“帮忙”原来可能是并列式结构，意为“帮着忙乎”，后来渐渐演变为动宾结构。这种情况被认为是汉语中非动宾结构的动宾化趋势。在现代汉语中，动宾格式的可类推性强。差不多任何结构的双音词，即使不是动宾结构的词，都可以利用“动+×+宾”的插入离析形式强制成为动宾格式。

（二）离合词的扩展形式

1. 插入

离合词之间可以插入其他成分，这是离合词最重要的特点之一。离合词之间可以插入修饰语，比如“吃别人的醋”“睡了一下午的觉”“手很痒”“命真大”等；可以插入动态助词“着”“了”“过”，比如“跳着舞”“红了脸”“放了心”“打过架”等；也可以插入补语，比如“睡完觉”“打好包”“跑完步”“帮不上忙”“聊了一会天”等；还可以插入“的”或“个”，比如“他们就是为这个吵的架”“晚饭后出去散个步，跳个舞”等。

2. 重叠

离合词的基本结构形式为“AB”式，其重叠形式可以是“A（了）AB”式，比如“点（了）点头”“握（了）握手”“洗（了）洗澡”“散（了）散步”“照（了）照镜子”等；也可以是肯定否定叠用的形式，比如“生没生气”“跑不跑步”“放不放心”等。

① 黄晖. 论衡校释（附刘盼遂集解）（三）. 北京：中华书局，1990：993.

思考与练习

1. 判断“鸡蛋”“羊毛”“牛奶”是词还是短语？你的判断标准是什么？你觉得判断结果与你的语感吻合吗？

2. 在现代汉语中，“子”“儿”“头”是词根还是词缀？

3. 为什么现代汉语中可以说“离了婚”，但不可以说“离过异”？

4. 外国学生在学习汉语中，经常会出现“我要见面他”“我要结婚她”“我要离婚他”等表达。请问这种偏误出现的原因是什么？

5. 有人认为“零感染”“零容忍”“零投诉”中的“零”是准词缀，因为“零”的构词能力很强，而且位置固定；有人认为“零”是词根语素，因为有明显的词汇意义。你是怎么认为的？

6. 什么是语素？语素的分类有哪些？

7. 如何区分现代汉语中的语素、词和短语？

8. 什么是熟语？熟语包括哪些类型？

9. 简述成语、惯用语、俗语的区别与联系。

推荐阅读篇目

1. 吕叔湘. 现代汉语单双音节问题初探. 中国语文，1963（1）：10-22.
2. 沈孟璎. 汉语新的词缀化倾向. 南京师大学报（社会科学版），1986（4）：93-99.
3. 王力. 汉语史稿. 北京：中华书局，1980.
4. 王云路，王健. 基于词汇史角度的汉语离合词研究. 文献语言学，2020（1）：65-79.
5. 邢福义. 汉语语法学. 长春：东北师范大学出版社，1996.
6. 周上之. 汉语离合词研究——汉语语素、词、短语的特殊性. 上海：上海外语教育出版社，2006.

第二节　范畴化与汉语语义场

一、范畴化与范畴

（一）范畴化

世界是由性质不同、形状各异、功用有别的事物、状态或行为组成的。人们

想经济有效地区分它们，就涉及到分类问题。分类是认知的基本特征之一。分类的心理过程被称为范畴化（categorization）。大脑不是一个一个地认知事物，而是一类一类地认知事物，这是认知经济性的要求。事物、状态或行为的相似性是范畴化的重要依据。认知主体在千差万别的世界中看到相同点或相似性，并据此通过分析、判断、归纳等方法对世界进行切块和分类。通俗地说，范畴化就是按照事物之间的相似性进行归类。举个例子：在幼儿园小朋友或小学生做的练习题中，有一个题型是“找出与其他三个不一样的”，比如老师给出裤子、裙子、帽子和手表四个选项，大多数小朋友选手表，认为手表与其他三个不同；再比如老师给出猫、狗、兔子和花，通常小朋友会选花；在米饭、面条、包子和书中，小朋友会选书……可见，客观事物之间既有量的连续，又有质的界限，这些是可以通过感觉、经验等体验活动感知到的，也是分类的基础。即使是年幼的孩子，也可以找出事物之间的相同或相似点。世界上的事物，大至宇宙星系，小至原子运动，是有其共性的。“在我们周围的植物中，高至顶天的松柏，小至原始的藻类，都存在着相似的叶绿素。在动物中，从精明强干的人类直到低等的软体动物大都存在着赖以生存的血红素，而叶绿素和血红素都是和空气中的二氧化碳与氧起作用，都是由此成为植物动物的能源供应者……现代化学还进一步证明，叶绿素和血红素的化学结构也是相似的，都是卟啉络合物。叶绿素是卟啉结合了镁元素，而血红素是卟络结合了铁元素。”①

人在认识客体并对其进行分类时，有时会因为客体的表面相似性，或者是因为主观经验的过度类推，做出不准确的判断和分类。成年人有的会分不清燕窝和粉丝，也有的分不清麦苗和韭菜，还有的分不清橘子和柑子……如果让小朋友在铅笔、直尺、筷子以及橡皮中选择一个与其他三个不一样的，有的小朋友会选择橡皮，因为铅笔、直尺和筷子都是长的，也是硬的；橡皮不是长的，并且也比较软。因此，理想状态的范畴化所基于的相似性应该是本质的、核心的相似性，否则范畴化就会出问题。鲸在汉语中一直被归入鱼的范畴，主要原因是鲸生活在水里。其实，是否生活在水里并不是鱼这一范畴的本质特征。同样，娃娃鱼、鱿鱼、章鱼、鲍鱼等也不应该归入鱼的范畴。但是，语言是相关社会群体集体规约的结果，而且语言系统在科学没有充分发展的时代已经形成，所以语言可以反映科学或逻辑，但是语言并不必然反映科学或逻辑。因此，先民基于“生活在水里”这一特征对“鱼”进行范畴化是有时代原因的。而且，即使在科学发展比较充分的现代，这种基于经验而不是基于科学的范畴化也时有可见，比如当代餐桌上常见的日本豆腐，实际上是蛋类制品，只是感官上与豆腐的软、嫩、滑比较相似而已。

在范畴化的基础上，认知主体还可以通过语言的概念功能（ideational

---

① 钱学森. 关于思维科学. 上海：上海人民出版社，1986：376.

function），通过相对有序的符号系统记录和反映庞杂无序的世界。可见，范畴化是人的大脑利用符号系统，对世界万物进行分类的一种高级认知活动，是将杂乱无章的世界转化为有序的信息的过程，并力图以有限的、非连续的符号表达无限的、连续的外部世界。

（二）范畴

如上所述，认知主体分类的结果就是范畴的最终形成——首先是认知范畴，然后是概念范畴，最后是语言范畴。这一过程大致如下：客观世界—范畴（化）—概念（化）—词汇单位的形成。在人类的分节语言中，语言共同体会将范畴化和概念化的结果在语言系统中固定下来，从而使概念得以通过词汇单位稳定下来，比如先民在面对广袤的自然界时，会对世界进行“元气初分”，认为“轻清阳为天，重浊阴为地”（见《说文解字》“地”条），语言符号“天”与“地”因此得以形成。

二、范畴理论的发展

最早的范畴理论为经典范畴论，以亚里士多德为代表。经典范畴论的基本假设是：①范畴可以由一组特征或一组充分必要条件来定义，范畴是由充分特征和必要特征的合取进行定义的；②特征是二元的，要么属于一个范畴，要么不属于该范畴；③范畴有明确的边界；④范畴内的所有成员地位相等，没有核心与边缘成员之分。经典范畴论可以解释现实世界中的某些分类，比如一张纸只有正面或反面之分；一个人，要么去过一座城市，要么没有去过一座城市，不会出现跨界的情况。在语言学上，音位学、句法学、语义特征分析等很多分析也是建立在这一理论基础上的。因此，一个音位要么是元音，要么是辅音；是辅音的话，要么是清辅音，要么是浊辅音，语义特征分析也是用“+”和“-”来表示某词是否具有某一语义特征。

经典范畴论受到语言哲学家路德维希·维特根斯坦（Ludwig Wittgenstein）的挑战。维特根斯坦以德语中 Spiel（游戏）一词为例，说明范畴是建立在相似性特征的基础上的。维特根斯坦发现，对 Spiel（游戏）这一范畴无法用经典模式概括。Spiel（游戏）范畴是根据“家族相似性”原则组织起来的，范畴内的成员就如同一个家族内的成员一样，每个成员都与其他一个或数个成员共有一项或数项特征，但几乎没有一项特征是所有成员都共有的。

乔治·莱考夫（George Lakoff）和埃莉诺·罗施（Eleanor Rosch）也通过大量实验表明了经典范畴论的局限性，并提出“原型理论”，认为对大多数自然范

畴不可能制定出必要和充分的标准，概念是以典型（prototype）即最佳实例的形式储存在认知主体的头脑中的。基本观点是：①个体范畴化的依据是其属性而非基本特征；②范畴内各成员地位并不平等，同一范畴内的成员有核心成员与边缘成员之分，它们在范畴隶属度上有明显的差异；③范畴中原型性更高的成员具有更多的与同类其他成员共有的属性，并具有更少的与相邻类别的成员共有的属性；④实体的范畴化典型性评估涉及的心理过程不仅仅是属性的计算，还有完形感知。

人类的认知活动通常存在于文化环境中。在认知模式理论基础之上，文化模式（cultural model）理论得以发展。文化模式是指拥有同一文化的人们所共享的认知模式。属于同一文化的人们的认知模式具有共性，而属于不同文化的人们的认知模式则是有区别的。中国人有敬老爱老的传统，对老年人，喜欢问对方的年龄，并称赞对方高寿。因为在中国文化中，高寿意味着福气，年龄大意味着资历深，经验丰富。但是，在英美国家，old 却有“不中用”（useless）的联想义，在交际中直接说人 old，甚至询问对方高寿，都是大忌。而且，从历时角度看，同一国家不同时期的人在文化模式上也会出现差异。在鲁迅的《祝福》中，鲁四老爷与寓居的客人见面，“一见面是寒暄，寒暄之后是说我‘胖了’，说我‘胖了’之后即大骂其新党”。说客人“胖”而不招致对方的反感与当时的文化背景相关。在物资匮乏的旧中国，大部分人缺衣少食，因此说人“胖了”是对对方的赞美。在当代社会中，物质生活条件得到了极大改善，普通百姓衣食无忧，需要对丰富的饮食进行控制，否则很有可能引起“三高”病症，影响身体健康。因此，在现代社会中，“变瘦变美”成了普通百姓追求的目标，寒暄中说话人一般会使用“你最近瘦了”这种大家喜闻乐见的表达，尽管实际情况可能与之相反。

范畴中的原型随着社会文化语境的变化而变化，因此文化模式的不同也会影响到语言社团对原型的提取与确定。大卫·克鲁斯（David Cruse）指出“在认知发展过程中出现的范畴典型显然受熟悉程度和经验的影响。在南极长大的人对于鸟的典型的认识与在亚马孙河流域或者在撒哈拉沙漠地区长大的人就不一样”[①]。一个显而易见的例子是，广东人所认为的“冷”，与漠河地区老百姓所认为的“冷”存在极大差异。再比如“锅”。中国的饮食手段多样，烹、煮、煎、炸、炖、焖、炒、熘、蒸等都要使用明火。因此中国人使用的锅，是契合上述烹调方式的、底部曲圆的尖底锅（wok），这也是中国人心目中锅的原型。因饮食习惯不同，英美人较少使用明火，使用的锅通常是适合煎烤的平底锅（pan），这是他们心目中锅的原型。

---

① Cruse, D. A. *Lexical Semantics*. Cambridge: Cambridge Universtiy Press, 1986.

三、科学范畴与民俗范畴

从语域的角度看，语言社团的范畴分为两类：科学范畴（scientific classification）与民俗范畴（folk classification）。科学范畴致力于对事物本质的反映，强调科学性与系统性，分类细致，层级严密，有的可以达到十几层。民俗范畴是社会成员根据百科知识或自身体验进行的分类，层次较少，一般以二值划分居多，不强调分类的科学性，更注重体验性。以气象学中的一个例子来说明。气象学中规定：一般日（24 小时）降水量 100～249.9 毫米的雨为大暴雨；一般日（24 小时）降水量 50～99.9 毫米的雨为暴雨；一般日（24 小时）降水量 25～49.9 毫米的雨为大雨；一般日（24 小时）降水量 10～24.9 毫米的雨为中雨；一般日（24 小时）降水量 0.1～9.9 毫米的雨为小雨。在日常生活中，作为非气象学专业人士，我们往往基于自身的体验把雨分为大雨和小雨两类。在此基础上，有时还可以把特别大的雨称为“暴雨”，把特别小的雨称为“毛毛雨”。关于暴雨、大雨、小雨或毛毛雨的分类，语言共同体靠的是感官直觉，并没有准确的数值予以佐证。因此，天气预报会说“明天中雨”或“明天白天中雨转大雨”，因它采取的是科学范畴。在日常生活中，如果一个人对另一个说“外面下着中雨”，听话者可能会觉得很诧异，因此日常交际一般使用通用语域中的民俗分类。

语言学中的范畴与民俗分类紧密相关，与科学范畴之间的差异较大。自然界的生物分类，按照其科学范畴的划分，其类属限定从大到小依次是域（domain）、界（kingdom）、门（phylum）、纲（class）、目（order）、科（family）、属（genus）以及种（species）。这个分类系统还可以进一步细化，种以下还有亚种（subspecies），植物还可以出现变种（variety）。有时还有一些辅助等级，是在主要分类等级术语前加前缀超（super-）、亚（sub-）。在亚纲、亚目之下有时还分别设置次纲（infraclass）和次目（infraorder）等。按照动物学的科学分类，猫属于动物界（Animalia）、脊索动物门（Chordata）、脊椎动物亚门（Vertebrata）、哺乳纲（Mammalia）、食肉目（Carnivora）、猫科（Felidae）、猫属（Felis）、家猫种（Felis domesticus）。在日常生活中，普通民众对动物的分类通常就是常规的鸟、兽、鱼、虫四类。分类简单，并且只要求相对清楚，能够满足日常交际的需要即可。当然，民俗范畴有时无法涵盖所有的情况，比如鳄鱼，从科学范畴来看为肉食性卵生脊椎类爬行动物，如果按照鸟、兽、鱼、虫的民俗分类标准，则不适合归入任何一类之中。因此，民俗范畴的作用是为了满足认知上的简易以及表达上的方便，而不是分类的科学性和穷尽性。

科学范畴具有普适性，无论在何种文化中，科学范畴都是一致的，比如化学元素周期表。这是由科学研究的特点决定的。民俗范畴在各种语言中表现出较大差异，受文化的影响较大。

四、语义场、编码度与词化程度

（一）语义场

语义场是根据语言单位之间的语义联系进行分类之后形成的聚合。德国语言学家约斯特·特里尔（Jost Trier）在语义场理论的发展方面贡献很大。特里尔将语言中的词汇分为大的词场，再把大的词场分为更小的词场，一直到单个的词。这样，每个词都在语义场中占了一个位置。特里尔对语义场的研究，侧重的是语言单位的聚合关系。在特里尔之后，德国语言学家瓦尔特·波尔齐希（Walter Porzig）将语义场的研究推进到组合关系方面，比如"嘶"与"马"的组合，就形成组合场。现在说到的语义场，多指的是语义聚合场。

按照语义场内各成员之间不同的关系，语义场可以分为不同的类型。常见的语义场包括：①同（近）义义场，比如"聪明、伶俐、机灵、睿智"等；②反义义场，比如"贫"与"富"、"生"与"死"、"苦"与"乐"、"高"与"矮"等；③上下义义场，比如"笔"与"铅笔、钢笔、毛笔"，"蔬菜"与"茄子""豆角""芹菜"等；④部分-整体义场，比如"轮胎"与"汽车"、"窗户"与"房子"、"手指"与"手"等；⑤类属义场，比如"笔墨纸砚""锅碗瓢盆"等；⑥序列义场，比如"学士、硕士、博士""大中小学""老中青""大中小""上中下"等；⑦关系义场，比如"教"与"学"、"买"与"卖"、"上"与"下"、"里"与"外"等；⑧多义义场，指的是多义的多个义项组成的义场，比如"打"是一个多义词，它的语义间有联系的多个义项即组成一个多义义场。

（二）语义场与编码度

编码度（codability）指语义场切分的精细程度。编码度高的语义场所包含的语言单位的数量多，编码度低的语义场所包含的语言单位的数量少。在我国的奴隶社会，"奴隶"语义场下包括"臣""妾""奚""童""仆""宰"等，而在现代汉语中，原来表示"奴隶"义的"臣""妾""童""仆"等的意义发生了变化，另指他义，只保留了"奴隶"一个词。这样，从历时的角度看，"奴隶"义场的编码度大为降低。这是因为随着奴隶社会的终结，奴隶这一阶层也随之消失，在语言表达中也无须做出细致区分，有一个通名就可以满足交际的需要。而且，语言社团要表达的东西，通常是与自己的生活息息相关的内容。《说文解字》中的马部字，下辖的下位语义场有根据马的颜色区分出的语义场，包括"騢"（马赤白杂毛）、"駓"（马黄白毛也）、"驪"（马深黑色）等；有根据马的性别区分出的语义场，包括"騭"（牡马也）、"駔"（牡马也）、"騇"（牝马也）等。到现代汉语中，只剩下一个通名"马"字。现代汉语中"马"的编码度变低，是因为在畜牧时代，马既是耕种与交通中的重要畜力，也是重要的战备资源和祭祀来源。因性别、年龄、高度、毛色、产地等的不同，马在畜牧时代有不同的交换价值、使用价值以及艺术审美价值等，因此有必要进行细致区分。随着畜牧时代的结束，马的价值也相应减弱，表现在语言中，与“马”相关的语义场的编码度也自然降低。

同样，语言中也有语义场编码度变高的例子。现代汉语原来只有“电话”一个词，但是随着移动通信的兴起，手机越来越普遍。为了区分不同的电话，原来的“电话”升格为上位词，现代汉语中又出现了“座机”一词，与“手机”相对。同样，“咖啡”作为一个音译外来词，最开始只有这一种指称形式。随着喝咖啡的人越来越多，咖啡店也越来越常见，咖啡成为很多人喜欢的饮品，“咖啡”这一语义场的下位分类开始出现，比如“卡布奇诺”“美式”“拿铁”“玛奇朵”“摩卡”“白咖啡”等。可见，编码度的调整有时与社会的发展、文化的变迁紧密相关。

不同语言或方言中，指称同一内容的语义场的编码度也经常存在差异。汉语和英语相对应的烹饪子场“用蒸汽把食物弄熟或弄热”，汉语和英语相对应的义位分别是“蒸”和 steam；但汉语中“蒸”这一上义词之下，根据不同的烹饪对象还有不同的名称，包括“清蒸”“馏”“炋”等。“清蒸”是指不放酱油蒸，指把熟的食物蒸热；馏指把凉了的食品再蒸热；炋指半蒸半煮。可见，汉、英语“蒸”的语义场相比，汉语“蒸”语义场的编码度比英语高。汉语“烹饪”类语义场编码度较高，与汉文化中“民以食为天”“食不厌精、脍不厌细”的传统观念有关。

不同语言在对同一语义场进行语词编码时，自然会存在差异，但是也会有共性。布伦特·伯林（Brent Berlin）和保罗·凯（Paul Kay）的《基本颜色词：其普遍性和演变》（*Basic Color Terms: Their Universality and Evolution*）指出人类语言中存在着 11 个普遍基本颜色范畴，分别是：白、黑、红、绿、黄、蓝、棕、紫、粉、橙、灰，并且它们按照严格的发生顺序出现在不同语言系统之中，即形成基本颜色词的蕴涵等级，如图 3.1 所示。

图 3.1　伯林和凯的基本颜色词的蕴涵等级示意图

基本颜色词的蕴涵等级示意图表明：第一，任何语言至少都有两个基本颜色词——黑和白；第二，如果一种语言有三个基本颜色词，除了第一等级的“黑”和“白”外，一定是表示“红”的颜色词；第三，如果一种语言有四个基本颜色词，这第四个词不是“绿”就是“黄”；第四，如果一种语言有五个基本颜色词，则“绿”和“黄”同时出现；第五，如果一种语言有六个基本颜色词，一定有“蓝”；第六，如果一种语言有七个基本颜色词，这第七个词必定是“棕”；第七，如果一种语言有八个（或更多）基本颜色词，就会在“紫”“粉”“橙”“灰”中选择其中的一种。

伯林和凯的基本颜色词研究揭示了人类语言中的共性，同时也是文化影响下各语言编码度不同的最好例证。新几内亚高地的 Jale 语只有“黑”“白”两个颜色词；英语则有 11 个基本颜色词，分别是：white（白）、black（黑）、red（红）、green（绿）、yellow（黄）、blue（蓝）、brown（棕）、purple（紫）、pink（粉）、orange（橙）和 grey（灰）。解海江综合国内学者关于汉语基本颜色词的研究结果，把现代汉语基本颜色词确定为 9 个，分别是“红”“黄”“绿”“蓝”“紫”“褐”“黑”“白”“灰”[①]。

（三）语义场与词化程度

词化程度（degree of lexicalization）指语言使用词汇手段对语义进行表达的方式。词化程度的高低表现为语言表达式长短的差异。对于同样的现象，不同语言或同一语言的不同时期所采取的语言表达式在长度上或语义凝固度上经常会存在差异。如果用一个词来表达某一现象，这是综合型表达（synthetic expression）；如果用一个短语来表达，则为分析型表达（analytic expression）。对同一事物、现象、行为或状态的表述，分析型表达的词化程度低，综合型表达的词化程度高，比如“一个轰隆隆叫着在天上飞的铁鸟”与“飞机”相比，显然后者的词化程度要高很多。

有一些表达式的词化程度与语言的编码方式相关。在古汉语中，“沐”指的是“洗头”，《说文解字》：“沐，濯发也”；“浴”指的是“洗身体”，《说文解字》：“浴，洒身也”；“洗”指的是“洗脚”，《说文解字》：“洗，洒足也”；“澡”指的是洗手，《说文解字》：“澡，洒手也”；“浣”指的是洗衣服，《说文解字》：“浣，濯衣垢也”。可见，在古代汉语“洗”的语义场中，各个表示“洗”的词已经将“洗”的对象内化到词中。在现代汉语中，上述表述都要用词组形式“洗+洗的对象”表示。再比如语义场“打”。古代汉语中除了“打”，还有如下表示“打”的字：“笞”，指的是“用鞭

① 解海江. 汉语编码度研究. 厦门大学博士学位论文，2004：98.

或竹板打”；“挨”指的是“击背”；“掴”表示“批颊”之义；等等。英语的“打”，除了高频的beat、hit之外，还有如下表示“打”的表述：the birch可以表示“用桦树条打”；conk可表示“重击某人的头”；spank的意思是“用手打人（尤指小孩）的屁股”等。上述古代汉语以及现代英语表示“打”的字/词，在现代汉语中都需要使用词组“方式+打+对象”的形式表示，其词化程度的差异，是语言内部表达方式的系统性调整，与社会文化因素的关系不大。

有些语言单位的词化程度确实反映了文化的影响。通常而言，词化程度高的语言单位所指称的内容在其所对应的文化环境中具有重要的地位。在中国的基本亲属关系中，汉语中父系长辈有“伯父”和“伯母”、“叔叔”和“婶子”、“姑母”和“姑父”等，母系长辈有“舅父”和“舅母”、“姨父”和“姨母”等。上述亲属称谓从年龄、男女、父系母系等角度出发分别编码，形成自己的专属表达方式。在英语中，亲属称谓中没有父系亲属和母系亲属的区分，也没有年龄的区分，男性亲属只有一个笼而统之的形式uncle，女性亲属也只有一个笼而统之的形式aunt。如果要表达与汉语的“伯父”“叔父”“姑父”“舅父”“姨父”等相对应的概念，英语需要使用扩展的短语形式。也就是说，英语使用者不是没有能力对亲属称谓分别进行区别性编码，而是在英语文化中，细致地区分亲属没有必要，在语言中自然也不会有相应的呈现。

思考与练习

1. 吕叔湘在谈到什么是“意义”时说过这样的话：“……如果说，某种语言里没有这个词，使用这种语言的人的脑子里就缺少与此相应的概念，这就有几分道理。比如汉语里的‘伯伯、叔叔、舅舅、姑夫、姨夫’在英语里都叫做‘uncle’……是不是说英语的人的脑子里就没有‘父亲的哥哥、父亲的弟弟、母亲的弟兄、姑妈的丈夫、姨妈的丈夫’这些意义呢？当然不是这样。可是他们首先想到的是这些人都是uncle，只是在必要的时候才加以分辨。这就是说，只有与uncle相应的概念是鲜明的，而与‘伯伯’等相应的概念是模糊的。反过来说，说汉语的人首先想到的是‘伯伯’等等，这些概念是鲜明的，而‘男性的长一辈的亲属’这样的概念是模糊的，是要费点劲才能形成的。对于外界事物，不同的语言常常做出不同的概括。”①说说你是如何理解上面这段话的。

2. 有些长期住在国外的华人认为说英语的人，甚至是整个欧洲的人，在认知中可能都没有汉语中“鲜”的概念。因为在英语或欧洲语言中，没法表达“这汤

① 吕叔湘. 语文常谈. 2版. 北京：生活·读书·新知三联书店，2018：72.

很好吃，但是不鲜”的意思。你是怎样看待这个问题的？

3. 汉语用“稻”“米”“饭”分别代表谷物、待炊食物和食品三个阶段，英语则统称为 rice；居住在寒带的人，其语汇中有很多描绘各种各样的雪的词，而居住在热带或亚热带地区的人，通常只知道“雪”这一个上位词。请对这种现象加以分析。

4. 不同的语言对语义场切分的精细度是不一样的。请从认知的角度，通过典型例子，举出不同语言中同一语义场的差异，并从文化角度解释为什么会出现这种差异。

5. 在中国人过羊年时，国外报刊对“羊年”的翻译并不相同。有翻译成 year of the goat 的，也有翻译成 year of the sheep 的（但几乎没有翻译成 year of the lamb 或者 year of the ewe 或者 year of the ram 的）。同样的情况也出现在“牛年”“鸡年”“鼠年”的英文翻译中。请从语义场的角度，对上述汉、英翻译中的不等值现象进行分析。

6. 请从文化的角度解释，为什么汉语词汇系统中的亲属语义场的编码度比英语中要高很多。

推荐阅读篇目

1. 葛本仪. 现代汉语词汇学. 3 版. 北京：商务印书馆，2014.
2. 王德春. 论义素和语义场. 山东外语教学，1983（1）：1-8.
3. 周国光. 语义场的结构和类型. 华南师范大学学报（社会科学版），2005（1）：77-85.
4. 邹玉华. 语义场研究述评. 湘潭大学学报（语言文学论集），1987（1）：145-150.
5. 张志毅，张庆云. 词汇语义学. 3 版. 北京：商务印书馆，2012.

第三节 造词法与构词法

词汇是语言系统的基本要素之一。对词汇单位的分析也可以从多个维度进行。以“铁饭碗”为例，有人认为是句法学造词法，是用偏正式句法方式造出的；也有人认为这是用借代的造词法造出来的，中国人崇尚“民以食为天”，用铁饭碗这一工具借指赖以谋生的稳定职业。再比如偏正式、主谓式、动宾式，一些人认为它们是极为能产的造词方式，是造词法；有一些人认为这是对词的内部结构的分析，是构词法。下面分析造词法和构词法之间的区别与联系。

一、造词法与构词法的定义

造词法与构词法的区分一直比较模糊。通常的现代汉语课本中只论及构词法，侧重对合成词的内部结构进行分析。也有学者用“造词法”这一术语，同时指形成新词的方法以及词汇系统中词的基本结构方式，是一种更为宽泛的概念。

孙常叙在《汉语词汇》中提出造词方法与造词结构的不同，首次系统地辨析了汉语的造词方法与造词结构。造词结构“是就造词的素材以及它们之间的关系来说的”，而造词方法是“使用具体词素组织成词的方式和方法”①。可见，构词法与造词法之间是有联系的。词的结构是造词形成的结果，是对已经存现词的结构方式进行分析，在此基础上总结、概括出词的各种结构方式。利用这些方式进行类推，也可造出同样结构的新词。造词法指通过对事物、形状或行为等命名产生新的指称方式的方法。造词法要研究的是词如何从无到有，其研究对象既包括单音节词，也包括双音节词以及多音节词。构词法则是指语素如何组合成词的方法，属于词法分析的范畴。构词法的研究对象是已经形成的词，对其内部的结构方式与结构规律进行描写、分类以及概括，因涉及内部结构，构词法的分析对象不包括单音节词。

二、造词法的分类

语言符号系统的形成是渐进的。从结构语言学的视角分析，早期的语言符号，其音和义的结合以任意性为主，后期的语言符号往往是在先前符号的基础上形成的，因此理据性相对突出。在语言符号的形成与发展中，任意性是一个贯穿始终的变量，它的存在支持着语言音、义结合的选择性、随机性、多样性与变异性。另外，在词汇系统日益丰富的过程中，受人类认知逻辑性的制约，语言符号音、义结合的理据性也日渐凸显，理据性支持着语言的有序性、类推性、可论证性与可分析性。也就是说，语言符号音、义结合的理据性是以任意性为前提的，反过来，任意性又受到理据性的制约。二者之间的竞争性并存使其相互作用，成为语言符号形成、发展过程中的自组织原则。

任学良的《汉语造词法》是国内外首部以“汉语造词法”命名的造词法研究专著②。任学良提出了词法学造词法、句法学造词法、修辞学造词法、语音学造词法和综合式等五种造词方法，较为系统地建立了汉语造词体系。葛本仪在《汉语词汇研究》中，把传统的造词法分为八类，分别是：音义任意结合法、摹声法、

① 孙常叙. 汉语词汇. 北京：商务印书馆，2006：81-82.

② 任学良. 汉语造词法. 北京：中国社会科学出版社，1981.

音变法、说明法、比拟法、引申法、双音法和缩略法[①]。陈光磊在《汉语词法论》中把汉语的造词法分为词法学（形态学）造词法、句法学造词法、修辞学造词法、语音学造词法、文字学造词法以及综合式造词法六种[②]。李如龙从历时语言学的角度，将汉语词汇的衍生方式分为音义相生、语素合成、语法类推和修辞转化四种[③]。宋丙秀以《现代汉语词典》（第6版，2012）为封闭域，从造词法生成词素义的角度，提出缩略法、比喻法、仿词法、摹声法、音义任意结合法、说明法等六种造词法[④]。

综合各家观点，按照语言符号音义结合的关系，汉语的造词法可以分为两大类——任意性造词与理据性造词。

（一）任意性造词

1. 音义任意结合造词法

关于音与义之间的关系，最早可以追溯到古希腊时期。希腊学者分为两派：一派叫自然派，另一派叫规约派。自然派认为，音义之间有必然的自然联系，比如用 cuckoo 为杜鹃鸟命名，是因为杜鹃鸟的叫声为 cuckoo。但这种摹声词在各语言中的比例都很低。规约派认为，符号的音义之间没有必然的联系。因此，用什么音表示什么意义，是各语言社团集体规定的结果。在结构语言学中，这种观点被索绪尔称为任意性原则，并得到学界的广泛认可。

所谓音义任意结合法，是指用某种声音形式表示某种意义不是因为这种意义只能被特定的语音形式表示，语音与意义之间的关系是任意的、随机的。音与义的结合，是在长期的语言交际过程中固定下来的，是语言领域内的社会契约。从发生学的角度看，音义任意结合造词法在早期的人类语言中广泛存在，比如汉语中的“人”“山”“礼”“信”“美”“丑”等，英语中的 sun、pen、rose、moon、dog、apple 等。

2. 假借造词法

假借造词法指利用同音汉字记录后起新概念的方法，如用最初表示胡须义的“而”来记写表示转折的“而”，用本义指竹内表面的“笨”表示“蠢笨”义的“笨”等。

---

① 葛本仪. 汉语词汇研究. 济南：山东教育出版社，1985：52-64.

② 陈光磊. 汉语词法论. 上海：学林出版社，1994.

③ 李如龙. 汉语词汇衍生的方式及其流变. 河北师范大学学报（哲学社会科学版），2002（5）：68-76.

④ 宋丙秀. 现代汉语造词法与词素义的生成研究. 济南大学硕士学位论文，2015.

假借造词法创造的单音节词也不存在造词法分析问题。

（二）理据性造词

1. 语音造词法

1）摹声法

摹声法指语言社团通过对自然界中的某种声音加以摹拟，从而创造出与其相关的新词。摹声法分为两种。第一种是模仿自然界事物发出的声音创造新词，如"猫""鸦""蛙""呸""乒乓""哎呀""滴答""叮当"等。英语中的quack、buzz等词也是如此。第二种是近似仿拟其他语言中某些词的声音来形成与之对应的新词，即音译外来词，比如"咖啡""沙发""吉普""寿司""普拉提"等。英语中也有类似的从汉语借来的词，比如typhoon（台风）、fengshui（风水）、lychee（荔枝）等。

2）音变法

音变法构词主要分四种情况。第一种是同一词汇单位通过音高的变化达到"四声别义"的目的，如《马氏文通》："王字，名用平读。《诗经》：'王此大邦'。动字，去读。"[①]第二种情况是通过儿化等语音手段形成新词，如"盖盖儿""钉钉儿"，第一个符号为动词，后面带儿化音的同形词为名词，如第三种为谐音法，比如把"什么"说成"神马"，把"妹妹"说成"美眉"等。第四种为合音法，比如把"就这样"说成"就酱"，"朋友圈"说成"票圈"，"喜欢"说成"宣"等。第三、四种表达往往会在较短时间内淡出语言交际。

2. 语义造词法

1）语义引申造词法

语义引申造词法实际上并不增加新的词汇单位，而是在原词的基础上生成了新的义项。也就是说，语义引申造词法指某一词位下所统辖的义位增加了，但词位本身并没有增加。"眉"，《说文解字》中的解释为"目上毛也"，指的是眉毛，在现代汉语中还可以指书页上方空白的地方。"漏洞"本来指可以让东西漏过去的缝隙或孔洞，现在还可以指说话、办事时欠考虑、不周密的地方。

2）描写造词法

通过对事物加以描述从而产生新词的造词方法。描写造词法包括从事物的主要特征方面进行描写，比如"内陆湖""摇篮""油炸糕""甲骨文""碱面"

---

① 丁忱. 中国语史概要. 武汉：湖北人民出版社，2002：238.

等；从事物的性状、性质等方面进行描写，比如“棉袄”“白板”“黄豆”“伪善”“凶相”“野营”“枪杀”等；从事物的用途或功能方面加以描写，比如“计算器”“跳级”“雨衣”“搓板”“挡风墙”“吸尘器”等；从事物的领属方面进行说明，比如“牛奶”“屋檐”“耳环”“门廊”“手心”“枪口”“胸花”等；对事件或场景进行描写或说明，比如“错车”“忍痛”“接班”“分手”“观礼”“落马”“普查”“围攻”“零售”“送审”等。

3）双音法

现代汉语词汇的一个重要特点是词汇的双音节化趋势。通过双音化产生新词包括四种情况：一是以某一单音节词为基础，通过重叠的方法形成新词，其意义基本不变，比如“姐姐”“常常”“仅仅”“单单”“刚刚”等；二是在单音节词的基础上，通过重叠的方式形成新词，其意义发生变化，比如“草草”“万万”“活活”“阵阵”等；三是将意义相近、相关或相反的单音节词组合在一起，形成新词，比如“治理”“寒冷”“道路”“眉目”“干戈”“春秋”“矛盾”“作息”“进退”“消长”等；四是通过在词根上添加词缀，形成新词，比如“桌子”“老板”“盼头”等。

4）缩略法

缩略法是把短语或较复杂的词缩短之后形成更为简洁的词汇单位的一种造词方法。汉语词汇中的缩略形式包括如下类型。

第一类是简称型缩略语，又可以分为抽取类简称型缩略语和截取类简称型缩略语。抽取类简称型缩略语下又可以分为四小类。第一类，abcd→ad（首+尾）型，比如“高等学校—高校”“研究开发—研发”“驾驶执照—驾照”等；第二类，abcd→ac（首+首）型，比如“博士生导师—博导”“化学纤维—化纤”“妇女联合会—妇联”等；第三类，abcd→bc（尾+首）型，比如“兼并购买—并购”“比赛制度—赛制”“高峰会议—峰会”等；第四类，abcd→bd（尾+尾）型，比如“特快专递—快递”“大方之家—方家”“人寿保险—寿险”“天干地支—干支”等。截取类简称型缩略语，指只取短语中的一部分来指代整体，比如“电冰箱—冰箱”“终端设备—终端”“电子计算机—计算机”“用户界面—界面”“人民法院—法院”“居民身份证—身份证”等。

第二类是合并型缩略语，即合并短语中的共同语素，同时将非共同语素作为限定成分。这类缩略举例如下：“中学和小学—中小学”“病害和虫害—病虫害”“原料和材料—原材料”“零件和部件—零部件”等。

第三类是数字型缩略语，比如“包修、包换、包退→三包”“废水、废气、废渣→三废”“东汉和西汉→两汉”“开口呼、齐齿呼、合口呼、撮口呼→四呼”“魏蜀吴→三国”等。

3. 语法造词法

1）语法转类

同一词汇单位通过词类的变化，生成新的义项。“向”本来是名词，指“朝北开的窗户”。后来词类进一步丰富，又可以做动词和介词等；“把”本为动词，现在还可以做名词和介词等。

2）句法演化引起的词汇化

词汇化指的是非词汇性的成分变为词汇性的成分或者词汇性较低的成分变为词汇性较高的成分。句法演化引起的词汇化分为三种情况。一是跨层造词，比如现代汉语中的“因而”，在古代汉语中并不在一个句法层面上。《韩非子·奸劫弑臣》中有“是以主有所善，臣从而誉之；主有所憎，臣因而毁之”[①]之句；《汉书·五行志》中有“后陈公子招杀世子，楚因而灭之”之句。“因而”为跨层造词。二是因古代汉语中的代词前置结构在现代汉语中消失造成的词汇化，比如“何以”。“何以”被收录到《现代汉语词典》中，在《现代汉语词典》（第7版，2016）中，“何以”有两个义项，一是“用什么”，二是“为什么”。《诗·秦风·渭阳》中有“何以赠之？琼瑰玉佩”[②]之句；《孟子·梁惠王上》有“王曰：‘何以利吾国？’”[③]之句。三是由于句法位置总是相邻导致的词汇化。《春秋穀梁传·僖公五年》中有“盟者，不相信也，故谨信也”；《吕氏春秋·慎行》中有“为义者则不然，始而相与，久而相信，卒而相亲，后世以为法程”。“相信”本来是词组，表示“相互信任”之义，因共现频率很高，而逐渐得以词汇化。

4. 修辞造词法

修辞造词法指利用现有的语言材料，使用不同的修辞手段创制新词的方法。

（1）比喻造词法。比喻造词法利用事物之间的相似性进行新词的创造。这里分两种情况：有的是整个词构成一个完整的比喻，如“草芥”“龙头”“风云”“芝兰”“草根”“块垒”“佛手”“眼中钉”“龙眼”等；有的是词的一部分采用了比喻，比如“斑马线”“林海”“橄榄球”“冰糖”“麻花辫”“蘑菇云”“笔直”“鲸吞”“猴急”等。

（2）借代造词法。借代造词法利用事物之间的相关性进行新词的创造，包括如下几种：①以特征代对象，比如“红皮书”“布衣”“黔首”“老弱病残”“粉

① 韩非子. 高华平，王齐洲，张三夕，译. 北京：中华书局，2014：108.

② 诗经. 王秀梅，译注. 北京：中华书局，2006：181.

③ 杨伯峻. 孟子译注. 北京：中华书局，2019：1.

黛”“大盖帽”“红马甲”等；②以部分代整体，比如“生手”“懒骨头”等；③以特殊代一般，比如“诸葛亮”“雷锋”“杜康”“红娘”等；④以产地、材料、工具代成品，比如“茅台”“龙井”“梨园”“笔杆子”“丹青”等；⑤由具体事物或动作指代抽象概念，比如“饭碗”“乌纱帽”“挂靴”“挂拍”“封笔”等。

（3）仿词造词法。仿词造词法以词汇系统中的既有词为基础，对其中的部分语素进行替换，从而造出新词，比如“空姐→空嫂、空少”“酒吧→话吧、画吧、餐吧、氧吧”“校花→校草”“文盲→法盲、科盲、脸盲”“学霸→学渣”“空巢老人→空巢中年、空巢少年”“白领→蓝领、金领、灰领”“智商→情商、财商、逆商”“股市→楼市、车市、邮市”等。

（4）委婉造词法。委婉造词法包括：①避讳类。这一类话题通常是汉民族所忌讳的，因此采用婉言的方式进行替代性表达，比如“死→安息、百年、长眠、辞世、作古、仙游”“月经—例假”“棺材—寿木”“停尸房—太平间”等。②掩饰类。有些表达不符合交际中应遵循的礼貌原则，甚至会伤及交谈对象的面子，需要创造出委婉的表达，比如“失业→待业、再就业、自主创业”“厕所→卫生间、洗手间、化妆间”“肥胖→富态、丰满”“减肥→塑形、美体”等。

（5）夸张造词法。用夸张的修辞手法创造新词，比如“入木三分”“痛不欲生”“倚马可待”“天崩地坼”“天价”“海量”“宰客”“考神”“弹指”“一日三秋”“万能胶”“七窍生烟”等。

（6）比拟造词。用拟人或拟物的方法创造新词，比如“怒火”“惊涛骇浪”“老火靓汤”“死机”“馊主意”“吞没”“裸机”“山腰”“屋脊”“瓶颈”等。

（7）移就造词。用通常修饰人的词来修饰物体从而形成新词，比如“病房”“盲道”“急件”“喜酒”“哀乐”“后悔药”“乐土”“福地”等。

（8）用典造词。运用历史典故创造词，比如“染指”“金汤”“青睐”“高山流水”“得鱼忘筌”“桃花源”“杏坛”等。

（三）新兴的造词法

1. 古词语的复活

古词语的复活指一些古代的词汇单位因为交际表达的需要重新出现在现代汉语词汇系统中，比如“囧”在古代汉语表示“光明”，在当代社会中，“囧”因为其图形特点，被当作一个象形符号，用来表示“窘迫”的意思。近来网络上使用较多的“又双叒叕”中包含两个生僻的汉字“叒”（ruò）和“叕”（zhuó），但网络用户并不关心它们的本义，大部分也未必能读出其正确的读音，只是关注通过“又”的反复重叠组字，表示某事物反反复复、没完没了地发生。

“双叒叕”这种组合方式的汉字，在《说文解字》中称叠文，即同体会意字。在最新的《通用规范汉字表》中，包括“叕”在内的13个叠体字“淼”“喆”“犇”“垚”“舙”“燚”“屾”“孖”“畾”“甡”“皕”“虤”被收录其中，标志着它们取得了规范汉字的地位[①]。这些新增的规范字多用于人名、地名、科技术语中，对现代汉语词汇层面的影响非常小。

2. 字母词的兴起

字母词是指运用字母或杂着字母创造出的汉语词。主要分类如下。

第一，完全的首字母缩略语。包括外语词汇首字母缩略语和汉语拼音首字母缩略语，前者如CEO（首席执行官）、GDP（国内生产总值）、LCD（液晶显示器）等，后者如HSK（汉语水平考试）、WSK（全国外语水平考试）、RMB（人民币）、GB（国标）以及PSC（普通话水平测试）等。

第二，以西文字母开头并辅之以汉字的字母词，如“K歌”“T细胞”“SOS村”“DNA芯片”等。

第三，西文字母内嵌于汉字之中或附着在汉字之后的字母词，如“三K党”“阿Q”“卡拉OK”等。

第四，除西文字母或汉字之外，同时还有阿拉伯数字参与的字母词，如“$PM_{2.5}$”“3D游戏”“B2B”“MP3”“3C认证”“4S店”等。

目前，一些字母词与纯粹的汉语表达形式并存。主要分为两种情况。

第一，字母词为综合型表达形式，相应的汉语单位则为分析型表达形式，如“SUV”“ATM”“GPS”“AA制”等，在汉语语言系统中分别对应“运动型多功能车”“自动取款机”“全球定位系统”“聚餐或其他消费结账时各人平摊出钱或各人算各人账的做法”等。

第二，汉语词与字母词并存，比如PK与“对决”、PS与“修图”、fax与“传真”、EQ与“情商”以及IQ与“智商”等。

三、造词法的理据性分析

造词的过程是给范畴命名的过程。结构语言学认为，语言符号的意义与形式

---

① 除叠文之外，《通用规范汉字表》直接将《第一批异体字整理表》中的6个异体字“晳”“瞋”“噘”“蹚”“溧”“勠”调整为规范字，不再作为“晰”“嗔”“撅”“趟”“栗”“戮”的异体字出现。除此之外，还有39个异体字在特定用法上调整为规范字。

之间是约定俗成的，具有任意性。从发生学的角度看，这个论断是符合语言事实的。但是，尽管多数名称与事物之间是约定俗成的关系，有时人们在给某一事物或现象命名时，会选取其某种特征作为命名的依据。哈密瓜是甜瓜的一个变种，以我国新疆哈密市出产的最为著名，因此称为“哈密瓜”；“向日葵”是取自其生长习性；“红头文件”则是因为文件开头印有的发文部门名称是采用红色字体印刷的；“鱼腥草”命名取自其味道特点。我国南方地区常见主食中有米粉和河粉。“米粉”是描写型造词，强调其原料为米；“河粉”是“沙河粉”的简称，一般认为因广州沙河一带的很有名，所以称之为“沙河粉”，突出的是产地，后简称为“河粉”。

不同的方言区在同一事物的命名理据选取上会出现差异。我国北方地区称为“地瓜”的食用根茎，在南方地区被称为“红薯”，在有的地方也被称为“甘薯”，上述造词中分别注重的是生长环境、外形以及口感。北方称为“黄瓜”的蔬菜，在广东被称为“青瓜”；我国大陆所说的“方便面”，在台湾地区被称为“速食面”等。

从语际对比的角度看，不同语言中对同一语义内容的表述在理据上存在的差异更为常见。汉语中的“彩虹”着眼的是其颜色，英语对应词 rainbow 着眼的是其形状；汉语中的习语“金鸡独立”，英语的对应表达为 flamingo stance，直译为“火烈鸟姿势”；汉语中的“鸡皮疙瘩”，英语的对应表达为 goosebump，goosebump 是一个复合词，其中的 goose 的意思是鹅，bump 的意思是凸起。

理据性在认知语言学中也称为“象似性”。现在通常认为，就语言的普遍现象而言，理据性与任意性在语言系统中同时存在，形成竞争性共存关系。就现代汉语而言，双音节词占优势，利用已有语素，按照一定的构词规则组词。汉语的造词方法以合成法（compounding）为主，在语素组合过程中，许多双音节词的理据透明性突出，比如“手机”“房贷”“疫情”“输入”“失业”“歇业”等，意义的高透明度带来很强的内部理据。

（一）与语言因素相关的显性理据

显性理据指可以通过语言单位的组合直观地推知其所表达的意义。显性理据是语内理据，与语言因素密切相关，是直接理据。

汉语中一个较为常用的造词法是描写法，即在造词中凸显其性质、材质、功能、形状、属性等。“马车”指的是用马拉的车，“电车”指的是使用电力做动力的车；“馅饼”指的是里面有馅儿的饼；“苦瓜”凸显的是这种瓜的味道；“猫头鹰”指的是一种鹰，其脑袋长得像猫；“啄木鸟”指的是这种鸟的习性；“寒假”是师生在冬天放的假，“暑假”则是在夏天放的假……通常而言，语言单位的语义透明度越高，理据的显性程度也越强。

汉语构词还有一个重要特点是，对同一类事物的命名，在后面有时会加上表示类属的语素，比如“杨树”“松树”“柳树”“槐树”“梧桐树”，“鲢鱼”“鳙鱼”“鲫鱼”“草鱼”“带鱼”“马鲛鱼”“胖头鱼”“鲤鱼”，“桃花”“梨花”“玫瑰花”“丁香花”“百合花”等。在外来词的汉化过程中，一些外来词的译名是在音译的基础上加上一个汉语固有的属名，如“芭蕾舞”“卡丁车”“桑拿浴”“啤酒”“巧克力糖”“玛芬蛋糕”等。有些术语的命名也是如此，比如很多疾病都会加上“炎”“病”“癌”之类的属名，比如“胃炎”“肝炎”“角膜炎”，“艾滋病”“红眼病”“传染病”，“胃癌”“肝癌”“肠癌”等。汉语中的这种“描述+类名”的造词方法有时不符合科学标准，比如“鲸鱼”“娃娃鱼”“鱿鱼”等都不是鱼（虽然它们生活在水中）。但是，大部分情况下，类名是可以揭示事物的类属的，比如在“拉面”“手擀面”“车仔面”“葱油面”“拌面”“炸酱面”“裤带面”“场面”“情面”中，除了后面两个，其余的带有“面”语素的语言单位，都属于面条的一种。从这一角度看，学习汉语的人只需要重点掌握“场面”和“情面”这两个单位即可。

用同样构词方式组成的词，其理据的显性程度并不一致。有一些词的理据的显化程度较低，比如“救生”指的是“救护生命”，但是“救火”并不是“救护火灾”[①]。前者的理据性较后者更高。同样，“看病”的理据是显性的，而“看医生”则是相对隐性的。

（二）与文化信息相关的隐性理据

一些词汇单位承载了独特的文化信息，它们的意义往往并不能从字面上推知，而是需要参考所联系的文化信息进行解读，从而形成了隐性的文化理据。隐性理据是语外理据，是需要联系社会、文化、历史等语外因素的间接理据。

隐性文化理据主要包括如下类型。

1. 真实理据

真实理据指有文献材料可以证明的词语得名之由，比如汉语中“割席”表示“断交”。据刘义庆的《世说新语》记载，汉末管宁和华歆“又尝同席读书，有乘轩冕过门者，宁读如故，歆废书出看。宁割席分坐曰：‘子非吾友也。’”[②]所

①《说文解字》：“救，止也。从攴求声。”因此，“救”的本义是“止；禁止；阻止”。《论语·八佾》：“季氏旅于泰山，子谓冉有曰：‘女弗能救与？’对曰：‘不能。’”其中的“女弗能救与？”，意思是“你就不能阻止（季氏去泰山祭祀）吗”？由此可见，“救火”的本义是“止火”。

② 刘义庆. 世说新语笺疏（上）. 刘孝标，注. 余嘉锡，笺疏. 北京：中华书局，2016：14.

以后世取“割席分坐”之典故，用“割席”表示断交。汉语中的“庭训”表示“父亲对儿子的教诲”，后引申为指称范围更大的“家庭教育”。这一意义源于《论语·季氏》第十三章。

> 陈亢问于伯鱼曰：“子亦有异闻乎？”对曰：“未也。尝独立，鲤趋而过庭，曰：‘学诗乎？’对曰：‘未也。’‘不学诗，无以言。’鲤退而学诗。他日又独立，鲤趋而过庭，曰：‘学礼乎？’对曰：‘未也。’‘不学礼，无以立。’鲤退而学礼。闻斯二者。”陈亢退而喜曰：“问一得三：闻诗、闻礼，又闻君子之远其子也。”[①]

汉语成语中的文化理据非常丰富，比如“举案齐眉”“莫须有”“后来居上”“望梅止渴”“齐大非偶”等，都隐藏着相关的历史故事。

2. 虚构理据

虚构理据指的是语言社团不了解或无从得知某一语言单位的真实理据，但是又希望将其理据化时所虚构或臆测出来的得名之由，比如汉语中的“月下老人”指媒人。传说唐代韦固月夜经过宋城，见到一个老人坐着翻检书本。韦固询问老人得知，老人是专管人间婚姻的神仙，他所翻检的书是婚姻簿（见于《续幽怪录·定婚店》）。再比如汉语中俗语的“二百五”表示“做事莽撞，疯癫呆傻”的意思。关于“二百五”的得名之由，有一种说法是：古时一千文为一贯，也叫一吊，五百文为半吊，半吊子有不成熟、鲁莽、傻气的含义，二百五连半吊都不到，那就连半吊子都不如。

3. 假定理据

假定理据指语言社团在不明白语词真实理据的情况下猜测或杜撰出来的理据，其特点是先有语词，后有理据。如果一个语言单位有两个以上的假定理据，则需要进行甄别。汉语口语中经常用“买东西”表示购物的行为。随之产生的一个问题是：为什么只能说“买东西”，不能说“买南北”？一种说法是：根据传统的阴阳五行说，东方属木，西方属金，南方属火，北方属水，木和金都是古代购物所提的竹篮能盛的事物，水和火则不可盛在竹篮里，因此“买东西”成立，但“买南北”不成立。另一种说法是：东汉时有东京和西京，百姓到东京去买东货，去西京去买西货，统称为买东西货，后期“货”脱落，简称为“买东西”。

---

① 宋蜀刻本论语注疏. 何晏，集解. 陆德明，音义. 邢昺，疏. 桂林：广西师范大学出版社，2019：458-459.

四、构词法的分类

以单音节词为主的文言文研究对象，与双音节词为主的现代汉语相差较大，现代真正意义上的构词法研究应当从《马氏文通》算起。从《马氏文通》开始，几乎所有语法、词汇学的著作都要论及构词法。

从词的内部结构进行分析，现代汉语中构词法主要包括单纯词与合成词两大类，两者又下分为不同的子类型。

（一）单纯词

由一个语素构成的词，叫作单纯词。

1. 联绵词

联绵词指由两个不同音节连缀成一个语素，表示一个意义的词。联绵词包括双声联绵词，即两个音节的声母相同，比如“崎岖”“参差”“蜘蛛”等；也包括叠韵联绵词，即两个音节的韵母相同，比如“踉跄”“蜿蜒”“料峭”等；还包括非双声叠韵词，即两个音节的声母和韵母都不相同，比如“蝴蝶”“蝙蝠”“囫囵”等。

2. 叠音词

叠音词由不成词的音节重叠构成。叠音词仍然是单语素词，比如“皑皑”“瑟瑟”“琅琅”等。

3. 音译外来词

指用近音汉字转写的外来词，比如“寿司”“咖啡”“汉堡”“卡通”“布尔什维克”等。

（二）合成词

合成词指由两个或两个以上语素构成的词，包括复合式合成词、附加式合成词和重叠式合成词三种。在汉语词汇系统中，主要以复合式合成词为主。

1. 复合式合成词

复合式合成词是由两个或两个以上不相同的词根组合在一起构成的词。根据词根与词根之间的关系，复合式合成词包括如下类型。

1）联合式合成词

联合式合成词指由两个意义相同、相近、相关或相反的词根并列组合而成的词，比如“修缮”“寒冷”“温暖”“聪慧”“考试”“生鲜”“眉目”“领袖”“手足”“骨肉”“矛盾”“伸缩”“起伏”“胜负”“开关”等。

2）偏正式合成词

偏正式合成词指前一词根修饰或限定后一词根，其中又包括两类：第一类是定中型，中心语为名词，比如“鲜花”“电灯”“名人”“古籍”“蓝领”“手机”等；第二类是状中型，中心语为谓词，比如“邮寄”“网购”“苦笑”“冷烫”“座谈”“深究”“冰冷”“水培”“火热”“葱绿”“笔直”“雪白”“猴精”等。

3）补充式合成词

补充式合成词指后一词根对前一词根进行补充说明，其中又包括两类：第一类是前一词根表示动作，后一词根表示动作的结果，整体上有“因……而……”之义，比如“提高”“说服”“说明”“改善”“缝合”“贬低”“丢掉”等；第二类是前一词根表示事物，后一词根表示事物的单位，比如“车辆”“花朵”“布匹”“房间”“枪支”“羊群”等。

4）动宾式合成词

动宾式合成词的前一词根表示动作、行为，后一词根表示动作行为所支配、关涉的事物，比如“洗钱”“打冷枪”“定价”“滚雪球”“救国”“伸手”“停课”“就业”等。

5）主谓式合成词

主谓式合成词的前一词根表示被陈述的事物，后一词根是对前一词根的陈述或说明，比如“心疼”“气短”“冬至”“地震”“耳鸣”“年轻”“民主”“雪崩”“人为”等。

2. 附加式合成词

附加式合成词指由词根与词缀构成的词，也叫派生词，分为两类：一是前加型（前缀 + 词根），比如“老板”“阿姨”“第一”等；二是后加型（词根 + 后缀），比如“桌子”“盼头”“盖儿”“勇于”等。汉语中也有很少一部分词是由词根加中缀构成的，比如“花里胡哨”“流里流气”“黑不溜秋”“白不呲咧”等。加中缀形成的词多具有贬义。

3. 重叠式合成词

重叠式合成词是由相同的词根语素构成的词，比如“仅仅”“刚刚”“偏偏”

“常常”“姐姐”“妈妈”等。

五、造词法与构词法的关系

造词法与构词法之间既有联系，也有区别。通过造词法，我们可以分析词汇单位形成的主要方法以及得名之由；通过构词法，我们可以对已有词的内部结构进行描写、分类，并可以利用类推法形成新的词汇单位。简言之，造词法分析的是词是如何形成的；构词法分析的是词是如何组成的。但是，对一些词汇单位，我们只能进行造词法分析，无法进行构词法分析。如前所述，构词法分析涉及词的内部结构，即语素是如何组合成词的。但是，汉语中的一些单音节词，并不存在内部结构分析一说。无法进行构词法分析的词汇单位主要分为三类。

（1）通过音义任意结合造词法创造的新词，比如“羊”“州”“水”“寒”等。对汉语中的这种单音节词，通常进行的是造词法分析。

（2）通过音变造词法，即利用声母、韵母、声调变化等音变手段造出的单音节词，其没有内部结构，无法从构词法层面进行分析。

（3）通过假借法形成的新词无法进行构词法分析，比如用“花草”的“花”记写“花费”的“花”，用本义指“跃而上马”的“骗”表示“欺骗”的“骗”，用本义指竹子内表面的“笨”表示“笨拙”的“笨”等。假借法创造的单音节词也不存在构词法分析问题。

一些词汇单位的造词法相同，构词法也相同，比如“风铃”“水饺”“手机”都属于描写造词法和偏正型构词法。但是，造词法与构词法不一致的情况也比较常见。一些造词法相同的词，构词法不一定相同，比如“龙眼”“猴精”“老弱病残”“挂靴”都属于修辞造词法，但是在构词法上，则分别为偏正型、附加型、联合型和动宾型。同样，构词法相同的词，造词法并不一定相同，比如“内陆湖”“东床”“地铁”都是偏正式合成词，但分别属于描写造词法、修辞造词法和缩略造词法。

思考与练习

1. 从发生学的角度看，词汇形成的初期，音义任意结合造词法在各种语言中广泛存在。那么，在词汇系统发展到一定阶段之后，是否还可以通过音义任意结合法造出新词？这种方法是否是现代汉语词汇系统采用的主要造词方法？为什么？

2. 分析“云海”“手表”“足下”“山峰”“美色”“工具书”“电话”等词的造词法与构词法。

3. 分析汉语中下列元素名。结合它们的英语对应词，分析它们作为全新的术语引介到汉语中时，有没有理据性因素蕴含其中。

钙 calcium
镍 nickel
磷 phosphorus
硫 sulphur

4. 分析“妇联”“塑形”“奶昔”“龙眼”“鲸吞”“菜篮子”“草根”“板凳”“说明”“废除”“领航”等词的造词法与构词法。

5. 举例说明什么是词汇单位与语言因素相关的显性理据。

6. 举例说明造词法与构词法的关系。

7. “而”的造词法是什么？是否可以对“而”进行构词法分析？

推荐阅读篇目

1. 陆志韦，等. 汉语的构词法. 修订本. 北京：科学出版社，1964.
2. 潘文国，叶步青，韩洋. 汉语的构词法研究. 上海：华东师范大学出版社，2004.
3. 任学良. 汉语造词法. 北京：中国社会科学出版社，1981.

第四节 词汇中的文化信息

民族文化特征经常会经过历史的积淀而在词汇层面上得以显示。词汇中所包含的文化信息主要分为四类：一是词汇本身表示特定的民族文化内容；二是词汇具有表层义与深层义，深层义承载文化信息；三是词汇的附属意义体现出文化特点；四是词汇的文化理据义。

一、文化词汇

文化词汇是表示特定文化范畴的词汇，是民族文化通过语言符号的形式得以外化的结果。

文化词汇中最常见的类型是文化局限词，即承载本民族文化内容、带有浓厚的民族文化色彩的词汇单位，在其他语言中没有现成的词汇单位与之对应，多需要采用迂回的方式进行解释。对汉语二语学习者或非母语使用者而言，目标语言中的文化局限词在理解难度上有差异。表达物质文化方面的文化局限词的理解难度不大，比如“饺子”“二胡”“麻将”“红包”“四合院”“茅台”等。但是，表达精神文化元素的文化局限词，承载的文化信息比较复杂，多与复杂的社会文化信息相联系，需在较为宏观的社会框架中才能得到合理的解释，比如汉语中的“风水”“气”“清明”“科举”等。

除指称物质文化的词汇之外，文化局限词还包括传统文化类的词，比如“老天爷”“阴曹地府”“皇帝”“天人合一”等；包括政治制度类的词，比如“人大”“政协”“统战”等；包括民俗文化类的词，比如“拜年”“份子钱”“红包”等；还包括道德价值类的词，如“仁”“义”“信”“礼”“和”等。

文化局限词大多是显性的。需要注意的是一些看似语际对等词，但在意义上存在隐性差别的词汇单位，比如“农民”“民主”“自由”“和谐”“文明”“平等”等。

二、词汇的文化义

词语文化义不同于文化词语，文化词语指称或反映的是本民族特有的事物或观念，是对文化进行的语言编码。词语文化义指受特定社会文化影响而派生出的引申义、比喻义或借代义。“眼红”指的是“嫉妒”；“狗腿子”指的是“帮凶”；“泰斗”原指泰山和北斗，借指德高望重、成绩卓著、受人敬仰的人；“桑梓”本指桑树和梓树，这两种树是家宅旁边常种的树，现代指“家乡”义；“连理枝”“并蒂莲”“比翼鸟”“鸳鸯”由其原指的动植物，喻指恩爱夫妻。“同窗”“狼烟”“布衣”“黔首”“垂髫”“桃李”“膝下”等都属于此类。

三、词汇的文化附加义

词的意义包括两部分：基本义与附加义。基本义表示词的核心意义，词典中对立目单位的解释，主要是基本义。附加义是附着在基本义之上的附属、补充意义。传统词汇学中称之为“色彩”。

附加义类型多样。与文化相关的附加义主要表现为联想义或象征义。“牛”在汉语中有“勤勤恳恳”“任劳任怨”的联想义，有时也有“固执”“犟”的联想义；“绵羊”表示“温顺”等。

有些文化联想义具有普遍性，比如汉语中的“狐狸”与英语中的fox都有“诡计多端的、狡猾的”意思。但有些文化联想义则截然相反，比如中国人喜欢红色，在现代汉语中，“红”有“喜庆、欢乐、幸福”的联想义。中国人过年穿红衣，发红包，希望日子过得红红火火；“红”还有“革命的、正义的”联想义，并由此组成了很多词，比如“红军”“红旗”“红心”“红五星”“红色根据地”“根正苗红”等。但是在英语中，red 却与“血腥、暴力”联系在一起。“猫头鹰”

在汉语中的联想义为“不吉利”，而英语中的 owl 则是智慧的象征。欧美国家的文具店里，文具上面经常印有各种猫头鹰的图案。“他是只老乌龟”这句表述，在英语中表示他行动缓慢，在日语中表示他是个老寿星，在汉语中则表示因为妻子的德行有亏，他被人嘲笑，有时也可以表示他的胆子小。

除语义联想之外，与文化相关的另一种附加义是词语的情感评价义，比如汉文化重视集体，强调和谐，“个人主义”“自由主义”在汉语中具有消极评价义，而与其相对的英语对应词 liberalism 和 individualism 在英语文化环境下则具有积极评价义。汉语中的“知识分子”具有中性的情感评价义，英语中的 intellectual 则具有积极的情感评价义。

四、词汇的文化理据义

一些书面语体的词汇源于神话传说、历史故事或古代典籍。因此，对这些词汇的理解需要参考其文化信息。作为词汇的文化背景或其得名之由的文化信息为词汇单位的文化理据义，比如“金乌”指太阳，源于古代神话，传说太阳中有三足乌。“说项”的意思是“替人说好话”，语出《旧唐书·项斯传》。唐代杨敬之非常尊重项斯，赠诗中有“平生不解藏人善，到处逢人说项斯”之句。“说项”自此有替人说话扬名之义。“东道主”源于《左传·僖公三十年》，原指东路上的客人，后称主人为东道主。“知音”语出《吕氏春秋》。传说俞伯牙善弹琴，钟子期善听琴。俞伯牙弹琴时想到什么，就把这种思绪灌注到琴声中，钟子期都能从琴声中领会到伯牙所想。钟子期死后，俞伯牙折断琴弦，摔掉自己心爱的琴，自此不再弹琴，因为没有人能够通过他的琴声知音，世界上再也没有懂他的人了。现在“知音”表示“真正了解自己的人”。

汉语熟语的文化理据性明显，比如成语类的“祸起萧墙”“望梅止渴”“东床坦腹”“乘龙快婿”“举案齐眉”“刻舟求剑”“马齿徒增”“莫须有”“破天荒”等；俗语类的“只许州官放火，不许百姓点灯”“身在曹营心在汉”“赔了夫人又折兵”等；惯用语类的“安乐窝”“苦肉计”“紧箍咒”“群英会”等；谚语类的“八仙过海，各显神通”“只要功夫深，铁杵磨成针”等；歇后语类的“姜太公钓鱼——愿者上钩”“韩信点兵——多多益善”“司马昭之心——路人皆知”“周瑜打黄盖——一个愿打一个愿挨”等。

思考与练习

1. 汉语中有“走狗”“狗腿子”“哈巴狗”“落水狗”“狗眼看人低”“狗杂种”“癞皮狗”“狗嘴里吐不出象牙”等表述。在英语中，则有 Love me，love

my dog、You are a lucky dog 等表述。如何解释汉语、英语中关于“狗”的表述的差异？

2. “亚洲四小龙”翻译为英语时，其译文为 four tigers in Asia，而不是 four dragons in Asia。请从词的文化义的视角解释其原因。

3. 指出下列哪些词属于文化词汇的范畴。

阴阳、风水、别墅、牛头马面、春天、东风、改革、礼貌、和蔼、八仙桌

4. 查阅工具书，说明下列词汇单位的文化理据义。

青睐、三顾茅庐、乐不思蜀、莫须有、鹊桥、东床、弄瓦、狼烟、问鼎、武大郎、卧薪尝胆、指鹿为马、图穷匕见、鸟尽弓藏、风马牛不相及、请君入瓮、天衣无缝、万事俱备只欠东风、十三点

5. 查阅英、汉工具书，对“个人主义”和 individualism 的释义进行分析，并分析其文化附加义。

6. 指出下列词汇中，哪些是文化词汇，哪些词汇具有文化义，哪些词汇具有文化附加义，哪些词汇具有文化理据义。

华表、熊猫、做寿、三脚猫、半吊子、红娘、夫人、跑堂的、喜鹊、红、祖坟、貔貅、风水、阴阳

7. 现代汉语中使用“你真牛”来对某人表示赞美。汉语中还有“孺子牛”“老黄牛”等说法。但是在很多其他语言中，“牛”是与“粗鲁”“愚笨”联系到一起的。请解释为什么会出现上面的情况。

8. 在汉文化中，猫头鹰是一种不吉利的象征。民间有“夜猫子进宅没好事”的说法。在欧美国家，每逢开学之前，文具店里的书包、笔袋、尺子等文具上经常印有猫头鹰的图案。请查阅相关资料，从文化的角度解释为什么欧美国家习惯在学习用品上印制猫头鹰。

推荐阅读篇目

1. 常敬宇. 汉语词汇文化. 增订本. 北京：北京大学出版社，2009.

2. 王力. 汉语词汇史. 北京：中华书局，2013.

3. 张志毅，张庆云. 词汇语义学. 3 版. 北京：商务印书馆，2012.

第四章　汉语语法与文化

第一节　汉语语法发展概览

一、古代汉语与现代汉语语法比较

随着社会的发展以及人类思维的精密化，语言的各个层面也相应地发生变化。在语言的三个要素中，语法的发展相对缓慢。但是从历时角度分析，古代汉语与现代汉语的语法差异依然比较明显。

（一）词法方面

1. 量词日趋丰富

先秦上古汉语中很少有量词，在涉及指量关系时，表达形式通常是数词加名词，比如“三人行，必有我师焉”（《论语·为政》）、“蟹六跪而二螯”《荀子·劝学》、“此车一人殿之，可以集事”（《左传·成公二年》）等。汉语的量词在两汉时成批出现，到南北朝时大量使用。发展到现在，拥有丰富的量词已成为现代汉语语法的特点之一。也就是说，汉语已经从上古的量词缺失型语言发展为现代的量词强制型语言。古汉语中的数词加名词的表达形式在成语中依然留存，比如“三人成虎”“一人得道，鸡犬升天”等。

2. 语气词系统古今替换明显

古代汉语语气词主要包括如下四类：第一类是陈述语气词，包括“也”“矣”“焉”等；第二类是疑问语气词，包括“乎”“欤”“耶（邪）”“哉”等；第三类是祈使语气词，包括“也”等；第四类是感叹语气词，包括“夫”“哉”等。汉语语气词发展到现在，上古汉语中的语气词基本已退出交际领域，取而代之的是几乎全新的语气词，比如表示陈述的“的”“了”“呢”，表示疑问语气的“呢”“吧”“吗”“啊”，表示祈使语气的“了”“吧”“啊”，表示感叹语气的“啊”等。

3. 代词系统明显简化

上古汉语代词系统比较繁复，数量较多，且同一类型的代词在用法上有差异，比如“我”在句子中可以做主语、宾语和定语，“余”多做主语。上古汉语的第三人称代词很不发达，常用指示代词“夫”“彼”等充当第三人称代词。有人认为真正意义上的第三人称代词在汉代才出现。

与现代汉语中三类主要代词相对应的古代汉语代词如图 4.1 所示。

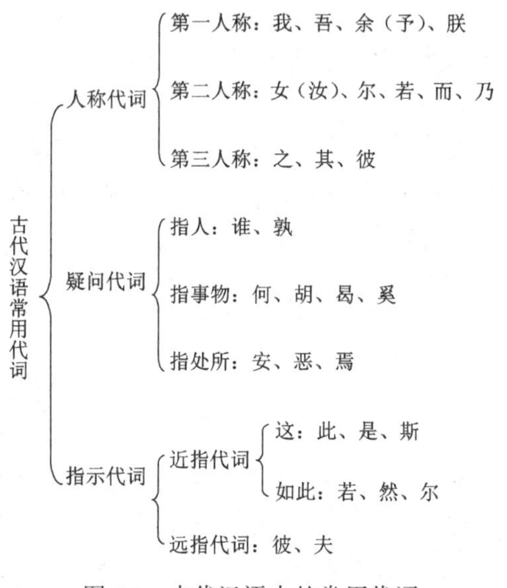

图 4.1　古代汉语中的常用代词

古代汉语有两类较特殊的代词，是现代汉语所没有的。一类是无定代词“莫”或“或”，另一类是辅助性代词“所”和“者”。

4. 先秦时代没有的动态助词成为现代汉语中常用的词类

“着”“了”“过”是现代汉语中常用的动态助词。有人认为“着”在南北朝时开始其虚化过程，动态助词“了”大致出现在晚唐五代。也有学者认为在唐五代之后，动态助词“过”就已经产生。总的来说，学界对“着”“了”“过”的虚化过程并没有达成共识，但可以确定的是近代汉语中一定产生了动态助词。

（二）句法方面

1. 词类活用现象的减少

“在古代汉语里，某些词可以按照一定的语言习惯灵活运用，在句中临时改变它的基本功能。”[①]这种语言使用现象被称为词类活用。由于词汇系统发展不充分，词汇单位相对匮乏，且语法规则也处在形成期，词的词类不固定，为了语言表达或者是修辞的需要，词类活用在古籍中极为常见。《春秋穀梁传·僖公八年》：“夫人之，我可以不夫人之乎？”《左传·襄公三十二年》：“夫子所谓生死而肉骨也。”《论语·季氏》：“故远人不服，则修文德以来之。”《战国策·赵策》：“今媪尊长安君之位，而封之膏腴之地。”《史记·项羽本纪》：“纵江东父老怜而王我，我何面目见之？”韩愈《蓝田县丞听壁记》：“雁鹜行以进，平立。”蒲松龄《聊斋志异·狼》：“少时，一狼径去，其一犬坐于前。”

与古代汉语相比，现代汉语的发展已经非常成熟，词汇丰富，词类归属明确，语法规则稳定。因此，词类活用的功能不再是弥补词汇以及语法系统的不足，而是为了增强表达效果。在现代汉语中，词类活用多被认为是一种修辞现象，比如：“老栓，就是运气了你！”（鲁迅《药》）[②]；“他表示自己受到了部分网友的人肉”；“你上网去百度一下”；等等。

2. 代词宾语在否定句、疑问句中的位置有了改变

在古代汉语的否定句或疑问句中，如果代词做宾语，则宾语需前置，比如：“不患人之不己知，患不知人也”（《论语·学而》）；“吾谁欺？欺天乎？”（《论语·子罕》）；“我无尔诈，尔无我虞”（《左传·宣公十五年》）；“知我者谓我心忧，不知我者谓我何求”（《诗经·王风·黍离》）；等等。

3. 动补短语、被动句、把字句等逐渐开始使用

祝敏彻认为，动补短语的出现与发展是在唐宋时期，在宋代后期动补结构牢固建立。[③]被动句在先秦就已经出现，只不过用的是“见”字，比如“人皆以

---

① 郭锡良，唐作藩，何九盈，等. 古代汉语：上册. 北京：商务印书馆，1999：278.

② 鲁迅. 呐喊（附《彷徨》）. 插图本. 北京：北京燕山出版社，2004：26.

③ 祝敏彻.《朱子语类》中的动词补语——兼谈动词后缀//《王力先生纪念论文集》编委会. 王力先生纪念论文集. 北京：商务印书馆，1990：240-251.

见侮为辱”《荀子·正论》。到汉代，被动句中开始普遍使用“被”字，比如“忠而被谤”（《史记·屈原贾生列传》）。据王力的研究，表示处置义的把字句大概出现在公元 7 世纪与 8 世纪之间。在中晚唐之后，使用把字句的情况越来越普遍。[①]

4. 句法的复杂度增加

现代汉语句子中的附加成分增多，结构趋于复杂，尤其是复句大量出现，受欧化语法的影响较大。

二、代表性现代汉语教材对现代汉语语法特点的分析

从黎锦熙的《新著国语文法》开始，学界对现代汉语语法的特点便进行了讨论与分析，在诸多方面形成了比较一致的认识，比如汉语缺乏严格意义上的形态变化，汉语词类与句法成分并不具有简单的一一对应关系等。但在不少方面还存在分歧。

吕叔湘在《汉语语法分析问题》中认为，汉语语法的根本特点是缺乏严格意义的形态变化。[②]朱德熙在《语法答问》里认为，现代汉语语法的特点主要有两点：一是汉语词类跟句法成分之间不存在简单的一一对应关系；二是汉语句子的构造原则跟词组的构造原则基本上是一致的。[③]下面是常用的现代汉语教材中对现代汉语语法特点的分析。

（一）胡裕树主编的《现代汉语》对现代汉语语法特点的分析

（1）缺少严格意义上的形态变化，这是语法方面的主要特点。由此产生的现象包括：动词、形容词可以充当主语或宾语；动词可以直接修饰名词，比如“出发地点”“分别时间”等；名词可以直接修饰动词，比如“资格审查”“低空飞行”；在汉语句法结构中，语序非常重要，同时也常用虚词表示别的语言用形态变化表示的语法意义。

（2）单双音节对语句结构的影响需要重视。有些单音节词在使用时受到一些限制，如有人问“你贵姓？”，对方不能回答“李”，而要说“姓李”；有些双音节词后边必须接双音词，如“加以”“进行”“大力”“逐步”等。

---

① 王力. 汉语史稿. 北京：中华书局，1980：411.

② 吕叔湘. 汉语语法分析问题. 北京：商务印书馆，1979.

③ 朱德熙. 语法答问. 北京：商务印书馆，1985.

（二）邢福义主编的《现代汉语》对现代汉语语法特点的分析

（1）缺乏形态，以语序和虚词为主要语法手段。

（2）词类具有多功能性，与句法成分之间不存在简单的对应关系。

（3）句子和短语的构造原则基本一致。

（4）独具特色的词类和短语，句式多样化。

（三）陆俭明、沈阳主编的《汉语和汉语研究十五讲》对现代汉语语法特点的分析

（1）缺乏形态标志和形态变化。

（2）只要语境允许，句法成分，包括重要的虚词，都可以省略。

（3）由上述两点带来的次特点：词类与句法成分呈一对多的对应关系；句子的构造规则跟词组的构造规则基本上是一致的；同一种语法关系可以隐含较大的语义容量和复杂的语义关系而无任何形式标志，比如“盖房子”“熬夜”“存活期”“缩水”等，其语法关系都是动宾结构，但其内部语义关系并不相同。

（4）汉语的语序固定，语序成为汉语表示语法意义的重要手段。

（5）汉语有丰富的量词和语气词。

（四）黄伯荣、廖序东主编的《现代汉语》对现代汉语语法特点的分析

（1）汉语缺乏形态变化，语序和虚词是表达语法意义的主要手段。

（2）词、短语和句子的结构原则基本一致。

（3）词类和句法成分不是简单的对应关系。

（4）语气词和量词十分丰富。

教材是对主流研究成果的总结。以上看法大致上代表了目前学术界对现代汉语语法特点的认识。比较起来，黄伯荣、廖序东主编的《现代汉语》中现代汉语语法特点最为基本，只列举了学界所普遍认可的一些现代汉语语法特点。邢福义主编的《现代汉语》所论述的最为全面。胡裕树主编的《现代汉语》与陆俭明、沈阳主编的《汉语和汉语研究十五讲》在继承的基础上有所突破，前者强调了单、双音节在现代汉语语法中的作用，后者则强调了现代汉语语法研究中的语境因素和省略现象。

三、现代汉语语法的特点

（一）缺乏形态标志和形态变化

汉语词类无形态标志。无论古代汉语还是现代汉语，各种词类进入句子之后

都不会发生形态上的变化。

（二）省略形式极为常见

在一定的语境条件下，汉语句子中的句法成分可以省略，比如：

[1]—你每天吃一个鸡蛋吗?
—对，我每天吃一个鸡蛋。
—对，每天吃一个。
—对，吃一个。
—对，一个。
—对，每天吃。

同样的内容，如果转写成英语，其中的主语、谓语、宾语都是不可省略的，比如：

[2]—*Do you eat an egg every day?*（你每天吃一个鸡蛋吗？）
—*Yes, I eat an egg every day.*（对，我每天吃一个鸡蛋。）
—**Yes, I one egg every day.*（是，我每天一个鸡蛋。）
—**Yes, eat an/one egg every day.*（是，每天吃一个鸡蛋。）
—**Yes, eat every day.*（是，每天吃。）

（三）汉语中词类与句法成分是一对多的关系

汉语词类与句法成分之间的非对应关系是由于汉语缺乏形态标志和形态变化。在印欧语语言中，词类与句法成分基本上是一对一的对应关系，汉语中词类和句法成分之间则是一对多的关系。动词“锻炼”，在句子“我们要经常锻炼”中做谓语；在句子“锻炼很重要”中做主语；在句子“这是一个很好的锻炼机会”中做定语；在句子“你呀，就是缺乏锻炼”中做宾语。

汉语中还有很多由一个词类的词组成的句子。全部由名词组成的句子如“今天下午全校教师大会”；全部由形容词组成的句子如“冷冷清清，凄凄惨惨戚戚”；全部由动词组成的句子如“理解意味着懂得”；等等。这同样与汉语中词类的多功能性相关——因为一个词类可以充任多个句法成分，所以属于同一个词类的词才可以在一个句子里作为多种句法成分出现。

（四）句子的构造规则跟词组的构造规则基本一致

在印欧语里，句子与短语是对立的。作为句子，一定要有一个限定动词；在短语中出现的一定是非限定动词；句子要满足主谓关系，短语则一定不会是主谓

关系。因此我们通常说的主谓结构，在印欧语里并不列入短语的范围，例如：

[3]*I study Chinese grammar.*
To study Chinese grammar is important.
Studying Chinese grammar is important.
It is important to study Chinese grammar.

因为汉语没有形态变化，汉语动词没有限定动词与非限定动词之分，句子和短语在语法构造上并不形成对立，主谓结构跟其他结构类型的词组都处于同等地位。汉语的词或短语只要加上一个句调，就能成为句子。在印欧语里，词、短语、句子之间是分层组合关系，即由词组成短语，由短语构成句子；在汉语里，词和短语之间是组成关系，短语和句子之间则是实现关系，即短语加上句调就成为句子。

（五）同一种语法关系可以隐含较大的语义容量和复杂的语义关系而没有任何形式标志

试以动宾结构型的短语为例进行说明。“吃苹果”是动作-受事的语义关系；“（这锅饭可以）吃五个人”是动作-施事语义关系；“吃小碗”是动作-工具语义关系；“吃饭堂”是动作-地点语义关系；“吃利息”是动作-凭借语义关系；“吃请”是动作-原因语义关系；等等。

（六）汉语语序相对固定，语序与虚词一起，是表示语法意义的重要手段

汉语的基本语序是：主语在谓语之前，宾语在动词之后，修饰语在中心语之前，补语在动词或形容词之后。汉语表达中若出现语序变动，其内部的结构关系与结构意义可能会随之发生变化，比如“眼睛大大的”与“大大的眼睛”、“吃饭了”与“饭吃了”、“客人来了”与“来客人了”等。

需要注意的是，汉语还存在下面这样的一些句子，语序颠倒之后所表达的意义并没有产生变化，比如“十个人吃一锅饭”与“一锅饭吃十个人”、“一天写了五十个字”与“五十个字写了一天”、“鲜花开满原野”与“原野开满鲜花”、“丫鬟扶着小姐”与“小姐扶着丫鬟”等。但上述类型的句子数量较少，并不能据此认为汉语中的语序不重要。

四、语音、语义对现代汉语语法的影响

要生成合格的句子，首先要符合语法规则，比如在汉语中程度副词可以跟形

容词组合，也可以跟部分名词组合，但不能跟动词组合。其次，合格的句子要满足语义选择的要求，比如同样是“明天+我+要+动词”的句式，“明天我要节食”这句话可以说，“明天我要生病”则不可以说。这是因为尽管“节食”与“生病”都是动词，但是前者有[+自主]的语义特征，后者则有[-自主]的语义特征。这是句法语义特征对汉语语法的影响。有时，词汇语义特征对汉语语法也有影响。以副词“还”为例。副词“还”作为程度副词可以表示两种语法意义：一是表示程度深，相当于“更”，表示程度更甚；二是表示程度浅，有勉强过得去的意思，大致相当于程度副词“尚”。表示程度深的“还”记作“还$_1$”，表示程度浅的“还”记作“还$_2$”。分析语料可以发现，“还$_1$”和“还$_2$”对后接成分的要求是有差异的。具体语料如下。

还$_1$：	还$_2$：
我家比他家还$_1$干净。	感觉我家还$_2$干净点儿。
那地方比这里还$_1$脏。	*相比之下这个房间还$_2$脏些。
那孩子比他爸爸还$_1$难看。	*那孩子还$_2$难看些。

从上面的语料可以看见：无论是褒义还是贬义的形容词，“还$_1$”都能与之组合共现；但是，“还$_2$”不能修饰贬义的形容词。

在现代汉语中，句法选择除了受语法与语义因素的制约外，还要受语音因素的制约。例如在语法、语义都能够选择的动宾式“动词 + 名词”结构中，当动词是单音节动词时，名词既可以是单音节的，也可以是多音节的。但是如果动词是双音节的，名词就得是多音节的。试比较：

扫地，扫垃圾，扫体育场
*打扫地，打扫垃圾，打扫体育场
开车，开汽车，开拖拉机
*驾驶车，驾驶汽车，驾驶拖拉机

在现代汉语中，相当多的单音节词存在着语义基本等值的双音节词。例如“读—阅读”“安—安装”“尝—品尝”“写—书写”“办—办理”“埋—埋葬”“帮—帮助”“学—学习”“催—催促”“等—等待”“怕—害怕”“练—练习”“买—购买”“忘—忘记”“想—想念”“美—美丽”“凶—凶恶”“狠—狠毒”“天—天空”“挤—拥挤”“虎—老虎”“炭—木炭”“报—报纸”等。郭绍虞称这种单-双音节两种长短形式对应且语义基本相同的词对（word pair）为弹性词。[①]现在更常用的表达是“含同一语素的同义单双音节动词”和“同素同义

① 郭绍虞. 中国语词之弹性作用. 燕京学报，1938（24）：79-105.

单双音节词”，也有人称之为“单双音节共素同义词”。综合相关研究，更适合的术语应该是“共素近义单双音节词对”。

共素近义单双音节词对在句法功能上存在着一定的差异。一些单音节词倾向与具体事物搭配，对应的双音节词则倾向与抽象事物搭配，比如“埋”的对象可以是“小猫”“小狗”等，但是“埋葬”的对象只能是“过去”“青春”“事业”“感情”等。再比如，单音节动词和双音节动词都能充当定语，但二者表现不同。单音节动词充当定语通常需要后附“的”，否则会变成动宾结构，比如“买的面包”与“买面包”、“煮的面”与“煮面”、“炒的花生”与“炒花生”等。双音节动词有些可以直接作定语，比如“考试范围”。还有一些共素近义单双音节词对在语体上有差异，比如副词“反”多用于正式语体，“反倒”多用于非正式语体。

汉语语音对语法的影响还表现在韵律对句法的制约上。韵律可以打乱原有的语法组合层次，比如“一衣带水”从语法上分析应该是“一衣带/水”。在韵律的促动下，实际的读法为“一衣/带水”。韵律还可以超越句法要求，使不合法的表达变为合法的。“而立之年”中的“而”从语法属性上看是连词，但在这里“而立”却成了一个语言单位，这是韵律征服了句法。

思考与练习

1. 吕叔湘先生在《现代汉语八百词》(1980)的序论中总结汉语语法特点时，就明确将“单双音节对词语结构的影响”作为重要的一条列入其中。在《现代汉语单双音节问题初探》(1963)一文中，吕叔湘通过大量的语言事实，说明在现代汉语中，同义的单音节成分和双音节成分在语法分布上有着重大差异。吕先生指出现代汉语有一种明显的“双音化”倾向。关于人的称呼，我们可以叫某人“老张”或“小张”，但一般不能直接叫“张”；可是如果一个人姓“欧阳”，我们就可以直接叫他“欧阳”，反而不能叫他“老欧阳”或“小欧阳”。不仅如此，吕先生还指出在三音节的语音段落中，汉语偏正结构倾向于“2+1”的格式，而动宾结构倾向于“1+2”的格式。请问对上述语言现象应该如何解释？

2. 在现代汉语里，像“进行”“加以”“予以”一类动词并不表示实在的意思，比如句子“住房问题明天我们还要进行讨论”“对上述问题要加以警惕”“这种现象要坚决予以制止”等，从意义表达上说，与“住房问题明天我们还要讨论”“对上述问题要警惕”“这种现象要坚决制止”没有差别。请分析上面这些形式动词的使用特点。

3. 结合语料说明能够进入祈使句的动词，表示的是积极意义还是消极意义；还是既可以是表示积极意义的动词，也可以是表示消极意义的动词。

4. “有点”作为副词，其后接成分在意义上是消极的，还是积极的？

5. 仔细观察下列语料，分析其中所蕴含的语言现象。

*车工厂、汽车工厂；*进行查、进行调查；*种植菜、种植蔬菜；*把大门关、把大门关闭；简化问题、*简单化问题

6. 为什么“明天我要上班”可以说，但是“明天我要上火”不可以说？试从语义对语法的影响方面进行说明。

7. 古代语法与现代语法相比，有哪些较大的差异？

8. 量词大约是在什么时间在汉语中大量使用？举出量词的主要类型。

推荐阅读篇目

1. 安华林. 论现代汉语语法的特点. 信阳师范学院学报(哲学社会科学版)，2008(4)：96-102.

2. 李临定. 汉语语法理论要略——走进字形词语法. 北京：商务印书馆，2013.

3. 金立鑫，白水振. 现代汉语语法特点和汉语语法研究的本位观. 汉语学习，2003(5)：15-21.

第二节　汉民族的思维方式与汉语语法

一、语法的人文性

人文性与科学性相对。语言具有自然属性，也具有社会属性。因此，对语言的研究，可以从形式主义入手，关注语言系统中具有普适性的理性规则，采取自然科学的方法进行；也可以从功能入手，关注语言的主体性和文化特性，采用社会科学的方法进行。对语言与文化之间关系的分析，需要采取后一种方法。

语言是形式与意义结合形成的符号系统。在不同的语言中，形式与意义结合的方法各有差异。就汉语语法而言，汉语在形式上缺乏形态变化，没有严格意义上的语法范畴。因此，对汉语的研究可以不像西方语法那样以形式为纲，而是从意义入手。我们常说的汉语的意合特点，就是指汉语的表达和理解并不依靠形态标志。客观的形态标志的缺乏使汉语使用者对语句的理解必须依靠较为主观的判断，按照逻辑的顺序展开，按照时间顺序和空间分布进行语言单位的相应铺排。汉语字句在组合铺排中表现出的意合为主、高语境依赖的弹性特征，是汉语语法人文性的体现。学界普遍认为，就句子的结构而言，西洋语言是“法治”的，中国语言是“人治”的。所谓“人治”，即指人的主体因素在汉语语言产生或理解

中的重要作用，比如汉语中的“爱谁谁”在形式上是紧缩的，在内部结构上也很难进行语法分析。但其意义可以根据语境进行解读，可以是“谁愿意谁就做，反正我不做”，也可以是“爱选谁选谁，我不在乎”，还可以是“爱怎么样就怎么样，我不管”等。这一结构还可以类推，类似的表达还有“爱哪儿哪儿”“爱咋咋”等。

二、汉民族思维对汉语词法与句法结构的影响

语言与思维紧密相关。一方面，思维的发展促进了语言的发展；另一方面，语言使思维的成果得以固化并流传。一个民族的词汇和语法能够揭示其民族心理特点。从认知语言学的角度看，无论是哪个国家的人，作为认知主体，其认知能力与思维能力是共同的，但是思维方式呈现出较大差异。思维方式是精神产品的生产方式，是主体在反映客体的思维过程中定型化了的思维形式、思维方法和思维程序的有机综合。思维方式与文化密切相关，是文化心理特征的集中体；同时，思维方式又与语言密切相关，影响了语言系统的形成和发展。黑格尔认为，“思维形式首先表现和记载在人的语言里”①。萨丕尔的观点与黑格尔类似，认为“语言，作为一种结构来看，它的内面是思维的模式”②。可见，各民族思维方式的差异是形成语言差异的原因之一。

连淑能认为，从地理和文化的角度看，世界分为东方和西方两大区域，东方以中国为代表，西方古代以希腊-罗马为代表，近现代以西欧和北美为代表。受地理环境、生活生产方式、政治经济制度、世界观、人生观、价值观、伦理观、心理特征以及表达方式等因素的影响，东西方思维方式差异明显。具体说来，东方人偏重人文，注重伦理和道德；西方人偏重自然，注重科学和技术。东方人重悟性、直觉、意象；西方人重自然、逻辑、实证等③。

总体来看，东方传统哲学思想强调“天人合一”“主客一体”的宇宙观；西方传统哲学思想则主要体现的是“天人各一”“主客对立”的宇宙观。东方民族的思维主要特点包括综合性、整体性、主体性、直观性以及辩证性等；西方民族的思维主要特点包括个体性、客观性、分析性、逻辑性以及实证性等。东方文化偏重形象思维，在行文中多采用象征手法；西方文化偏重抽象思维，在语言表达上重逻辑理性，逻辑关系显豁。东方语言偏重感性综合思维，在语言表述中以意合为主，依靠语义关系来实现语言表达的完整，在语言形式上允许出现省略或隐含；西方文化强调理性分析思维，重视语言表达上的形合特点，强调通过衔接手

① 黑格尔. 逻辑学：下卷. 北京：商务印书馆，1976：7.

② 爱德华·萨丕尔. 语言论——言语研究导论. 陆卓元，译. 北京：商务印书馆，1964：13.

③ 连淑能. 英汉对比研究. 增订本. 北京：高等教育出版社，2010：286.

段实现语言形式上的完整以及意义的连贯。东方文化中主要体现了螺旋形思维模式，用迂回的方法抵达主题；西方文化中主要体现了直线形思维模式，直接切入主题。

（一）汉民族重体悟与汉语语法“以意统形”的意合特点

汉民族注重直觉体悟。直觉体悟建立在经验而不是逻辑的基础之上。庖丁解牛时“以神遇而不以目视”，欧阳修笔下卖油翁的“无他，但手熟尔”和“我亦无他，惟手熟尔”即是体悟的典型例子。这种思维方法重视直接经验，重视悟性思维，即依靠直觉的联想、类比去观察事物，不强调分析与逻辑推演。汉民族的这种意识特点和思维习惯来源于中国传统的“天人合一”“主客一体”的哲学思想传统，汉民族因受儒家思想的影响，强调“君子求诸己”，这种传统观念使汉民族注重内向的探求和省悟，以认识自我，力图达到“万物皆备于我”的境界。汉民族的重精神意念的意识特点形成了汉语“以意统形”的表达习惯，体现在汉语中则是言与意融合统一的意合表达方法，又称意合法。

王力先生最早提出汉语语法中“意合法”的概念。“复合句里既有两个以上的句子形式，它们之间的连系有时候是以意会的，叫做‘意合法’。”[①]吕叔湘也认为，汉语的语法关系常常要靠读者或听者自己去领会，“尤其在表示动作和事物的关系上，几乎全赖‘意会’，不靠‘言传’。汉语里真正的介词没有几个，解释就在这里”[②]。

汉语凭借意义以及内在的逻辑关系组织语言，形成“以意统形”的语法特点。汉语表达中形式上的完整与否并不影响意义的表达，比如“这都什么人哪”“本来好好的，怎么搞成这个样子了”“早发现早治疗”“这个人，简直了”“何苦呢”等。

汉民族重悟性，在句法结构上汉语重意合，这表现为句子结构比较简洁，少用连接手段，句子看上去松散，缺乏明显的外在逻辑联系，通过句子内在的意义将句群连在一起。“共有 10 匹马，牵走 3 匹，还剩几匹？”是汉语中极为常见的表述，根本没有必要说明是谁，或者是哪里有 10 匹马，又是谁牵走了 3 匹马等。特点是在对比中显现的。我们来看一下这句话的英语对应句是“If you have 10 horses and 3 of them are taken away, how many is/are left?”在英语译文中，汉语中的无主语句和省略句中的主语全部都要补充完整并显现出来。

汉语“意合法”的“以意统形”在汉语的省略形式和隐含形式中表现得非常明显。

---

① 王了一（王力）. 汉语语法纲要. 上海：新知识出版社，1957：144.

② 吕叔湘. 语文常谈. 北京：生活·读书·新知三联书店，1980：61.

1. 汉语的省略

句子在常规表达中应该具备的成分，出于表达中的某种需要，在句中并不出现，就形成了省略。省略也称为零式替代。省略句的特点是：虽然省去句子语法构造所需要的组成部分，但仍能表达其完整的意义，省略的部分可以补充出来，且具有唯一性。因此，省略是表层结构的任选手段，省与不省不是语法的要求，而是语用表达简洁的需要。省略句是完整句的一种变体，汉语中常见的省略句有对话省和因上下文省两类，当然二者也可能同时出现，比如：

[4]——刚才你去哪儿了？
——图书馆。

[5]老栓看看灯笼，已经熄了。按一按衣袋，硬硬的还在。（鲁迅《药》）

高名凯指出，汉语中“大半的情形，省略的是主语的部分，不是谓语的部分。因为语言必有所谓，省略了谓语，就不成其为语言”[①]。高名凯的部分论断是正确的。汉语中主语的省略确实极为常见，但谓语的省略也并不罕见，比如“一鼓作气，再（鼓）而衰，三（鼓）而竭”“大家都让她放弃，她偏不（放弃）”“不光他一个人（没听明白），我们大家都没听明白”等。王力在《中国语法纲要》（1946）中把省略的类型分为承说法省略和习惯省略两大类，其中承说法省略又分为五种情况，分别是：主语的省略、谓词的省略、表语的省略、目的语的省略以及关系位的省略。可见，省略名词的省略句只是省略句中的一种类型。汉语句子中很多句法成分都可以省略。

汉语句子经常省略主语。在汉语句子中，人称代词在可以意会的情况下一般不出现，比如“（我）知道啦，（你）别说了”“好了好了，（你）别生气了，（你）笑一笑嘛”“（你）又发哪门子脾气呢？”等。申小龙分析了汉语中“代词的隐身性”，并举了一个例子：“他有一个女儿，在郊区工作，已经打电话去了，下午就能赶到。”[②]在这个例子中，只有一个人称代词“他”做显性主语，其余主语均未出现，并且这些主语所指并不相同。在“郊区工作”的主语是“他的女儿”，这是承前省略；“已经打电话去了”的主语未知，从逻辑上看肯定是某个人，所以这句话中的主语应该是隐含。后面的“下午就能赶到”的主语也是承前省略，指的是“他的女儿”。

汉语经常会出现跳跃性表达的句子。赵元任举过两个例子，分别是“他是个日本女人”和“你要死了找我”。这两个句子与我们在客观世界中的认知体验是

---

① 高名凯. 汉语语法论. 北京：商务印书馆，1986：446.

② 申小龙. 汉语语法基本单位的文化特征. 杭州师范大学学报（社会科学版），2010（6）：97-102.

矛盾的。但是，如果补充、完善其语境，可以发现它们是两个省略句，所表示的真正意思是“他的佣人是个日本女人”和“你的小松树要是死了，你可以找我”，这种表述在逻辑和语法上都是没有问题的。这种情况在口语中经常发生。假设两位父亲聊天，一个说“我上个月生了个女孩”，另一个完全能够理解，甚至还可以回答“我去年这个月也生了个女孩”。

2. 汉语的隐含

“隐含”这一概念是吕叔湘首先提出的。在《汉语语法分析问题》中讨论“关于省略和倒装”问题时，吕叔湘把“省略”和“隐含”作了比较。吕叔湘认为省略是有条件的。“经过添补的话是实际上可以有的，并且添补的词语只有一种可能。这样才能说是省略了这个词语”；“跟这个不同，‘你一言，我一语，’可以在‘一言’和‘一语’前边添补说或者来，但不能限定是说或者是来，并且实际上都不这样说，我们就只能说这里隐含着一个‘说’或‘来’，不能说省略了一个说或来，至多只能说省略了一个动词。同样，在‘他要求参加’和‘他要求放他走’里边，可以说‘参加’前边隐含着‘他’，‘放’前边隐含着‘别人’，但是不能说省略了他和别人，因为实际上这两个词不可能出现。‘隐含’这个概念很有用，‘隐含’不同于‘省略’，必须可以添补才能叫做省略”。[①]

在《汉语句法的灵活性》中吕叔湘又一次强调说：“严格意义的省略应该只用来指可以补出来并且只有一种补法的词语，否则不能叫做省略，只能叫做隐含。”[②]因此，隐含与省略的区别在于：成分可以填补的为省略，结构上没有缺陷、语义上可自行补足的叫作隐含。以汉语成语为例。作为意义高度浓缩、结构简约的语言单位，成语中的隐含现象极为常见，比如，“抛砖引玉”“坐井观天”中的两个动作是同一个人发出的；“不愤不启”“落井下石”中的两个动作是两个人分别发出的。

（二）汉民族的中庸文化与汉语和谐对称的表达方式

汉民族中有一种崇尚中庸的文化心理，追求不偏不倚、四平八稳、平衡和谐。在对事物的认知中，汉民族中有一种辩证的心理，注重事物之间对立的统一。我国传统的太极图是阴阳对立形成混沌一元的最佳例子。一元生两仪，两仪生四象，四象生八卦，无限推衍，变化无穷。这种辩证思想常见于中国文化思想中。

汉语和谐对称的表达方式首先体现在词法上。

---

① 吕叔湘. 汉语语法分析问题. 北京：商务印书馆，1979：59.

② 吕叔湘. 汉语句法的灵活性. 中国语文，1986（1）：1-6.

汉语的结构组织有明显的骈偶比类特征。从词的构成看，汉语的单音节语素极易结合成对，配奇成偶。在现代汉语中，词法上以双音节词为主。有一些双音节词，如“雪花”“屋檐”“观光”等，是通过说明的方法创造新词，其中每一个语素都对词义有影响。但是，汉语中还有一些词，它们所包含的构词语素对意义的参与度极低，其存在的功用主要是满足对称格式的需要，这主要体现在联合式构词中。联合式构词分为三类。

一是并列式同义复合词。在古代汉语中，一些近义词，比如“朋”与“友”，在意义上是有区分的，《礼记》：“同门曰朋，同志曰友。”在汉语词汇的发展中，这些近义词经常在一起并列使用，形成了现代汉语中常见的同义复合词，比如“危险”“孩童”“逃亡”“欢乐”“悲哀”“疼痛”“温暖”“行走”“凉爽”“残暴”“规矩”“道路”“途径”“全都”等。甚至在一些四字格中，前后的两个语言单位也是近义词，二者组合在一起之后仍然表示原来的意思，比如“美丽动人”“聪明伶俐”“独一无二”“谨小慎微”“沉默不语”“能言善辩”“称心如意”“发号施令”“穷凶极恶”“唉声叹气”“胡言乱语”“奇装异服”“深仇大恨”等。这也被称为语言中的羡余现象①——语言形式超过了表义的需要，语形相对于语义有所剩余的情形。

二是反义对立式复合词。汉民族中有一种崇尚中庸的心理，认为过犹不及。在表述一个事物或一个观点，描绘一种状态或一个动作时，汉语本族语使用者喜欢顾及矛盾的两端，以显示对总体的均衡把握，从而形成反义对立式复合词，比如“矛盾”“安危”“利害”“刚柔”“进退”“盈亏”“始终”“早晚”“迟早”“好歹”“方圆”“存亡”“轻重缓急”“死生契阔”等。

三是偏义复合词。两个意义相关或相反的语素组合成一个词，在特定语境中，实际只取其中一个语素的意义，另一个语素起着陪衬音节的作用。偏义复合词在形式上会兼顾两个事物或事物的两个方面，两个构词语素在意义上相互对立或者相互补充，但是在语义上却倾向于其中的一个语素。这是汉民族全面、均衡的辩证思维习惯在构词中的体现，比如“忘记”“睡觉”“国家”“窗户”等，其意义都偏向第一个语素。在句子中，一些复合式短语也会因为语境成为偏义式表达，比如：

① 除了复合式构词的羡余，汉语词汇层面的羡余还包括因为语义溢出形成的羡余，比如“雪白”“墨黑”“火热”“冰冷”“圆圈”“死尸”“凯旋而归”“凯旋归来”“胜利凯旋”“互相厮杀”“过分溺爱”“共同协商”“多年夙愿”“突然袭击”“仔细端详”“不切实际的幻想”“毫无根据的诽谤”等。在句法层面也存在羡余现象，比如“这就造成了一种不必要的浪费”“你应该改掉这些坏毛病”“我们要谦虚，不要骄傲”“游览者来到园里，没有一个不心里想着口里说着‘如在图画中’的”“薛蟠叫道：‘好老爷，饶了我这没眼睛的瞎子罢！从此以后我怕你敬你了’”“中国女足胜利凯旋”“问女何所思？问女何所忆？”等。修辞层面上的羡余现象也比较多，比如“单丝不成线，独木不成林”“物以类聚，人以群分”“不成功便成仁”等。

[6]鼓之以雷霆，润之以风雨。（《易经·系辞》）
[7]去来江口守空船。（白居易《琵琶行》）
[8]昼夜勤作息，伶俜萦苦辛。（《孔雀东南飞》）
[9]缘溪行，忘路之远近。（《桃花源记》）
[10]宫中府中，俱为一体，陟罚臧否，不宜异同。（《出师表》）

上述例子，也被称为“配字修辞文本”①。

汉语和谐对称的表达方式在句法甚至篇章上的体现更为常见。我国的骈俪文、格律诗、对偶句以及排比句是骈偶比类的典型例子。

古人在语言上刻意追求文字对称之美，大量使用骈偶句。在春秋战国的散文中，骈偶句也时有出现，比如：“满招损，谦得益”（《尚书》）；“学而不思则罔，思而不学则殆”“贫而无谄，富而无骄”（《论语》）；“庖有肥肉，厩有肥马，民有饥色，野有饿莩”（《孟子》）；“与善人居，如入芝兰之室，久而不闻其香，即与之化矣；与不善人居，如入鲍鱼（咸鱼）之肆，久而不闻其臭，亦与之化矣”（《孔子家语》）；“秦人阻险不守，关梁不阖，长戟不刺，强弩不射”“囊括四海之意，并吞八荒之心”（《过秦论》）②；等等。

诗歌辞赋中骈偶句是常规句式。《诗经》、《楚辞》、唐诗、宋词中的骈偶句比比皆是。在古典诗词中，春是“燕草如碧丝，秦桑低绿枝”，夏是“梅子金黄杏子肥，麦花雪白菜花稀”，秋是“野旷天低树，江清月近人”，冬是“落尽琼花天不惜，封他梅蕊玉无香”；喜是“白日放歌须纵酒，青春作伴好还乡”，怒是“靖康耻，犹未雪，臣子恨，何时灭，驾长车，踏破贺兰山缺”，哀是“春如旧，人空瘦”，乐是“却看妻子愁何在，漫卷诗书喜欲狂”。王勃的《滕王阁序》，除少数虚词以外，几乎通篇对偶，其中的“落霞与孤鹜齐飞，秋水共长天一色”“老当益壮，宁移白首之心？穷且益坚，不坠青云之志”更是广为流传，朗朗上口。在现代诗歌里，骈偶句的使用也非常多，比如舒婷的《致橡树》。

致 橡 树

舒婷

根，紧握在地下，
叶，相触在云里。
……
你有你的铜枝铁干，
像刀，像剑，

① 吴礼权. 现代汉语修辞学. 4版. 上海：复旦大学出版社，2020：178.
② 引自姚鼐. 古文辞类纂（附校勘记一卷）. 据滁州李氏求要堂刊本排印.

也像戟；
我有我红硕的花朵，
像沉重的叹息，
又像英勇的火炬。
我们分担寒潮、风雷、霹雳；
我们共享雾霭、流岚、虹霓，
仿佛永远分离，
却又终身相依
……[①]

现代散文以散句为主，整句也会出现。整句指由长度和结构相近的句子组成的言语单位，结构统一、对称，句式整齐，音韵和谐。现代散文整句举例如下："惨象，已使我目不忍视了；流言，尤使我耳不忍闻"（鲁迅《记念刘和珍君》）[②]；"手脚像芦柴棒一般的瘦，身体像弓一样的弯，面色像死人一样的惨"（夏衍《包身工》）；"小草偷偷地从土里钻出来，嫩嫩的，绿绿的……风轻悄悄的，草绵软软的"（朱自清《春》）[③]；"我思念那洞庭湖，我思念那长江，我思念那东海……"（郭沫若《雷电颂》）[④]；等等。

在日常交际中，汉语本族语使用者喜欢使用整齐匀称的并列句式或结构对称的对举格式，比如"人往高处走，水向低处流""大河有水小河满，大河无水小河干""家是最小国，国是最大家""有钱的出钱，有力的出力"等。

（三）秉承"天人合一"观，形成以人为中心的主体型思维方式

中国文化本质上是一种人本文化，强调主体意识。《道德经》："人法地，地法天，天法道，道法自然。"《孟子·尽心上》："万物皆备于我矣。"汉民族中存在以人为中心来思考事物的思维，注重思维形式上的主体性，认为行为是由人这个行为主体完成的。这在语言上表现为多用人称主语，多用主动句，多用主语省略句（主体尽在不言中，故省略）。西方文化则多体现为以物为主体和以自然为本位。这是一种客体型思维方式，把客观自然界作为观察、分析、推理和研究的中心，强调客体意识。西方文化中这种客体意识在语言上的反映是：多使用物称主语，被动句与主动句并重，主语不能省且主谓必须一致。西方语言总体上追求表达上的客观和严密。中国人强调人与自然的浑然一体，因此多以人做主

① 舒婷. 舒婷诗. 武汉：长江文艺出版社，2012：77.
② 鲁迅. 鲁迅全集编年版 第3卷 1925. 北京：人民文学出版社，2014：159.
③ 朱自清. 朱自清精品选. 北京：中国书籍出版社，2014：219.
④ 郭沫若. 郭沫若经典作品选. 北京：当代世界出版社，2002：243.

语。英美人则强调客体意识，因而英语句子常以物或抽象概念作主语。这两种文化观导致的语言差异在汉英、英汉翻译中表现得非常明显。在汉英、英汉翻译过程中，译者应该考虑的因素之一是主语是否符合目的语的语言习惯和思维方式，即汉语主语的“人称化”特点与英语主语的“物称化”特点之间如何对应与契合，比如：

[11]我从家里跑到京城，一转眼已经6年了。

Six years have slipped by since I came from the country to the capital of China.

[12]Alice从没想到Jack是个不诚实的人。

It never occurred to Alice that Jack was dishonest.

[13]到徐州见着父亲，看见满院狼藉的东西，又想起祖母，不禁簌簌地流下眼泪。

When I met father in Xuzhou, the sight of the disorderly mess in his courtyard and the thought of grandma started tears trickling down my cheeks. ①

[14]教授上完课就马上离开教室。

A prompt close of his lecture brought the professor out of the classroom.

汉英上述表达方式的不同源于汉、英民族思维方式的不同。英美人比较注重逻辑分析，在语言表达中相对而言强调语言的客观性；中国人比较重视类比和整体感知，在语言表达中相对而言主观性突出。汉英表达方式的不同也源于两种语言结构上的不同。汉语倾向于使用有灵主语，这与汉语作为主题突出型语言的特点有关。主题突出反映了这样的一个思维过程：说话人先想到一个具体的主体——人，然后再提及主体的行为或状态。英语为主语突出型语言，强调的是句子结构的完整性，如果句子结构需要，可以随时使用无灵主语。因此，在英语中，同一意思可以有主观和客观两种表达方式。若使用有灵主语，则为偏主观的表达方式，与汉语的表达方式基本相同；若使用无灵主语，则为偏客观的表达方式。

（四）汉语的直觉思维与语法中的临摹原则

汉语本族语使用者相对而言比较强调知觉、体验、感悟，偏重对具体事物的直觉感知。表现在语言上，汉语句子一般按照时间的先后顺序或逻辑推理的先后顺序进行排列，体现出明显地强调“先来后到”的表述特点。相比之下，西方民

① 张培基. 英译中国现代散文选：第2辑. 上海：上海外语教育出版社，2003：50.

族对外部事物的认识一般要依赖抽象、理性的推理，是一种分析性的逻辑思维模式。表现在语言上，英语的主句为主要部分，结果或结论一般放在句首，即重心在前，然后再把其他的各种附加成分补齐。前一种语法表达方式被称为临摹原则；后一种语法表达方式被称为抽象原则。也就是说，感知或概念上促成的规则为临摹原则（iconic principle），以逻辑-数学为基础的规则为抽象原则（abstract principle）。

戴浩一提出了"时间顺序原则"（principle of temporal sequence）①，即"两个句法单位的相对次序决定于它们所表示的概念领域里的状态的时间顺序"。汉语中包含"再""就""才"的句子，包含两个或两个以上谓语并列的句子，以及汉语句子中动词复合成分之间的顺序，总是遵循着时间顺序原则，比如"听你这么一说我就明白了""天大的事情吃完饭再说""下一步的工作是走访群众，听取意见，解决问题，形成报告""我听懂了"等。戴浩一认为，时间顺序原则管辖着汉语中大多数可以定出的句法范畴的语序表现，是一条总的句法限制原则。戴浩一举的例子是"小猴子在马背上跳"和"小猴子跳到马背上"，其差异在于："在马背上"这一位置要先于动作，在动作之前出现；"到马背上"是动作的结果，在动词之后出现。因此这是汉语语法中的临摹现象。汉语作为话题说明的语言，与其他语言相比，更契合时间顺序原则。也就是说，对时间顺序原则的遵守是汉语语法的特点，汉语语言的结构反映了现实的时间结构，是汉民族对外部世界认知原则的反映。谢信一将戴浩一所提出的时间顺序原则细分为三类：真实时间顺序原则（"他看完信叹了一口气"）、推断时间顺序原则（"他走进去了"）以及想象时间顺序原则（如"孩子们吃饱了"）②。

总体而言，汉语语法以临摹性原则为主。这一点通过英汉互译可以清楚地显现出来，比如：

[15]她砰地关上门，一声不吭地走了，他们之间那场争论就此结束。

Their argument ended when she slammed the door, leaving with no words.

[16]外语教学与研究出版社拟施行一个重要举措：为中国的外语教师和语言学研究生出版语言学系列专著，这是非常值得庆贺的一件事情。

Foreign Language Teaching and Research Press is to be congratulated on its initiative in making these publications in linguistics available to foreign language teachers and postgraduate students of linguistics.

[17]她本来打算在今年六月去欧洲旅游，后来不得不取消，这让她

---

① 戴浩一. 时间顺序和汉语的语序. 黄河，译. 国外语言学，1988（1）：10-20.

② 谢信一. 汉语中的时间和意象（下）. 叶蜚声，译. 国外语言学，1992（3）：17-24. 括号中的例子为笔者所加。

感到非常失望。

It was a keen disappointment when she had to cancel her travel to Europe in June this year.

在认知语言学中，时间顺序原则被归入象似性理论部分。象似性是当今认知语言学句法讨论中的热门话题。象似性认为句法结构跟人的经验结构之间有一种自然的联系。象似性包括：第一，线性象似性。所提到的概念的时间顺序跟描述的线性次序相对应。上文所说的时间顺序性即为线性象似性。第二，位置接近象似性。出现的成分位置越相近，合在一起解释的意义就越强，比如两个句子“是你逼她死的”和“是你逼死她的”，第一句中的“她”可能死了也可能没有死，但第二句中的“她”一定是死了。按照位置接近象似性的原则，第一句中的“逼”和“死”是分开的，代表两个分离的过程；第二句中的“逼”和“死”是紧挨着的，融合为一个过程。第三，距离象似性。距离象似性指的是在认知或者概念上较为接近的实体，其所表达出来的语言外在表现形式在时间或者空间上也接近。在领属关系中，“可让与关系”与“不可让与关系”相比，后者的联系程度更高，因此后者的距离更短，试比较“我妈”与“我的自行车”。第四，顺序象似性。顺序象似性指按照事件发生的先后顺序进行叙述。一般是先有原因而后有结果，先有行动而后有结果，如“因为没好好复习，所以他考试没通过”“他工作勤奋努力，年底被评为优秀工作者”等汉语句子多采用顺序象似性。第五，数量象似性。数量象似性指的是量大的信息，对听话人而言很难预测的信息，表达它们的句法形式也较复杂，比如“人”和“人人”。第六，非对称象似性原则。非对称象似性原则指在认知上凸显的信息往往处于话题的位置，其他信息则处于述题的位置。汉语在表达中，通常会把重要信息置于句首，从而吸引更多的注意力。作为话题凸显型语言，汉语中存在的大量主谓谓语句是非对称象似性原则的表现，比如“作业我做完了”和“我做完了作业”，第一句为主谓谓语句，第二句为常序句。在主谓谓语句中，“作业”被提升到句首位置，在认知上得以凸显，成为整个话语片段的基础。

思考与练习

1. 分析下面的汉英翻译，注意两者在人称主语与物称主语的使用上有什么差别。试从民族文化心理的角度进行分析。

（1）你怎么啦？

What has happened to you?

（2）我忽然想到一个好主意。
A good idea suddenly struck me.
（3）我们一点声音也听不到。
Not a sound reached our ears.
（4）走在厚厚的地毯上，一点声音也没有。
Not a single sound can be heard due to the thick carpet.
（5）我太激动了，一句话也说不出来。
Excitement deprived me of all power of utterance.

2. 请运用象似性原则解释下面的两组句子。

（1）我拿书到图书馆。
我到图书馆拿书。
（2）我到高铁站坐车。
我坐车到高铁站。

3. 结合语言实例，说明汉语语法的意合特点。

4. 请利用汉语语法的临摹性原则，对句子“从前有座山，山上有座庙，庙里有个老和尚，在对小和尚讲故事”进行说明。

5. 指出下列句子中的省略成分与隐含成分。

（1）——去哪儿啦？
——图书馆。
——整天去图书馆啊？
——这不快考试了嘛。
（2）不作不死；不破不立；不愤不启。
（3）乡亲们哪，我王老五有钱啦。去我家喝酒去吧。
（4）——你说谁呢？
——我爱说谁说谁。要你管。
（5）经理让大家加班。大家都不愿意，但也没有办法，只能硬着头皮坚持。
（6）响应政府号召，大力植树造林。

推荐阅读篇目

1. 戴浩一. 概念结构与非自主性语法：汉语语法概念系统初探. 当代语言学，2002（1）：1-12.
2. 胡壮麟. 语言・认知・隐喻. 现代外语，1997（4）：53-59.

3. 蒋绍愚. 抽象原则和临摹原则在汉语语法史中的体现. 古汉语研究，1999（4）：2-5.
4. 林书武. 认知语言学：基本分野与工作假设. 福建外语，1999（2）：2-7
5. 沈家煊. 句法的象似性问题. 外语教学与研究，1993（1）：2-8.

第三节　文言白话之争与欧化语法

一、文言与白话

一般来说，语言可以分为书面语和口语两个系统。由于语音转瞬即逝的特点，古代汉语的口语面貌基本上无从得知。古代汉语的书面语可以分为文言和古白话两种。文言是以先秦口语为基础形成的上古书面语，后世的仿古作品也会使用文言。① 文言是古代汉语书面语的正宗。古白话是六朝以后在北方话基础上形成的近古书面语，主要在通俗作品中使用。唐代的变文、敦煌通俗文学作品、宋人话本、金元戏曲以及明清小说等都是古白话的代表。古白话没有取得书面语的统治地位。

先秦时代，汉语口语与书面语基本一致，《论语》即一部口语体的论集。以《论语》中的《述而》篇为例。“叶公问孔子于子路，子路不对。子曰：‘女奚不曰，其为人也，发愤忘食，乐以忘忧，不知老之将至云尔。’”其中的子曰部分，就是对孔子所言说内容的实录。

从语言交际的角度分析，任何社会中的口语都要随着时代的发展而不断变化。因此，汉语口语在不同历史时期的面貌并不一样。但是，一直到清代，先秦古汉语一直是历代知识分子在书面写作中模仿的样本。在漫长的中国封建社会中，后世仿古的书面语仍旧沿袭先秦两汉的语言风格，以至于清代的文言作品与先秦的文献语言相比，差别非常小。一方面，普通民众使用的鲜活语言在不断发生变化；另一方面，书面语的最好典范依然是先秦时代的作品，并且它们也在不断地被模仿。这样，汉语的口语与书面语在很长的时间处于分离的状态，尤其是在六朝之后，口语与书面语的差异变大，形成了非常严重的“言文脱节”，即在中古近代历史上，人们在口语交际中使用的是古代白话，在书面交际中仍模仿先秦文言②。

“言文脱节”是汉语史上一种奇特的现象，一般在发展滞后、教育不普及、交通极不发达、只有极少数人掌握书面语的社会里才会出现。

历代学者为了让更多的人可以读懂书面语，不断提出“言文合一”的要求。

---

① 王力. 平平仄仄平平仄. 成都：天地出版社，2019.

② 文言与白话都属于古代书面语。但是，从语源上看，文言是在先秦口语的基础上形成，并为后世作为样本极力模仿的、已退出交际系统的特殊汉语书面语；白话是唐宋以后产生的、与当时的口语较为接近的书面语。因此，从文言与白话与同时代口语的差异度上分析，文言属于书面语体，白话则接近于口语语体。

1861 年，洪仁玕根据洪秀全的意见，颁布了《戒浮文巧言谕》，其中规定“不须古典之言……总须切实明透，使人一目了然”[①]。清末黄遵宪对“言文分立”现象进行批评，认为“文字者，语言之所从出也。虽然，语言有随地而异者焉，有随时而异者焉，而文字不能因时而增益，画地而施行。言有万变，而文止一种，则语言与文字离矣。……语言与文字合，则通文者多；语言与文字离，则通文者少”[②]。黄遵宪进而提出“我手写我口”的“言文合一”主张。

19 世纪 90 年代，梁启超创造了新民体，这是一种浅近的文言形式，语言丰富，表达平顺，其中也会使用俚语、韵语，有时还夹杂着外国语法，笔调自由。

清末的白话文改革，主旨是以浅显的文字启蒙民众，文言标准书面语的地位并没有被动摇，仍然是统治阶层和文化精英使用的语言。

五四运动时期，虎狼环伺，中国处在生死存亡的危机关头。当时的知识分子努力救亡图存，认为唯有革新才能生存，如果一味地保存古文等国粹，只会亡国。在这一时代背景下，白话文运动兴起。白话文运动由胡适、陈独秀发起，旨在进行文学革命。要创造新文学，必须先解放文学的工具。文学的工具就是语言文字。胡适在 1916 年发表了《白话文言之优劣比较》，提倡白话文。1917 年，胡适在《新青年》上发表了《文学改良刍议》，倡导用白话作文，并提出了著名的“八事主张”[③]。同年，陈独秀在《新青年》上发表了文章《文学革命论》，支持胡适关于文学改良的主张。

五四运动时期的一个重要观点是“古文已死”。鲁迅在《中国语文的新生》一文中写道：“中国人要在这世界上生存，那些识得《十三经》的名目的学者，‘灯红’会对‘酒绿’的文人，并无用处，却全靠大家的切实的智力，是明明白白的。那么，倘要生存，首先就必须除去阻碍传布智力的结核：非语文[④]和方块字。如果不想大家来给旧文字做牺牲，就得牺牲掉旧文字。走那一面呢，这并非如冷笑家所指摘，只是拉丁化提倡者的成败，乃是关于中国大众的存亡的。”[⑤]

在这一时代背景下，“已死的”古文需要被新的文体形式取代。白话取代了文言，并且，白话文自身也在发展，最终“融入欧化成分的新型白话代替以通俗小说为典型的旧白话”[⑥]。

---

① 罗尔纲. 太平天国文选. 上海：上海人民出版社，1956：99-100.

② 黄遵宪. 日本国志：下卷. 天津：天津人民出版社，2005：809-810.

③ 胡适的“八事主张”，是针对文学改良提出的，即“……以为今日而言文学改良，须从八事入手。八事者何？一曰，须言之有物。二曰，不摹仿古人。三曰，须讲求文法。四曰，不作无病之呻吟。五曰，务去烂调套语。六曰，不用典。七曰，不讲对仗。八曰，不避俗字俗语。”（胡适. 天下无不可为之事：胡适笔下的人生恳谈. 北京：中国国际广播出版社，2009.）

④ 这里的“非语文”，指的是不在口头上通行的话语，即文言文。

⑤ 鲁迅. 中国语文的新生//鲁迅. 国学杂谈. 北京：北京理工大学出版社，2020：88.

⑥ 贺阳. 现代汉语欧化语法现象研究. 世界汉语教学，2008（4）：16-31.

二、白话的创制与欧化语法的产生

白话文运动旨在用白话文取代文言文。但是，“破”之后的工作就应该是“立”，应该使用什么样的白话文，所采用的白话文的规范应该是怎样的，是当时面临的迫切问题。文言文既然要废除，当时人们的目光自然转向了旧的白话，但是旧的白话在表达当时的新思想、新观念时存在很大的问题，这主要表现为语法的不精密、表达形式贫乏等。当时的中国知识分子对西方文明和西洋语言持欣赏与学习态度，认为西洋语言的词汇丰富、语法精密、表达完善而将其视为模仿的对象，从而将旧白话的“欧化”视为中国语言改造的不二之选。

在五四运动时期的文言与白话之争中，使用并发展白话成为时代的主流。王力先生指出，“文法的欧化，是语法史上一桩大事”[①]。中国语法的欧化有受西方影响的时代背景，也有汉语语言自身的原因。鲁迅认为：“中国的文或话，法子实在太不精密了，作文的秘诀，是在避去熟字，删掉虚字，就是好文章，讲话的时候，也时时要辞不达意，这就是话不够用……这语法的不精密，就在证明思路的不精密，换一句话，就是脑筋有些胡涂。倘若永远用着胡涂话，即使读的时候，滔滔而下，但归根结蒂，所得的还是一个胡涂的影子。”[②]鲁迅反复强调“精密的所谓‘欧化’语文，仍应支持。因为讲话倘要精密，中国原有的语法是不够的”，没有“欧化”，大众语文就会“含胡下去”[③]。

傅斯年提倡“口语至上”的白话创制原则，并且认为应该模仿西洋文。理想的白话文应该包括“（1）‘逻辑’的白话文。就是具‘逻辑’的条理，有‘逻辑’的次序，能表现科学思想的白话文。（2）哲学的白话文。就是层次极复，结构极密，能容纳最深最精思想的白话文。（3）美术的白话文。就是运用匠心做成，善于入人情感的白话文。这三层在西洋文中都早做到了。我们拿西洋文当做榜样，去摹仿他，正是极适当、极简便的办法，所以这理想的白话文，竟可说是——欧化的白话文”[④]。

欧化白话文被认为是理想的白话文，很显然，汉语语法要吸纳欧化语法中的部分内容。在五四运动时期，汉语使用者与印欧语使用者并未有过大规模的直接语言接触，因此，汉语语法接受印欧语影响的主要途径是书面翻译，是间接语言接触的结果。为了最大限度地接近欧化语法、丰富汉语的表达，五四运动时期的知识分子在翻译过程中尽量将西洋文中的词汇、句法引入译文之中。王力指出：

---

① 王力．中国语法理论．北京：中华书局，2015：340.

② 鲁迅．鲁迅文集·杂文卷（上）．武汉：华中科技大学出版社，2014：497.

③ 鲁迅．答曹聚仁先生信//鲁迅．鲁迅全集：第六卷．北京：人民文学出版社，1981：79.

④ 王世栋．新文学评论（上）．上海：新文化书社，1920：90-91.

“谈欧化往往同时谈翻译，有时差不多竟把二者混为一谈。这也难怪，本来欧化的来源就是翻译，译品最容易欧化，因为顺着原文的词序比较地省力：这是显而易见的事实。”[①]1890～1919 年，西方的自然科学、人文科学和文学被译入中国，西方大量的自然科学、人文科学以及文学著作被翻译成汉语，形成了中国文化史上继佛经翻译以后的第二次翻译高潮，无论在译者和读者的人数上，还是在译本的数量上，都达到了空前的规模。当时许多译者曾留学海外，翻译时往往会在原文本的引导下，不自觉地采用西方的语言形式进行汉语表达，因此翻译文本中必然存在大量的欧化因素。

新文化运动的主将鲁迅在自己的翻译实践中一直主张坚持严格的直译，希望以直译欧文句法的方式改造中文，进而改造中文思考方式，所以“欧化文法的侵入中国白话中的大原因，并非因为好奇，乃是为了必要……要说得精密，固有的白话不够用，便只得采些外国的句法。比较的难懂……是真的，但补这缺点的是精密……”[②]。

文本的直译开启了现代汉语欧化的序幕。鲁迅多次表示自己“宁信而不顺”的翻译主张。但是，这种译文一经产生就有人提出质疑。1929 年，鲁迅翻译的《艺术论》和《文艺与批评》出版之后，梁实秋就发表了《论鲁迅先生的“硬译”》文章，坦言“没有人能说鲁迅先生的文笔不济，但是他的译却离‘死译’不远了……”[③]。

通过英语文本的直译改造汉语的直接后果是：欧化汉语迅速地由翻译语言波及创作语言，甚至导致汉语写作中“翻译腔”的盛行。林语堂在《今文八弊》中对此提出批评。“今人一味仿效西洋，自称摩登，甚至不问中国文法，必欲仿效英文，分‘历史地’为形容词，‘历史地的’为状词，以模仿英文之 historic—al—ly，拖一西洋辫子，然则‘快来’何不因‘快’字是状词而改为‘快地的来’？此类把戏，只是洋场孽少的怪相，谈文学虽不足，当西崽颇有才。此种流风，其弊在奴，救之之道，在于思。”[④]

三、汉语语法的欧化及其表现

“凡主要是在印欧语影响下产生的语法现象都纳入到‘欧化’中来，既包括汉语原本没有、完全是由于对印欧语语法结构的模仿而出现的新兴语法形式，也

① 王力. 中国语法理论. 北京：中华书局，2015：391.

② 鲁迅. 花边文学·玩笑只当它玩笑（上）//鲁迅. 鲁迅全集：第五卷. 北京：人民文学出版社，2005：548.

③ 黎照. 鲁迅梁实秋论战实录. 北京：华龄出版社，1997：191.

④ 林语堂. 今文八弊（上）. 人间世，1935（27）：40-41. 林语堂. 今文八弊（中）. 人间世，1935（28）：38-40. 林语堂. 今文八弊（下）. 人间世，1935（29）：36-38.

包括汉语原本虽有，但只是在印欧语的影响下才得到充分发展的语法形式。”[①]欧化语法最早产生于19世纪传教士翻译和书写的汉语文本当中，在晚清民初浅近文言和白话的翻译作品中也较常见，爆发式的出现则在现代白话文运动之后。

语言的演变可能是基于语言内部因素的自驱动演变，这种演变是缓慢发生的；也可能是因为语言接触引发的演变，这种演变是在短时间内急剧发生的。自20世纪初的国语运动开始，到五四运动时期的白话文运动，汉语语法经历了急剧的欧化过程。五四运动以后，大量的西方著作被引介到中国并翻译出版。随着翻译出版的西方著作逐渐增多，汉语的词法和句法也受到了极大的影响。

王力很早就研究汉语欧化现象，他在《中国现代语法》中，对新文化运动以后汉语的欧化表现进行了细致的讨论，并认为“所谓欧化，大致就是英化，因为中国人懂英语的比懂法德意西等语的人多得多”[②]，并对汉语语法的欧化现象进行分类，包括“复音词的创造”“主语和系词的增加”“句子的延长”“可能式，被动式，记号的欧化”“联合成分的欧化”“新替代法和新称数法”“新省略法、新倒装法、新插语法”等欧化的语法现象[③]。在《汉语史稿》“‘五四’以后新兴的句法”一节中，王力先生又补充了一些欧化的语法现象，主要有“‘无定冠词’的产生”“新兴的联结法”“新兴的平行式——共动和共宾”等[④]。

（一）词法欧化的表现

1. 构词上多音节趋势明显，大量多音节单纯词出现

汉语的多音节化趋势除了语言表达精密化的驱动之外，外来词的进入加剧了这一进程。外来词往往是多音节的，而汉语早期的外来词翻译多以音译为主，由此出现了大量的多音节表达，比如“梵婀玲”“盘尼西林”“德谟克利西”“赛因斯”“德律风”“布尔什维克”等，其中的一些音译词现在已经被意译词代替，但仍然有一些音译词，比如“盘尼西林”和“布尔什维克”在现代社会中仍然使用。

2. 构词中词缀化趋势明显，出现了大量的新词缀，尤其是准词缀

传统上，汉语构词多以“词根 + 词根”的复合法为主，派生法的使用较少。

---

① 贺阳. 现代汉语欧化语法现象研究. 北京：商务印书馆，2008：27-28.

② 王力. 中国现代语法. 北京：商务印书馆，2011：334.

③ 王力. 中国现代语法. 北京：商务印书馆，2011：334-373.

④ 王力. 汉语史稿. 2版. 北京：中华书局，2004：536-546.

英语构词则以派生法为主，词缀丰富。五四运动时期，英语中的大量词缀被引入到汉语中，比如：

[18]他对于咖啡的信仰，倒不是因为咖啡的香味，而是因为那构造复杂的，科学化的银色的壶，那晶亮的玻璃盖。（张爱玲《年青的时候》）①

[19]她这一清高，抱了恋爱至上主义，别的不要紧，吃亏了姚先生，少不得替她料理一切琐屑的俗事。（张爱玲《琉璃瓦》）②

3. 第三人称代词的分化

一些西方语言中的名词有阴性、中性、阳性的区分。现代英语没有“性”这一范畴，但是其代词有 he、she 和 it 的区分。受外语的影响，汉语中原本不分性别的“他”衍生出“他”“她”“它”三个代词，分别指男性、女性以及非人的事物，比如：

[20]忽然在人丛中出现了她朝夕想念的那个人，他投了一瞥和善的眼光在她的脸上。他站住，好像要跟她说话，但是后面一群人猛然拥挤过来，把他挤得不见了。（巴金《家》第二十六章）

并且，五四运动以前，汉语中涉及上文中提到的人或物时，一般采用名词性回指或者零回指的形式。受欧化语法的影响，五四运动之后，汉语中代词性回指的使用频率大大增加，比如“但是现在要我坐下来把这首整体的诗分成片段诠释它的意义，可真是一个难题！”③（徐志摩《济慈的夜莺歌》）

4. 连接词增多

英语重形合，关系词、连词、介词等是用来实现词语或句子连接的常见手段。汉语重意合，主要依靠语序实现词语或句子的连接，较少使用连接词。五四运动之后，一些汉语中原有介词的使用频率增加，比如在五四运动之前，“和”“在”“当”等作为连词在短语或句子中出现的概率远远低于不出现的概率；在五四运动之后，“和”作为连词的出现频率明显增加，比如：

[21]蜜秋儿太太几次三番打电话和托人来找罗杰。（张爱玲《沉香

① 张爱玲. 倾城之恋. 北京：北京十月文艺出版社，2006：402.

② 张爱玲. 倾城之恋. 北京：北京十月文艺出版社，2006：353.

③ 徐志摩. 徐志摩散文经典. 南昌：二十一世纪出版社，2011：142.

屑·第二炉香》)[①]

同时汉语中也出现了一些新增的连接词，如“以至于”等。

[22]小孩底脑筋固然简单，但对于那些吃草根，吃树皮，吃土块，吃小孩，以至于吃自己，而终于免不掉死得象蛆一样的人，我是不能爱的；对于那般亲眼见着这样的惨剧而不动心，照常过着奢侈生活的人，我是不能爱的；对于那般趁这个机会发财的人，我更是不能爱的。(巴金《灭亡》)[②]

(二)句法欧化的表现

1. 句子结构的复杂与精密化

1)单句中句子成分出现变化

主语省略的情况较五四运动之前减少，比如“他在家里向来不开口说话。他是一个孤零零的旁观者。他冷眼看着他们”(张爱玲《年轻的时候》)[③]；在单句中出现了两个或两个以上的动词性结构共同支配一个对象，比如“使牺牲者直到被吃的时候为止，还是一味佩服赞叹它们”(鲁迅《狗、猫、鼠》)[④]；动词前面连用两个或两个以上助动词，比如“她是来享受，她不能，不肯，也不愿，看别人的苦处”(老舍《骆驼祥子》)[⑤]；动词宾语的并列，比如“她看见黄瘦的雄，三角脸的陈清，塌鼻头的云，小脸上戴一副大眼镜的克，眉清目秀的影，面貌丰满的慧，圆脸亮眼睛的敏，小眼睛高颧骨的碧……”(巴金《电》)[⑥]、“两岸是黄土和青草”(郑振铎《离别》)；人称代词前面加上修饰成分，比如“为悲哀和焦灼所驱使的她，便又出外搜寻去了”(鲁迅译《十月》)[⑦]、“一向反对女子职业的他，竟把曲曲荐到某大机关去做女秘书”(张爱玲《琉璃瓦》)[⑧]；单句内增加插入语，比如“有了自己的车，他以为，就有了一切”(老舍《骆驼祥子》)[⑨]；定语的长度增加，比如“什么伟大的深沉的鼓舞的清明的

① 张爱玲. 倾城之恋. 北京：北京十月文艺出版社，2006：338.
② 巴金. 灭亡. 上海：上海人民出版社，2008：88.
③ 张爱玲. 倾城之恋. 北京：北京十月文艺出版社，2006：397.
④ 鲁迅. 鲁迅全集 编年版 第4卷 1926. 北京：人民文学出版社，2014：21-22.
⑤ 老舍. 骆驼祥子. 北京：人民文学出版社，2012：142.
⑥ 巴金. 巴金选集 第4卷 雾·雨·电. 成都：四川文艺出版社，2016：255.
⑦ 雅各武莱夫. 十月. 鲁迅，译. 北京：生活·读书·新知三联书店，2018：153.
⑧ 张爱玲. 倾城之恋. 北京：北京十月文艺出版社，2006：338.
⑨ 老舍. 骆驼祥子. 北京：人民文学出版社，2012：92.

优美的思想的根源不是可以在风籁中，云彩里”（徐志摩《翡冷翠山居闲话》）[①]；后置定语的情况变得普遍，比如“风里含着一蓬一蓬的金沙，干爽的，温柔的，扑在人身上痒痒的”（张爱玲《沉香屑·第二炉香》）[②]。

2）复句使用增多，复杂度增大，且变序句增多

五四运动以后复句的使用增多。汉语文言文、传统白话多使用简单句，复合句偶有使用，但是非常少，比如《史记·屈原列传》有“屈平疾王听之不聪也，谗谄之蔽明也，邪曲之害公也，方正之不容也，故忧愁幽思而作《离骚》”之句。英语句子的结构复杂。并列句与主从复合句可以层层包孕，相互叠加。结构复杂的句子能够更为细致、全面地表示复杂的状态，并且能够对相关问题进行精确的描写。五四运动之后，汉语句子的复杂度明显增大，比如：

[23]没有温暖的家，善良而懦弱的患病的丈夫，极端自私而又顽固、保守的婆母，争吵和仇视，寂寞和贫穷，在战争中消失了的青春，自己追求幸福的白白的努力，灰色的前途……这一切像潮似的涌上她的心头。（巴金《寒夜》）[③]

[24]报纸上的如火如荼的记载唤醒了他的被忘却了的青春……这些刊物里面一个一个的字像火星一样地点燃了他们弟兄的热情。那些新奇的议论和热烈的文句带着一种不可抗拒的力量压倒了他们三个人，使他们并不经过长期的思索就信服了。（巴金《家》）[④]

汉语作为孤立语，语义和逻辑关系依靠语序确定。汉语是重心后置型语言，一般从句排在主句的前面。自五四运动之后，各类作品中从句后置的情况越来越常见，比如：

[25]乔琪笑道：“怎么没有？譬如说，我打算来看你，如果今天晚上有月亮的话。”（《沉香屑·第一炉香》）[⑤]

[26]但我们不要太受诗人们的催眠了，既然过去的已经是过去……（徐志摩《卢梭与幼稚教育》）[⑥]

[27]包办伙食？客人们除非嫌自己身体太胖而想减食去肉的，谁也不甘心吃公寓的包饭；虽然饭费与房租是同时交柜的。（老舍《赵子

① 徐志摩. 徐志摩散文经典. 南昌：二十一世纪出版社，2011：18.

② 张爱玲. 传奇. 自绘插图纪念版. 长沙：湖南文艺出版社，2003：160.

③ 巴金. 巴金精选集. 北京：北京燕山出版社，2015：216.

④ 巴金. 家. 3版. 北京：人民文学出版社，2013：32.

⑤ 张爱玲. 倾城之恋. 北京：北京十月文艺出版社，2006：285.

⑥ 徐志摩. 徐志摩散文经典. 南昌：二十一世纪出版社，2011：270.

曰·离婚》）①

[28]这是她自己住过的屋子，自己用过的家具：方桌，书桌，小书架，碗橱，床……一切都是她熟习的，虽然破的修理好了，旧的弄干净了，墙壁刷得白白的。（巴金《寒夜》）②

[29]但一个人而至于乏到自己打嘴巴，也就很难免为别人所打，如果世界上“打”的事实还没有消除。（鲁迅《华盖集·忽然想到（十一）》）③

2. 汉语语法中的“形合”特点增多

1）五四运动之后，有标记被动句的使用增多

汉语主要使用无标记被动句。这种被动表示法没有专门的、用来表示被动的词语，主语是谓语动词所表示行为的被动者、承受者这一特点，只能通过语义或逻辑关系进行理解。无论在古代汉语还是现代汉语中，无标记被动句都是最为常见的表示被动的方法，比如：

[30]蔓草犹不可除，况君之宠弟乎？（《左传·郑伯克段于鄢》）

[31]兵挫地削，亡其六郡……（《史记·屈原贾生列传》）

[32]荆州之民附操者，逼兵势耳。（《资治通鉴·赤壁之战》）

古代汉语存在着有标记被动句，常用的形式标记有“于”“为”“见”“被”等，比如：

[33]故内惑于郑袖，外欺于张仪……（《史记·屈原贾生列传》）

[34]兔不可复得，而身为宋国笑。（《韩非子·五蠹》）

[35]信而见疑，忠而被谤，能无怨乎？（《史记·屈原贾生列传》）

“被”字句大约萌芽于战国末期，如“万乘之国，被围于赵”（《战国策·齐策》），到汉代“被”字句的使用较为常见，一直到五四运动之前的旧白话小说中，被动句多用于表示不如意的事情。白话文运动之后，被动句用于中性义和积极义的比重明显增加。这种突发性的变化被认为是受到了英语语法的影响。五四运动期间，在对西方作品的译介中，很多译者秉承“宁信而不顺”的“硬译”方法，受英语中 be+done 被动表达方式的影响，使用“被”字句的有标记被动句也越来越多。

受欧化语法的影响，有标记被动句在汉语中的使用越来越广泛，且使用的范

① 老舍. 赵子曰·离婚. 韩羽，绘. 韩羽插图本. 北京：人民文学出版社，2012：3.

② 本书编辑委员会. 中国新文学大系 1937—1949：第九集. 上海：上海文艺出版社，1990：484.

③ 鲁迅. 鲁迅全集：第三卷. 北京：人民文学出版社，2005：97.

围日益扩大，因为“西文里如意的事或企望的事也都可用被动式，于是凡西文能用的，中国人也跟着用（尤其是翻译），许多从前不说的话现在也说了”[①]。

[36]所以他对紫微也没有期望——她是不能爱，只能够被爱的，而且只能被爱到一个程度。（张爱玲《创世纪》）[②]

2）汉语句子中连接词使用的增多

汉语属于孤立语，形态变化不发达，没有严格意义上的性、数、格、时、体、态、式等语法范畴。因此汉语中的语言单位在组合过程中不受形态成分的制约，而是受语义或逻辑因素的制约，是典型的意合型语言。英语中语言单位的组合主要依靠形合法，连接词不可或缺。汉语中“你好，我好，大家好”，三个分句间的关系可以根据语境由读者自行判断。如果翻译成英语，必须要明确这三者的关系，是已然的并列关系，还是未然的假设或条件关系，并分别增补合适的连接词 and、if 或者是 as long as 等。

通过连接词把句子延长，是英语的一大特点，而汉语因为无须使用或较少使用连接成分，趋向于使用短句，在口语中尤其如此。现代汉语语法的巨大变化之一就是比以前更大量地、更频繁地使用连接词。尤其是在学术性著作中，连接词成为不可缺少的联结手段。

[37]堂子里现在只有老年人去，或是旧式生意人，所以不但坏，而且不时髦。（张爱玲《怨女》）[③]

3）“是”的出现频率增大，且语义类型多样

古汉语中的判断句不使用判断词，而是在句末加上语气词“也”，或者在主语后面加上“者”，或者用“……者……也”句式表示判断。有时“者”“也”都不用也可以表示判断。王力认为，“是”作为判断词，大约出现在西汉末年或东汉初年，《史记·刺客列传》中有“此必是豫让也”的表述。在中古时期，“是”成了必要的判断词。[④]

在英语中，to be 除了可以表示判断，还可以表示存在、强调，以及用来描述事物等。这些用法在五四运动时期不仅出现在译文中，也出现在相关的作品创造中，比如：

---

① 王力. 中国现代语法. 北京：商务印书馆，2011：353-354.

② 张爱玲. 张看. 广州：花城出版社，1997：148.

③ 张爱玲. 怨女. 北京：中国华侨出版社，2003：126-127.

④ 王力. 汉语语法史. 北京：北京联合出版公司，2018：240.

[38]因为他的生活是既幸福，又丰裕的。（鲁迅译《复仇的话》）①

[39]这意志，当这时候，原是很适当的，然而竟不能实现。（鲁迅译《三浦右卫门的最后》）②

[40]我晓得他们的方法，直接杀了，是不肯的，而且也不敢，怕有祸祟。（鲁迅《狂人日记》）③

[41]她的体质是弱的，也并不美丽。（鲁迅《为了忘却的纪念》）④

3. 汉语中的动词经常出现在名词的位置上

与汉语相比，英语句子里使用的抽象名词较多，汉语句子中使用的动词较多，比如：

[42]People have a tendency to choose the safety of the middle-ground reply.

人们倾向于不偏不倚地回答，这样会觉得安全。

[43]The chairman has also given his approval for an investigation into the case.

主席也同意调查这一事件。

[44]His refusal to pay the fine got him into even more trouble.

他拒绝支付罚款，这下麻烦更大了。

[45]The very thought of you makes me sick.

想到你我就觉得恶心。

[46]His impatience was no longer to be restrained.

他再也耐不住性子了。

五四运动之后，汉语中涌现了大量的新的短语结构，包括："N 的 V"，比如"他的讲话""文本的翻译""革命的实施"；表示定中关系的"NV"结构，比如"工业发展""民族昌盛"；"PP 的 V"结构，比如"对这个问题的思考""对民生问题的关切""对经费使用的质疑"等。可见，在印欧语中抽象名词用

---

① 鲁迅. 鲁迅译文集：第一卷. 北京：人民文学出版社，1958：544.

② 鲁迅译文选集：短篇小说卷. 鲁迅，译. 上海：上海三联书店，2007：198.

③ 鲁迅. 呐喊（附《彷徨》）. 插图本. 北京：北京燕山出版社，2004：13.

④ 鲁迅. 我以我血荐轩辕. 哈尔滨：哈尔滨出版社，2021：22.

法的影响下，在正式语体中，汉语动词的使用在套用英语抽象名词的模式，使得动词经常出现在一些名词的句法位置上，两个词类之间的界限也变得模糊。

[47]人是高个子，也生得停匀，可是身上衣服穿得那么服帖、随便，使人忘记了他的身体的存在。（张爱玲《沉香屑·第一炉香》）[①]

四、关于欧化语法的评价

汉语的欧化现象是汉语语言文化与西方语言文化接触后，在原有汉语语法基础上进行的趋向于西方语法的一种调整。欧化语法推动了汉语书面语、文言文、白话文等的转换，改变了现代汉语书面语言的面貌。在语法上，句子结构趋于严密，逻辑和语法的契合度提高。尤其是在科技论文的写作中，欧化语法的使用，使文本的逻辑表达趋于严密。随着英语作为国际通用语的地位日渐稳固，英语在我国的普及程度也在不断提高，汉、英语言的接触愈发频繁，当代汉语的欧化趋势愈发明显。

尽管在五四运动时期，欧化语法被认为是改革旧文言、创造新白话的良方，但关于欧化语法的争论时有发生。对欧化语法的支持是显而易见的，从五四运动时期的译作或创作中可以发现大量欧化语法的例子。对欧化语法的批评也从来没有停止过，其中最尖锐的批评来自瞿秋白。他认为五四运动时期的白话文运动“没有完成它的任务”，“产生了一个非驴非马的新式白话”，这样的白话是“不人不鬼的言语”，所以应该打倒这种“五四式半文言”的“杂种话”[②]。维基百科收录了“欧化中文”条，其释义为“欧化中文，又称西化中文、西式中文（Westernized Chinese），泛指中文的语法、文笔、风格、用词受欧洲语文尤其英文过分渲染，用词冗赘、语病充斥、文句不通，失却传统中文的特色，常见于翻译作品。但凡译者直译而忽略中文的章法、用词习惯，则容易写出西化中文”。

余光中自20世纪70年代起，不断撰文批评现代汉语的恶性西化。在《白而不化的白话文——从早期的青涩到近期的烦琐》一文中，余光中以朱自清的作品为个案，改写了《荷塘月色》中的“的的句”。

朱文：月光是隔了树照过来的，高处丛生的灌木，落下参差的斑驳的黑影，峭楞楞如鬼一般；弯弯的杨柳的稀疏的倩影，却又像是画在荷叶上。

余改：月光隔树照过来，高处丛生的灌木，落下参差而斑驳的黑影，

---

① 张爱玲. 倾城之恋. 北京：北京十月文艺出版社，2006：274.

② 转引自王本朝. 欧化白话文：在质疑与试验中成长. 文学评论，2014（6）：104-112.

峭楞楞如鬼一般；杨柳弯弯，稀疏的倩影却又像是画在荷叶上[①]。

余光中在《怎样改进英式中文——论中文的常态与变态》一文中，列举了欧式中文中存在的若干问题。[②]现列举如下。第一，表述化简为繁，如“因此”说成了“基于这个原因”。第二，乱为中文名词增加复数变化，如“听众”被说成了“听众们”。第三，“……之一”泛滥，如“刘伶列于竹林七贤，以嗜酒闻名”说成了“作为竹林七贤之一的刘伶，以嗜酒闻名”。第四，滥用“由于”“有关”等介词，如“出于好奇”说成了“由于好奇心的驱使”。第五，动词降为副词使用，如“老师苦口婆心，劝了她半天”说成了“老师苦口婆心地劝了她半天”。第六，“的”字成灾，如将“误认这灰暗而凄冷的天空为夜色来袭，或是也预感到风雨将至”说成了“误认这灰暗的凄冷的天空为夜色的来袭，或是也预感到风雨的将至”。第七，后饰形容词前置，如将“项籍身高八尺，力能扛鼎，才气过人”说成了“项籍是一个身高八尺，力能扛鼎，同时才气过人的汉子”。第八，单纯动词分解为复合动词，如将“一架客机失事，死了 98 人”说成了“一架客机失事，造成 98 人死亡”。第九，被动语气反客为主，违反中文生态，如将“她未获准入学”说成了“她不被准许入学”等。在《从西而不化到西而化之》一文中，余光中提供了 53 个病句，列举了 13 种中文西而不化的问题，除去与前面重复的问题，其他的还有：滥用“和”一类的连接词；滥用比较形式（如“一定程度”“之一”等）；滥用被动句型；滥用时间状语；受英文抽象名词的影响，生造伪术语（如“××性”“××度”“××化”“××型”等）；受英文 make 的影响，在许多动词前加上“作为”；等等。

汉语欧化现象是汉语发展过程中不争的事实。汉语欧化有积极的一面，将以英语为主的屈折语中的形式和用法借用到汉语中来，弥补了汉语表达中的不足，提升了汉语的表达能力和效果，是一种“欧而能化”的积极欧化。汉语欧化也有消极的一面，比如生硬照搬印欧语的语法，乱用、滥用外语的语言，语言表达不中不西、不土不洋、佶屈聱牙、晦涩难懂、莫名其妙，阻碍了语言交际的正常进行等，是“欧而不化”的消极欧化。现在需要警惕的是汉语表达中出现的“欧而不化”的消极欧化现象。

对欧化语法以及中文西化的批评，往往与“汉语危机论”或“汉语纯洁论”联系起来。不可否认的是，语言的发展变化是常态，对语言发展中出现的问题可以进行适当的规范或引导。但是，语言的变异一定是绝对的。

① 余光中. 白而不化的白话文——从早期的青涩到近期的烦琐//余光中. 从徐霞客到梵高. 北京：中国友谊出版公司，2019：213-214.

② 余光中. 怎样改进英式中文？——论中文的常态与变态. 明报月刊，1987 年 10 月号.

思考与练习

1. 林语堂在短文《欧化语体》中认为，“白话文学提倡以来，文体上之大变有二，一则语体欧化，二则使用个人笔调。语体欧化，在词汇上多用新名词，在句法上多用子母句相系而成之长句。此种句法，半系随科学而来，谓之科学化亦无不可，因非如此结构缜密之句法，不足以曲达作者分辨入微之意……好的欧化语体未尝不可读，而普通译笔之诘屈聱牙，却非欧化之罪，乃译者原文不懂，中文不通之故而已”①。说一说你对上面这段话的看法。

2. 余光中在《论中文之西化》中认为：“忠实而不顺的译文，是否真为忠实，颇成问题。原文如果本来不顺，直译过来仍是不顺，才算忠实。原文如果畅顺无碍，译文却竟不顺，怎么能算‘忠实’？不顺的直译只能助长‘西而不化’，却难促进‘西而化之’。天晓得，文理不顺的直译误了多少初试写作的青年。”②说一说你对上面这段话的看法。

3. 关于高中语文课本中的古文比重问题有过争论。有人主张一篇古文也不收入，理由是古文没用，纯属浪费时间。有人认为现代的学生对现代文学、文化接触很多，应该加大高中语文中古文的比例，以夯实学生的古汉语基础。说一说你对高中语文课本中古文比例问题的看法。

4. 根据某省 2006 年高考语文评卷情况，有专家表示：古诗文题目的难度比往年下降，但与往年相比，古诗文鉴赏的得分也呈逐年下降的趋势。同时，有数据表明：中医学院学生的医古文水平出现了整体下滑的趋势。有学生连基本的中医名篇文献也不能掌握。除了文言水平下降之外，当代人阅读古白话的能力也在下降，完整读完四大名著的大学生数量也在减少。请问：我们的社会真的不需要文言文和古白话了吗？说说你的看法。

5. 改写下列欧式句。

（1）是时候该检票了。

（2）愤怒使他保持沉默。

（3）我不会被你这句话吓倒的。

（4）他被升为营长。

（5）本校的校友对社会做出了重大的贡献。

（6）我们对国际贸易的问题已经进行了详细的研究。

（7）她是一个聪慧好学、乐于助人、长相清秀可人的小姑娘。

---

① 林语堂. 欧化语体//任重. 民国丛书 第一编 52 文言、白话、大众话论战集. 上海：上海书店出版社，1989：8-9.

② 余光中. 余光中谈翻译. 北京：中国对外翻译出版公司，2002：92.

6. 你能感觉到问题5中的7个句子，属于“欧式句”的范畴吗？如果没有感觉到，这说明欧式句在现代汉语中有非常高的接受度。为什么会出现这种情况？

7. 现在我们经常看到或听到“营业中”“休息中”“整理中”“准备中”“等待中”“开会中”“上课中”“吃饭中”等表达，甚至还有“正在营业中”的说法。“中”在汉语中本来是表示位置，但是在上述表达中，“中”出现了新的用法。请归纳这种新用法，并从汉英对比的角度，分析这种新用法出现的原因。

推荐阅读篇目

1. 崔山佳. 汉语欧化语法现象专题研究. 成都：巴蜀书社，2013.

2. 贺阳. 现代汉语欧化语法现象研究. 北京：商务印书馆，2008.

3. 王力. 中国语法理论. 北京：中华书局，2015.

第五章 汉语语用与文化

语用学研究具体语境下的语言符号与语言使用者之间的关系。语用学关注语言使用者所表达的意义，以及听话人对意义的解读，同时也关注交际之后的礼貌因素。语用学研究领域广泛，涉及指示语、前提、预设、语境、会话含意、会话组织、元话语、身份话语、语用变异、语用能力以及各种语用原则。本章只分析与文化相关的语用原则与语用现象。

第一节 语用学相关原则概述

一、合作原则

1967 年，美国语言哲学家赫伯特·格赖斯（Herbert P. Grice）在哈佛大学做了一场题为“逻辑与会话”演讲，提出会话含意这一个概念。对会话含意的推导，需要依靠合作原则。格赖斯指出，在交际过程中，说话者和受话人为了达到特定的交际目的，双方会采用一定的交际策略，以实现交际双方之间的相互合作。合作原则是关于人类交际的一种理论假设，包括一个原则和四个准则。

合作原则：根据会话的目的或交流的方向，使自己讲出的话语是一定条件下交际所需的。

量的准则：①把话说足；②不要多说。

质的准则：不说假话或无根据的话。

关系准则：言语贴切，与话题相关。

方式准则：言语简洁清楚。避免晦涩、有歧义，要条理清晰。

这里的合作指的不是交际双方在交际过程中的配合或者是迎合，而是在语言使用层面上遵循同样的规范。即使交际双方充满了不合作甚至是敌意，他们的谈话在交际互动层面仍然是“合作”的。因此所谓的合作原则是指人们不约而同的、在潜意识中共同遵循的交际规范[①]。

交际过程中总是存在着对合作原则的违反现象，主要表现为：第一，为误导对方而故意违反合作原则；第二，因语言能力有限而在无意中违反合作原则；第三，无合作意愿或不愿合作而故意违反合作原则；第四，因文化习俗而故意违反合作原则。对合作原则的影响通常会产生会话含意，即超出语句字面意义之外的暗含意义或言外之意。请看如下情景中的对话。

情景 1：A 与 B 是同班同学，刚上完王老师的一节专业课。

> A：你觉得王老师的课讲得怎么样？
>
> B：我觉得王老师今天穿的蓝西装挺不错的。

B 同学答非所问，违反了合作原则中的相关准则。由此产生的的会话含意是：王老师的课讲得不怎么样。

情景 2：王教授想调动工作。对方学校的人事部门对王教授所在学校的相关人员做例行调查。

> A：请问王教授在你们学院工作得怎么样？
>
> B：挺好的。王教授一般不怎么跟同事吵架，跟领导拍桌子嘛，一个学期也就拍个一两回吧。但王教授对学生很好，从来不打学生。

一般情况下，对例行调查的回答，都是“挺好”“不错”这样的简短而概括的话。B 的回答明显超出了正常的信息量，由此产生的会话含意是：王教授在人际关系的处理上存在比较大的问题。

二、礼貌原则

根据格赖斯的合作原则，在交际过程中双方需要遵循四个准则，对其中一个或多个准则的违反会产生会话含意。这样就产生了一个问题：既然合作原则是语言交际中的基础，为什么会频频出现违反合作原则的情况？

利奇在 1983 年提出了礼貌原则（politeness principle）。礼貌原则开始是作为合作原则的救援原则提出的，其指的是在交际过程中，除了合作之外，交际的双方也都希望得到对方的尊重，也只有如此，才能获得最佳的交际效果。举例：

> A: You all like John and Mary, right?
>
> B: Yes, we all like Mary.

---

① 陈新仁. 汉语语用学教程. 广州：暨南大学出版社，2017：55.

B 的回答违反了合作原则中的数量准则，但是符合礼貌原则。B 可以明确地说出 We like Mary, but we don't like John，这样的回答符合合作原则中的数量准则，但是却会让说话人或当事人难堪，甚至引发更多的不愉快甚至是矛盾。可见，礼貌原则的使用，可以使交际活动顺利进行，这是因为礼貌在本质上具有非对称特点，即尽量使他人受益，使自己受损。

利奇的礼貌原则包括如表 5.1 所示的准则。

表 5.1　利奇的礼貌原则

序号	准则	准则内容
1	得体准则（tact maxim）	尽量使他人受损最小；尽量使他人受惠最大
2	慷慨准则（generosity maxim）	尽量使自身受惠最小；尽量使自身受损最大
3	赞誉准则（approbation maxim）	尽量少贬低别人；尽量多赞誉别人
4	谦虚准则（modesty maxim）	尽量少赞誉自己；尽量多贬低自己
5	一致准则（agreement maxim）	尽量减少双方的分歧；尽量增加双方的一致
6	同情准则（sympathy maxim）	尽量减少双方的反感；尽量增加双方的同情

可以看出，利奇的礼貌原则是建立在“损”与“益”的相对性上的，即尽量使自己受损大，尽量使对方受益大。礼貌原则的目的，是通过语言调节，维护双方之间的良好沟通可能。在这个基础上，合作原则得以进行的一个要求是：交际双方对交际内容需给予足够关注。

2005 年，利奇提出了宏大礼貌策略（grand strategy of politeness）。2014 年，利奇将上述礼貌原则中的 6 个准则扩充到 10 个。具体如表 5.2 所示。

表 5.2　利奇宏大礼貌策略的构成准则

准则名称	准则内容	言语事件类型
慷慨准则	多考虑对方的需求	承诺类
得体准则	少考虑自己的需求	指令类
赞誉准则	较高评价对方的素质	赞扬
谦逊准则	较低评价自己的素质	自贬
义务准则（I）（说话人对听话人）	强化自己对对方的义务	道歉；致谢
义务准则（II）（听话人对说话人）	弱化对方对自己的义务	对道歉和致谢的回应
一致准则	较高评价对方的观点	同意；不同意
观点保留准则	较低评价自己的观点	观点表达
同情准则	多考虑对方的情感	祝贺；怜悯
情感保留准则	少考虑自己的情感	抑制情感表达

表 5.2 中指向听话人的为积极礼貌原则，指向说话人自己的为消极礼貌原则。宏大礼貌策略更注重交际过程中双方的心理需求，从而尽量提高交际的接受度。

（一）慷慨准则：多考虑对方的需求

当信息有利于信息接受者时，要使用直接的表达方式，甚至可以使用命令语气，比如“说好了我请客，谁都不准跟我抢”“这些东西都给你，你下班后拿走吧”等。

（二）得体准则：少考虑自己的需求

当信息有利于说话人时，要使用间接性的表达，语气上尽量表现出不确定性。汉语中多使用“吧”“呢”“要不”“可以吗”等，比如“你现在去科研处啊，麻烦帮我把这份项目申报书交给王老师好吧？”“今天我可不可以搭你的车回家呢？”等。

（三）赞誉准则：较高评价对方的素质

对听话人给予较高程度的表扬，比如“汪教授在这一领域深耕多年，著作等身。很高兴今天有机会一起探讨这个问题”“王总高瞻远瞩，对公司的年度发展进行了清晰的规划”等。

（四）谦逊准则：较低评价自己的素质

交际中对自己的评价要拉低，以此衬托对方，比如“抱歉哈，我最近忙糊涂了，这么点事情也没做好”“这是我的一篇急就章，请您指正”等。

（五）义务准则（I）（说话人对听话人）：强化自己对对方的义务

这一准则主要表现在道歉和致谢两种言语行为上。当说话人表达对听话人的歉意或谢意时，要加大程度性的表述，比如“真是太感谢您啦。要不是您帮忙，这事儿还不知道要拖到什么时候呢”“非常抱歉，酒店的事情我马上去处理，您先坐下来休息一下”等。

（六）义务准则（II）（听话人对说话人）：弱化对方对自己的义务

这一准则是对上一准则的回应。回应时应尽量弱化对方的义务，比如：

A：不好意思，我又忘了带来你昨天说想看的书。
B：没关系的，今天事情多，就算你带来了我估计也没有时间看的。

（七）一致准则：较高评价对方的观点

对别人的观点表示赞同，并且使用相应的表达手段提高赞同程度，比如：

A：这个孩子唱得真好听。
B：是啊，真是天籁之音呢。

（八）观点保留准则：较低评价自己的观点

说话人需要对自己的观点进行评判时，需使用相应的手段降低其准确性或价值，比如“在音乐方面我是个外行，不过我挺喜欢这个小姑娘唱的歌”“我很少思考过这方面的问题，但我觉得刚才小王说的很有道理”等。

（九）同情准则：多考虑对方的情感

尽量通过语言，表达出自己与对方的感同身受，比如“听说你考上研究生了，大好事啊，祝贺祝贺！”“听说你这次没考上？没事的，你的实力在那儿呢，下次准能通过。加油！”等。

（十）情感保留准则：少考虑自己的情感

自己的个人感受不宜主动告诉对方。一般认为，相对于别人察觉后给予关心，自己主动宣布是一个非优先行为。

A：你今天看起来蔫蔫的，不太精神。怎么了？
B：没什么，可能是昨天睡得有些晚，休息一下就好了。

三、顾曰国的礼貌原则

顾曰国提出了汉语交际中的四个礼貌特征，即尊重、谦逊、文雅、态度热情。同时，顾曰国借鉴利奇的礼貌原则，结合汉语实际，提出了汉语交际中的礼貌原则，下辖五个准则，分别是：①贬己尊人准则，指谓自己或与自己相关的事物时要“贬”、要“谦”，指谓听者或与听者有关联的事物时要“抬”，要“尊”。②称呼准则，即用适切的称呼主动跟对方打招呼，称呼的适切与否需要考虑交际双方的亲属关系、职务高低、性别、场合、亲疏等诸多因素。③文雅准则，即选用雅言，禁用秽语；多用委婉语，少用直言。④求同准则，即说者与听者在诸多方面力求和谐一致。⑤德、言、行准则，指在行为动机上尽量减少他人付出的代价，尽量使他人多受益；在言辞上尽量夸大别人对自己的好处，尽量少说自己所付出的代价。

顾曰国的前两个准则有着深厚的中华文化基础，是中国传统文化对语用活动的影响。《礼记·曲礼》："夫礼者，自卑而尊人。虽负贩者，必有尊也，而况富贵乎？富贵而知好礼，则不骄不淫；贫贱而知好礼，则志不慑。"可见，在先秦时代，中国人在对"礼"的阐释上就已经提出了两个核心内容——"卑己"和"尊人"。尊重别人是各个民族普遍遵守的行为习惯，并不具有民族特异性，但是在很多文化中，只"尊人"，不"卑己"。当然，我们并不认为"卑己"是值得普遍推广的，但这确实是中国传统"礼"文化中的一个特征，并且因此派生出丰富的汉语敬谦辞系统——在汉语交际中，对他人通常要使用敬词，比如"令堂""高足""尊夫人"等；对自己或与自己相关的人则使用谦词，比如"家母""小徒""贱内"等。尤其在古代汉语中，敬谦词的使用极为普遍，并且呈明显的一一对应关系。在现代汉语中，敬辞依然存在，使用频率有所降低；但是谦辞的使用大为减少，交际中的平等意识在上升，比如"夫人"是对对方妻子的尊称，"太太"一词，则既可以指称对方的妻子，也可以指称自己的妻子。

"称呼准则"也极具中国传统文化特色。在汉语交际中，称呼是人际关系定位的最重要的一步。《荀子·君子》："等贵贱，分亲疏，序长幼，此先王之道也。"中国传统文化强调"贵贱有等、亲疏有别、长幼有序"。这种级差特点在称呼语中有严格的体现。下面的例子选自鲁迅《故乡》。

……

我这时很兴奋，但不知道怎么说才好，只是说：

"阿！闰土哥，——你来了？……"

我接着便有许多话，想要连珠一般涌出：角鸡，跳鱼儿，贝壳，猹，……但又总觉得被什么挡着似的，单在脑里面回旋，吐不出口外去。

他站住了，脸上现出欢喜和凄凉的神情；动着嘴唇，却没有作声。他的态度终于恭敬起来了，分明的叫道：

"老爷！……"

我似乎打了一个寒噤；我就知道，我们之间已经隔了一层可悲的厚障壁了。我也说不出话。

他回过头去说："水生，给老爷磕头。"便拖出躲在背后的孩子来……

母亲和宏儿下楼来了，他们大约也听到了声音。

"老太太。信是早收到了。我实在喜欢的不得了，知道老爷回来……"闰土说。

"阿，你怎的这样客气起来。你们先前不是哥弟称呼么？还是照旧：迅哥儿。"母亲高兴的说。

"阿呀，老太太真是……这成什么规矩。那时是孩子，不懂事……"

闰土说着，又叫水生上来打拱，那孩子却害羞，紧紧的只贴在他背后。[①]

成年之后的迅哥儿和闰土再见面时，两人都意识到了他们之间存在的社会阶层差异。迅哥儿还是依循旧例叫“闰土哥”，因为是想着童年的情谊，也许是因为长大后的迅哥儿有着进步思想。但是饱受生活沧桑的闰土已经意识到了自己与迅哥儿之间的巨大差异，因此使用的称呼是“老爷”。尽管老太太说“你怎的这样客气起来。你们先前不是哥弟称呼么？还是照旧：迅哥儿”。闰土还是坚持叫“老爷”，并且很抱歉地解释“这成什么规矩。那时是孩子，不懂事……”。在现代社会中，汉语称呼语的使用出现明显的平等趋势，“贵贱有等”的观念已经变淡，但是“长幼有序”“亲疏有别”的观念依然在起作用。在汉文化中，子女在常规的会话活动中基本不会、也不敢直呼父母的名字，否则会被认为是非常缺乏教养，甚至是不孝。即使是在平辈之间，哥哥可以直呼弟弟的名字，但弟弟一般不直呼哥哥的名字。

胡明扬指出：“中国人教孩子礼貌就是从‘叫人’教起的。‘叫人’是见了长辈和比自己大的平辈要先叫对方，也就是要表示尊敬……见了长辈和比自己大的平辈不先‘叫人’认为是最没有礼貌和没有教养的……学生见老师要先叫‘老师！’，见了老师而装作没看见径直走过去是很不礼貌的。”[②]

另外的三个准则与合作原则、礼貌原则中的相关准则比较一致，对各种语言中的大部分交际活动都具有约束性，是具有跨语言特点的通用规则。

四、面子理论

“面子”（face）的提出可追溯到 19 世纪来华的美国传教士明恩溥（Arthur Smith）。在《中国人的素质》（*Chinese Characteristics*）（1894）一书中，他分析了中国人的面子，指出面子在中国社会中的地位非常重要，中国人为了保全面子可以牺牲生命，为了脸面又会在他人面前演戏。20 世纪 40 年代，人类学家对汉语文化中的“脸”和“面”进行了区分。“脸”是团体给予具有道德名誉者的尊重。如果一个人的行为违背了道德标准，就会招致社会的批评，就会感到很“丢脸”，或者被认为是“没脸”甚至是“不要脸”。“面子”指的是个人凭借成就和夸奖而得到的声誉和地位。如果在某个方面非常出色，就会感到“有面子”或“挣了面子”。

佩内洛普·布朗（Penelope Brown）、斯蒂芬·莱文森（Stephen Levinson）将“面子”定义为“每一个社会成员意欲为自己挣得的一种在公众中的个人

---

① 鲁迅. 呐喊. 成都：巴蜀书社，2020：54-55.

② 胡明扬. 问候语的文化心理背景. 世界汉语教学，1987（2）：30-33.

形象”[①]。通过与他人的交际，这种形象可以被损害、保持或增强。每个交际参与者都具有两种面子——积极面子（positive face）和消极面子（negative face）。积极面子是希望得到别人的赞同、喜爱、欣赏和尊敬；消极面子是指不希望别人强加于自己，希望自己的行为不受别人的干涉、阻碍，有自己选择行动的自由。在会话过程中，交际双方同时面临着积极面子和消极面子的威胁。因此在交际中，人们需要采取一定的礼貌策略减轻对面子的威胁。许多言语行为本质上是威胁面子的，交际中采用礼貌策略的目的，就在于保护面子，降低面子威胁行为的威胁程度。

中西方文化中的“面子”存在较大差异。中国人除了注重“面子”，还注重“脸”。汉文化特别强调人的脸面。《诗经·鄘风·相鼠》：“相鼠有皮，人而无仪。人而无仪，不死何为？相鼠有齿，人而无止。人而无止，不死何俟？相鼠有体，人而无礼。人而无礼！胡不遄死？”《相鼠》所表达的中心意思是：连老鼠都有皮，人怎么可以不要脸呢？人要是不要脸，还不如赶紧死了算了。

汉语言中有很多与脸面相关的熟语，比如“人要脸，树要皮”“打人不打脸，揭人不揭短”“死要面子活受罪”“人活一张皮”等。日常交际中，也会使用“给我个面子，帮帮忙”或者“你这样说，让我这张老脸往哪搁”“你是要钱还是要脸”“他是单位里的老员工，我们也不好驳了他的面子”“他这个人很爱面子”“还好吧，到最后我们总算挽回点面子”“这下子你给我们村争脸啦”等表述。“面子”和“脸”在交际过程中都可以表征为尊严，二者的差异性在于：“脸”强调的是对个人道德品行、操守的评价。当个体做出了有悖于社会公序良俗的行为时，“脸”就会随之丢失，比如偷东西被捉是“丢脸”，考试作弊是“丢脸”，男人打女人是“丢脸”，随手扔垃圾是“丢脸”，坐公交车故意逃票是“不要脸”，公共场所撒泼骂人是“不要脸”等。“面子”则是个人能力、成就、声誉的社会性认可，比如考上大学全家人觉得“有面子”，赢了比赛“有面子”，送岳父母海参当生日礼物比送点心“有面子”；在喜欢的异性朋友前出丑“没面子”，年度考核没通过“没面子”，男人在公共场合被妻子挖苦“没面子”等。

汉文化中的“面子”强调公共面子，强调个体行为与群体观念、评价的和谐统一，而布朗和莱文森的“面子”则强调个人面子。汉文化中的“面子”和“脸”都更接近布朗和莱文森提出的积极面子，因为中国人并不追求过度地满足个人行为，而是希冀得到社会群体的认同与赞誉。下面是电影《大腕》中的台词。

> ……一定得选最好的黄金地段，雇法国设计师，建就得建最高档次的公寓，电梯直接入户，户型最小也得四百平米，什么宽带呀、光缆呀、卫星呀，能给他接的全给他接上。楼上边有花园儿，楼里边有游泳池，

---

① Brown, P. & Levinson, S. C. *Politeness: Some Universals in Language Usage*. Cambridge: Cambridge University Press, 1987: 61.

楼子里站一个英国管家，戴假发，特绅士的那种。业主一进门儿，甭管有事儿没事儿都得跟人家说“May I help you, sir?”，一口地道的英国伦敦腔儿，倍儿有面子……

中国社会比较尊崇儒家文化。儒家提倡礼治，“亲亲”“尊尊”是重要的礼义。礼治在一定程度上围绕“异”进行，即社会成员分出贵贱、尊卑、长幼、亲疏等不同的阶层。贵贱、尊卑、长幼、亲疏等各阶层有其规约性的行为准则，必须各行其礼，才能达到儒家心目中君君、臣臣、父父、子子、兄兄、弟弟、夫夫、妇妇的理想社会。因此，在交际过程中，汉语中的敬谦辞系统发达，社会各阶层在语言使用中各称其分，既给予了对方充分的尊重，也显示了自己的谦逊有礼，同时维护了交际双方的面子。

儒家文化崇尚道德至上。“君子盛德而卑，虚己以受人”（《韩诗外传》）；“君子之处世，疾名德之不章”（《文心雕龙·诸子》）[①]。违反道德的事情会被人诟病。需要指出的是，违反道德为人所不齿，这在各个国家都是一样的，只是有程度差异而已。但是，古代中国是宗法社会，乡族聚居，属于典型的熟人交际。在这样的环境中，大家抬头不见低头见，一个人的社会关系非常清楚。因此，如果某人做错或者是做坏了事情，不但自己觉得丢脸，家里的人也会觉得没有面子。在熟人社会中，脸面不仅是个体的问题，还是一个家庭甚至是家族的问题。

在中国文化中，从群体性别的角度看，男性尤其注重“面子”需求，“给面子”“撑面子”“有面子”对男性而言更为重要，并且男性会对自己的面子需求进行明确的表达。儒家文化将人分为不同的等级，有尊卑高下之分，在中国传统文化中，男性的地位要高于女性。同时，受中国传统文化中“男主外、女主内”观念的影响，男性更注重自己的公共、积极面子。下面的例子来自《非诚勿扰 2》电影。

梁笑笑：先说好噢，结了婚以后你的就是我的，我的还是我的，从此剥夺你的自我了——严禁讲理。

秦奋：基本的公民权利得给保留吧？打麻将的自由？看电视的自由？当着外人不受打骂的自由？

梁笑笑：打麻将可以，牌友我得审查；看电视可以，不许看《非诚勿扰》；当着外人，一年只给你一次面儿。

可见，秦奋作为一名成功男士，他并不在乎在家里是否受爱妻的打骂，他在

① 刘勰. 增订文心雕龙校注：第一册. 黄叔琳，注. 李详，补注. 杨明照，校注拾遗. 北京：中华书局，2012：231.

乎的是不要“当着外人”受打骂。在家里受妻子的种种约束没有问题，但是一定不可以让外人知道。或者说，只要别人不知道，就不会丢他作为一个大男人的脸，也就可以维持他在公众面前的积极面子。

思考与练习

1. 合作原则包括哪些准则？合作原则的缺陷体现在哪些方面？为什么礼貌原则会被认为是合作原则的救援原则？

2. 下面的语料选自1984年春节联欢晚会马季先生的单口相声《宇宙牌香烟》，指出画线部分违反了合作原则中的哪条准则？借此产生了什么样的会话含意？

> （1）……我们这个宇宙牌香烟哪，不管从哪方面来说，已经跨入全国先进行列了……我们还准备冲出亚洲，打入国际市场咧！我们这个宇宙香烟准备卖给美国、日本、英国、印度、瑞典、丹麦、缅甸，瑞士、挪威……芬兰、尼泊尔、南斯拉夫、阿富汗，匈牙利、保加利亚，荷兰、埃及、也门、叙利亚、斯里兰卡、阿尔及利亚、摩洛哥，苏丹、几内亚、肯尼亚、索马里、乌干达、坦桑尼亚、赞比亚、毛里塔尼亚、科威特、尼日利亚、圣马力诺、澳大利亚、墨西哥、阿根廷、马耳他、毛里求斯、圭亚那、卢森堡、牙买加、黎巴嫩、卢旺达、法兰西、加拿大……地图上有的我们全卖。人家买不买就是另外的问题儿咧。——马季《宇宙牌香烟》[①]
>
> （2）不管你是地铁车站、繁华街道、墙壁橱窗，到处都有我们“宇宙香烟”的广告！“宇宙香烟”真是家喻户晓、妇孺皆知、老少咸宜、人人必备！“宇宙香烟”打入您的生活，成为您生活三大要素之首！你不抽我这“宇宙香烟”，就没有幸福美满的家庭！你不抽我这“宇宙香烟”，年轻人就是搞不上对象！你不抽我“宇宙香烟”，学生考不上大学！——马季《宇宙牌香烟》[②]

3. 分析利奇的礼貌原则与顾曰国的礼貌原则的相同之处与不同之处。

4. 读下面“我虽不杀伯仁，伯仁因我而死”的故事，利用合作原则分析王导和周伯仁的对话。

> 《资治通鉴》记载西晋灭亡后，琅邪王司马睿南渡，王敦和王导两兄弟拥戴司马睿在建康称帝，即后来的晋元帝。晋元帝很器重王家人，

① 转引自吴文科选编《中国相声精粹》（北京：同心出版社，1996年，第5-6页）。

② 转引自吴文科选编《中国相声精粹》（北京：同心出版社，1996年，第7-8页）。

以至于当时民间流传一句话："王与马，共天下。"后来王敦掌握军权且大权在握，晋元帝对此猜忌不已，竭力打压。王敦予以反击，率军进攻建康。王敦的兄弟王导在朝中为相，不可避免受到极大牵连。为保护全家老小的周全，王导带着兄弟子侄二十余人，每天在宫门外请罪。当时有一个名周顗（音 yǐ）、字伯仁的人与王导有些交情。有一天，周伯仁进宫见皇帝，路过宫门，王导向他呼喊："伯仁，我一家大小百余口性命都交到你手上了！"周伯仁没搭理王导，进宫之后却言之切切，向晋元帝保证王导的忠诚，晋元帝也听信了。周伯仁本来就好酒，心里一高兴，在宫中饮宴后大醉出宫门，王导还在宫外，又央求周伯仁救他一家老小。周伯仁还是不加理睬，并且转身对随从说："我要杀了那些乱臣贼子，换个大官做做。"王导听闻愈发恐惧。周伯仁回到家后又上书为王导脱罪，坚称王导不可杀。但王导对此毫不知情。

朝廷不敌王敦军队，王敦进城后纵兵杀戮反对他的人。王敦问王导："周伯仁声望很高，请他任三司之职，他应该可以胜任吧。"王导不说话。王敦又问："难道他只能当仆射？"王导还是不说话。王敦说："如果不可用，那就杀掉算了。"王导依然不说话。于是王敦下令斩杀周伯仁。

后来王导整理朝廷文书时，无意发现周伯仁上书为他开罪的奏折，言辞恳切，关心备至。王导悲痛不已，说："我虽不杀伯仁，伯仁因我而死，幽冥之中，负此良友！"

5. 某人得了癌症，已经是晚期。朋友去看他，对他说："现在医学发达，技术先进，你这个病不是什么大问题，放心吧。"然后还骗他说："我的一个老邻居，也是得了你这个病，比你还要重好多。他这个人吧，乐观向上，积极配合医生治疗，安心养病，你猜怎么着？现在身体比我还好着呢。"病人听了觉得非常安慰。朋友的话明显违反了合作原则，但为什么产生了非常好的交际结果？试对此进行分析。

6. 查阅《现代汉语词典》（第 7 版，2016），分析其中"面子"和"脸"的释义。同时结合语料，分析汉语中"面子"和"脸"的异同。

7. 利用面子理论，分析鲁迅在《说"面子"》中所谈到的现象。

"面子"，是我们在谈话里常常听到的，因为好像一听就懂，所以细想的人大约不很多。

但近来从外国人的嘴里，有时也听到这两个音，他们似乎在研究。他们以为这一件事情，很不容易懂……相传前清时候，洋人到总理衙门去要求利益，一通威吓，吓得大官们满口答应，但临走时，却被从边门送出去。不给他走正门，就是他没有面子；他既然没有了面子，自然就是中国有了面子，也就是占了上风了。这是不是事实，我断不定，但这故事，“中外人士”中是颇有些人知道的。

……

但“面子”究竟是怎么一回事呢？不想还好，一想可就觉得胡涂。它像是很有好几种的，每一种身份，就有一种“面子”，也就是所谓“脸”。这“脸”有一条界线，如果落到这线的下面去了，即失了面子，也叫作“丢脸”。不怕“丢脸”，便是“不要脸”。但倘使做了超出这线以上的事，就“有面子”，或曰“露脸”……

况且，“要面子”和“不要脸”实在也可以有很难分辨的时候。不是有一个笑话么？一个绅士有钱有势，我假定他叫四大人罢，人们都以能够和他扳谈为荣。有一个专爱夸耀的小瘪三，一天高兴的告诉别人道：“四大人和我讲过话了！”人问他“说什么呢？”答道：“我站在他门口，四大人出来了，对我说：滚开去！”当然，这是笑话，是形容这人的“不要脸”，但在他本人，是以为“有面子”的……①

推荐阅读篇目

1. 顾曰国. 礼貌、语用与文化. 外语教学与研究，1992（4）：10-17.
2. 刘伯奎. 中华文化与汉语语用. 广州：暨南大学出版社，2004.
3. 钱冠连. 汉语文化语用学. 3 版. 北京：清华大学出版社，2020.
4. 陈新仁. 汉语语用学教程. 广州：暨南大学出版社，2017.

第二节　言语行为与中国文化

一、言语行为理论

20 世纪 50 年代，英国语言哲学家约翰·奥斯汀（John Austin）提出言语行为理论（speech act theory），并由其学生约翰·塞尔（John Searle）进一步发展和完善。言语行为理论的核心内容是以言行事。奥斯汀认为，在人们说出的句子中，有一些是用来陈述事实、报道事态的，这类句子是陈述句，有真假之分。还有一些句子，说出来时也就完成了相应的行为，即“以言行事”。这类句子没有真假

① 鲁迅. 鲁迅经典. 昆明：云南人民出版社，2019：679-680.

之分，只有适当或不适当的区别，比如一个人踩了另外一个人的脚，他说了“对不起”，这是一种抱歉行为，可见说话人是通过“言”来“行”事的。因此，语言中存在着陈述句和施为句的大致分类，前者是“言有所述”，后者是“言有所为”。

奥斯汀后来放弃了陈述句与施为句的区分，认为所有的语句除了表达字面意义之外，还在实施特定的行为，具有一定的语力（force）。奥斯汀认为一个人说话时还同时实施了三种行为：一是以言指事（locutionary act）；这是言内行为，指语句中音节、词汇、句子等组成的字面意义。二是以言行事（illocutionary act）；这是言外行为，即语句在表达字面含义的同时，也体现了说话者的意图，完成了诸如承诺、反对、赞同、道歉、宣告或致谢等行为。三是以言成事（perlocutionary act）；这是言后行为，指听话人在听完话语后会采取的行为或产生的结果。

奥斯汀早期按照施为动词来区分施为行为，并把英语的施为动词分为五类。第一类是裁决类，表达裁决或评价，如 declare、judge 等；第二类是行使类，表达权力的实施，如 nominate、appoint 等；第三类是承诺类，表达承诺或宣布意图，如 promise、guarantee 等；第四类是阐述类，用于解释、阐述、论证，如 state、agree 等；第五类是表态类，表明态度，如 apologize、congratulate 等。塞尔认为将施为动词作为分类标准，无法一以贯之，同时各类别之间交叉情况过多。塞尔认为对言语行为的区分，有三个最重要的要素，分别是：以言行事的要旨（illocutionary point）、适从向（direction of fit）以及所表达的心理状态（expressed psychological state）。在此基础上，塞尔把言语行为分为五类：第一类是阐述类（assertives），指说话人通过语言对事情进行阐述，且说话人对自己所断言的内容有一定的把握，认为是真实可靠的，包括断言、报告、陈述、宣称、断定等，比如“他不会回来了”“你这样做是不行的”等。第二类是指令类（directives），即说话的内容是让听话人采取某种行为，如建议、命令、要求、请求等，比如“快打 120 叫一辆救护车来”“在正式登台之前，你最好再练习一下”等。第三类是承诺类（commissives），指说话者对未来行为做出的承诺，表达出说话人要做某事的意图，包含提供、保证、许诺、承诺、拒绝、宣誓、威胁等，比如“老师，我保证在下周周五之前把毕业论文修改稿交给您”“不好意思，我去不了”等。第四类是表达类（expressives），指说话人表达对某一行为、事件或状态的感情和态度，包括道歉、抱怨、感谢、赞美、指责、祝贺等，比如“我们在这一领域取得了巨大的进步”“尽管疫情不断反复，但我们要有信心”等。第五类是宣告类（declaratives），指说话人通过说话使所指的事情状况发生变化，包括宣布、祝福、命名、任命、辞职、宣判等，比如“汪教授当选为本学会的常务理事”“我们今年春节结婚”等。塞尔的分类影响最大。目前关于言语行为的研究，多以塞尔的分类为基础。

在奥斯汀理论的基础上，塞尔进行了拓展，提出了直接言语行为和间接言语行为的分类。直接言语行为是言语字面所显示的、说话人想要表达的行为，比如“请你现在离开我的办公室”；间接言语行为则是在言语字面意思外暗含的说话人要表达的真实意图。说话者表面上看表达的是A，其真实意图是在做B，比如“新款手机上市了”，这个句子从表面来看是一种断言，但实际上是表示想买新款手机的请求。因此，塞尔将“新款手机上市了”中的“请求”称为“主要言外行为”（primary illocutionary act），其中的“断言”为“次要言外行为”（secondary illocutionary act）。

言语行为总是发生在特定的社会环境中，人们的言语行为与文化背景息息相关。由于受到自身所处社会文化的制约，不同文化中的人在交往过程中会潜意识地遵循着各自的文化信仰和规范，人们经常选择不同的策略来表达自己的想法或意图。因此在言语行为的呈现方式与内容上都可能表现出不同程度的差异。一般认为，影响交际策略选择的因素包括：交际双方的社会距离、社会权势以及言语行为的难易程度——言语行为所导致的对方须承诺的责任和义务等。言语行为的实施，一方面遵循着构成性规则，另一方面也遵循着调节性规则。

二、汉语言语行为分析

从内容上看，具体言语行为包括：寒暄、道歉、邀请、抱怨、拒绝、责备、表扬、同意、批评、投诉、抱怨、安慰等。言语行为在各种文化中都有体现，并且具有程式性的表述，比如寒暄言语行为中的“你好”，道歉言语行为中的“对不起”，宣布言语行为中的“我宣布……”，拒绝言语行为中的“我很愿意做……，但是……”等。这是言语行为表述中的规约性结构，具有跨文化的普适性。同时，言语行为也受到文化因素的制约，不同文化中言语行为的实施策略是不同的。下面以寒暄言语行为和拒绝言语行为为例，分析汉语中的言语行为。寒暄言语行为是典型的、维护双方面子的建设性言语行为，拒绝言语行为则是典型的、伤及对方面子的破坏性言语行为。

（一）汉语中的寒暄言语行为

寒暄语（phatic communion）也叫应酬语，于1923年由社会人类学家布罗尼斯拉夫·马利诺夫斯基（Bronislaw Malinowski）提出。马利诺夫斯基在调查太平洋西南部的特罗布里恩群岛（Trobriand Islands）的社会变迁和文化习俗中，发现人际交往中除了信息的提供与获得，有些是以建立和保持社会接触为目的的。寒

暄是一个典型的礼貌性言语行为，有助于交际双方建立、保持或者中断社会关系。交际双方初次见面时“你好”的问候可以帮助双方建立社会关系；两个熟人见面时问一句“又要去图书馆吗？”可以帮助双方维持社会关系；在客人夜深久坐时，主人的一句“要不要再来点儿茶？”则可以中断这场谈话。

陈松岑认为汉语的寒暄包括交谈式、问候式、称谓式、伴随语言式四大类型。①杜学增将其分为祝愿式的问候、关心式的问候、交谈式的问候、称谓式的问候以及称赞式问候。②综合来看，汉语中的寒暄语可以分为规约式寒暄语与非规约式寒暄语两大类。

1. 规约式寒暄语

规约式寒暄语具有程序化特点。见面时的问候包括“你好”“早上好”“初次见面，请多多关照”“久仰（大名）”“幸会幸会”等；分别时的寒暄语包括“再见”“拜拜”“慢走”“有空再来”“下次再聚”“什么时候一起吃个饭”等；对他人赞誉的回应包括“哪里哪里”“谢谢”“让您见笑了”“献丑了”等；款待别人时会说“多吃点”“招待不周，别嫌弃”等。基本上每种言语行为都有规约式寒暄语。

2. 非规约式寒暄语

非规约式寒暄语具有语境依赖性与文化依附性，类型多样，难以一一列举。大致包括如下类型。

（1）询问式寒暄。从历时角度看，汉语中寒暄语最早的类型之一就是询问式。在远古时代，先民多穴居，毒蛇猛兽横行，常受其害，见面会问“无它乎？”。之后病害天灾肆虐，见面时会问“无恙乎？”。中国人素来认为“民以食为天”，在生产力低下、粮食匮乏的时代，中国人见面会问“吃了吗？”等。上述询问式寒暄语有规约性的一面，不过，汉语的询问式寒暄语，更经常的是“见什么问什么”，比如早晨问“上课去啊？”，中午问“吃过饭了吗？”，下午问“下班啦？”，在车站问“等车啊？”，在图书馆问“借书吗？”，甚至被老师批评都可以被问“又挨训啦？”等。但需要注意的是，“见什么问什么”并不适用于所有的场景，比如我们不会问别人“上厕所啊？”或者是“你上周怎么被派出所叫去了？”等明显具有隐私性或禁忌性的问题。当然也可以笼统地问，比如“干嘛去呀？”“最近在忙什么呢？”等。汉语的询问式寒暄语也与受话人相关，比

① 陈松岑. 汉语招呼语的社会分布和发展趋势. 语文建设，1988（4）：27-29.

② 杜学增. 中英（英语国家）文化习俗比较. 北京：外语教学与研究出版社，1999：54.

如，对小朋友可以问“喜欢上幼儿园吗？”，对中学生可以问“功课紧张吗？”，对大学生可以问“工作好找吗？”，对准备结婚的年轻人可以问“打算什么时间买房子啊？”。

询问式寒暄除了人际互动功能之外，也有信息传递功能。但其主要目的仍是对人际关系的维护，比如邻居大妈问“你今年多大啦？”“一个月挣多少钱啊？”“有男朋友了吧？”“打不打算生三胎呢？”等。被问话的一方可以如实回答，也可以搪塞两句。只要有表面上较为配合的回应，就基本算是完成了寒暄功能。

询问式寒暄很容易引起跨文化交际障碍，比如外国人会认为中国人“明知故问”（“下班啦？”）、“探听隐私”（“你结婚了吗？”）以及“说正确的废话”（“天热，多喝水”）等。

（2）漫谈式寒暄。无目的的寒暄，可以谈论与双方有关系的话题，也可以谈论与双方关系不大或者是没有什么关系的话题，比如：

A：天可真热啊。
B：是啊，去年可没这么热。
A：可不是嘛，一年比一年热。
B：全球气候都变暖了。
A：是啊，都变暖了。
B：据说南极的冰都化了好多。
A：真的吗？
B：可不是嘛。新闻上说的。
A：哦。

（3）赞美式寒暄。通过赞扬对方的方式进行寒暄。看到同学晨读，可以说“你真用功啊，怪不得成绩那么高”；同事穿了件新衣服，可以说“这件衣服很衬你的肤色，你穿着很好看”；看到老人带孩子，可以说“小姑娘长这么高了，真是越来越可爱啦”；等等。

（4）谦虚式寒暄。汉民族讲究谦逊，在论及自己时更是如此。谦虚式寒暄多用于对他人赞美的应答中，比如“我这篇文章是急就章，经不起推敲”“没有没有，我这差远了”“就我这三脚猫功夫，您就别笑我了”等。

（5）建议式寒暄。天冷，A穿得很少，B会说“天凉了，得多穿点衣服”；有人不舒服，别人可以说“你得赶紧上医院去看看”或者是“早点睡觉，多喝热水”；等等。

询问式寒暄、谦虚式寒暄以及建议式寒暄表现出明显的汉文化特点。询问式寒暄因为有时会涉及私人信息，经常被汉语二语学习者认为是侵犯了其“隐私”；

谦虚式寒暄所表现出的中国式含蓄也让西方人大惑不解。建议式寒暄有时被汉语二语学习者认为是一种冒犯行为。

（二）汉语中的拒绝言语行为

拒绝言语行为是在对方提出请求、询问、邀请、建议等情况下，言者表达出的一种不合作的态度，具有面子威胁性。拒绝言语行为分为两类：直接拒绝言语行为和间接拒绝言语行为。直接拒绝言语行为可以包括起始行为语、辅助行为语与中心行为语三个部分。起始行为语的功能是吸引听话人的注意；辅助行为语用以解释不能答应请求的原因；中心行为语是实现拒绝的核心部分，表示直接拒绝。起始行为语与辅助行为语属于附加语（adjunct）的范畴。附加语包括用于加强或缓和语气的语素、词语或句型，在句子中的作用在于减小威胁面子的程度，协助“拒绝”。即使是在直接拒绝言语行为中，直接使用“这事我帮不了”的表述也非常少见，大多数人会使用一些附加成分舒缓语气，给对方留面子，可能会采用类似“小王，对不起，这件事情我恐怕帮不了你”的表述。“小王，对不起”为起始行为语，起到维护对方面子的作用，“这件事情我恐怕帮不了你”是中心行为语，明确表示拒绝。

直接拒绝言语行为过于生硬，容易伤了听话人的面子，因此并不是交际中的优选策略。通常情况下，在不同语言中，说话人在表示拒绝时会采取一定的交际策略，力图在遵循合作原则与礼貌原则的前提下，尽量顾及对方的面子，通过间接言语行为表示拒绝，其中就涉及拒绝策略的选择。

汉语中的间接拒绝言语行为的策略包括：①借口策略，比如“我今天晚上有其他安排，你的生日聚会我去不了”；②推迟策略，比如“抱歉，我再想想，明天回复你”；③转换话题策略，比如“我们今年的采购指标已经用完了。你现在提出换设备，钱从哪里来呢？”；④提建议策略，比如“这事儿一直都归张副院长管，我从未接手过。你去问问他吧”；⑤劝说策略，比如“算了，多一事不如少一事，你别再揪着这个问题不放了”；⑥模糊回答策略，比如“嗯嗯，我理解你的心情。但这事情很棘手，短期内恐怕是解决不了”。

大多数情况下，说话人会选择使用间接拒绝言语行为，以保全对方的面子，尽量维系说话人之间的人际关系。而且，在中西有些文化中，女性在实施拒绝言语行为时，采用间接策略的更多，也使用更多的附加语。在同一文化背景下，说话者拒绝地位低的人时较少表达歉意，而拒绝地位高的人时则倾向于给出更多解释，并提供更多的替代方法让对方下台阶。

但是，与西方人相比，东方社会文化中的人们对阶层、地位等因素更为敏感，因此东、西方说话者在拒绝不同地位的人的请求时，对拒绝策略的选取有明显差异。在中国文化的背景下，拥有社会权力较少的人在拒绝拥有较多社会权力的人时，采用间接拒绝方式的更为常见。在英语文化中较普遍存在的情况是直接拒绝。在英语语言环境中，社会距离对拒绝言语行为的影响则超过了社会权力的影响。一般而言，对社会距离小的听话人，说话人采取直接拒绝的比例更高。可见，拒绝言语行为的跨语言差异部分是由文化价值观的差异造成的。中国人更注重维系人与人之间的关系，关注人际关系的和谐；西方人则强调就事论事。

需要注意的是，汉语中还存在一种虚假拒绝言语行为，指说话人表面上表达的是拒绝，但这并不是他真实意思的表达。根据共享的社会文化背景，听话人通常也知道说话人说的不是真的。在中国文化中，在别人提出邀请、发出馈赠或提供帮助时，立即接受是不合乎礼仪的。有时拒绝者内心不想拒绝，但受文化制约，又必须表现出拒绝的样子。所以受益的一方一般要推辞一番，假装拒绝一次或数次后，经过比较长的磋商过程之后，才接受对方的请求或帮助。

我们假设一个情景。甲和乙两个人在一个单位工作，但只是点头之交，并不熟悉。有一天，乙提了很多东西上楼，甲正好看到了。于是发生了下面的对话。

甲：哎呀，你怎么提了这么多东西？来，我帮你提一些。

乙：不用不用，不沉，我自己能行。谢谢。

甲：还说不沉。你看你头上的汗。给我一些吧。

乙：这怎么好意思呢。

甲：没事儿。举手之劳。来，给我一些。

乙：谢谢啊。

有的时候，虚假拒绝的出现，是因为听话者一时搞不清楚对方发出的邀请或提供的帮助是不是真实的，因此需要反复试探，明了对方的态度。假设下面的情景：甲和乙在甲的家里谈事情，到中午了，甲邀请乙在他家里吃午饭。

甲：中午了，在我家吃午饭吧。

乙：不了不了，我回家吃。

甲：你家那么远，别在路上折腾了。就在我家随便吃点吧，吃完了我们再接着谈。

乙：不不，那太麻烦你了。

甲：不麻烦。你看我家冰箱，昨天刚买了一大堆东西，都是半成品。微波炉一热就好了。味道也还过得去。

乙：这多不好意思，不行不行。

甲：没事儿。一顿便饭而已。又不费什么功夫。

乙：那就太感谢啦。

邀请行为本身也存在真实和虚假之分。虚假邀请的发出是出于礼节或应酬的需要。因此，当听话人不清楚对方邀请的真实性，为稳妥起见，会予以婉拒，这是试探邀请真诚与否的重要策略和手段。当说话人明确表示不接受邀请，而对方却执意坚持，继续发出邀请，则基本可判断为真诚邀请。因此，在中国文化中，成功的邀请一般都要经过“邀请—婉拒—再次邀请—再次婉拒—坚持邀请—接受邀请”这一反复磋商的过程。

与西方一样，汉语中的真实拒绝是威胁面子的言语行为，因此说话者需要运用礼貌策略，最大限度地减轻拒绝对听话人造成的负面影响。但是，汉语中的虚假拒绝言语行为本身就是在执行汉语交际中的礼貌功能。这一点在西方文化中是非常少见的，也因此会造成一些交际障碍。

思考与练习

1. 简述什么是言语行为理论。

2. 句子“今天教室里有点冷”是常规的陈述句，还是表示言语行为的施为句？如果可以分析为施为句，请指出其言内行为、言外行为与言后行为。

3. 下面是刘德联、刘晓雨主编的《中级汉语口语》中的一个片段。请分析其中山本、迈克和玛丽所说的寒暄语，这些寒暄语属于哪一种类型。

山本：我听说中国人见面喜欢问“吃了吗？”所以我见人就问“吃了吗？”他们都很奇怪地看着我，也有人反问我：“你还没吃饭吗？”我现在明白那是中国人在吃饭时间见到朋友时的一种问候语，不是什么人什么时间都能说的。

迈克：确实是这样。我刚来中国的时候，我的中国朋友常常问我：“你去哪儿？”“昨天去哪儿了？”我很不高兴，觉得这是我的隐私，为什么要告诉你？后来我才知道那只不过是他们的一种问候语，你只要回答“出去”、“出去了”就行了。

玛丽：我也有同感。上次去农村,一位挺和善的老大妈拉着我的手一个劲儿地问：“姑娘，多大啦？”“结婚了吗？”“有对象了吗？”我知道她真的是关心我，可也真不知道该怎么回答她。

4. 情景假设：A 是德国外教，B 是中国某大学的大三学生。A 是 B 的老师，在 A 去医院看病时，请 B 为 A 翻译。A 看完病正好是中午，在麦当劳快餐店旁两人进行了如下对话。请对其中的邀请和拒绝言语行为进行分析。

A：非常感谢你陪我看病。这里有一家麦当劳，我请你吃麦当劳吧。

B：您不用客气。我是您的学生，陪您来看病是应该的。我早晨吃得饱，现在我一点也不饿。

A：我现在很饿。那么好吧，麻烦你帮我点一个巨无霸，再来一杯冰可乐。

B：哦，行……吧。（郁闷中）

5. 利用言语行为理论，分析《庄子·秋水》中庄子对楚王的拒绝行为所体现出的文化因素。

庄子钓于濮水，楚王使大夫二人往先焉，曰："愿以竟内累矣！"庄子持竿不顾，曰："吾闻楚有神龟，死已三千岁矣。王巾笥而藏之庙堂之上。此龟者，宁其死为留骨而贵乎？宁其生而曳尾于涂中乎？"二大夫曰："宁生而曳尾涂中。"庄子曰："往矣！吾将曳尾于涂中。"

6. 中国历史上有很多著名的关于拒绝的故事。蜀汉灭亡，原担任蜀汉尚书郎的李密成为亡国之人。晋武帝久闻其才，请他出山。李密不欲出仕，就上表千古奇文《陈情表》来推脱应召，言称需要在家照顾祖母，用词婉转，其情恳切。魏晋时期的"竹林七贤"之一嵇康写过《与山巨源绝交书》，申明自己赋性疏懒，不堪礼法约束，不可加以勉强。结合《陈情表》和《与山巨源绝交书》的原文，从汉文化的角度，分析李密与嵇康拒绝行为的文化特点。

7. 有研究者认为，东西方文化的差异之一在低语境文化（low context culture）与高语境文化（high context culture）之分。在低语境文化中，说话人倾向于直接表达自己的意图或思想，不会拐弯抹角。在高语境文化中，说话人会采取婉转、迂回的方式进行语言表达，崇尚保持社会的和谐、防止与他人发生冲突。在低语境文化中，上司会公开批评一个不负责任的下属，同时会直接提出对对方的要求，并且表示如果下属达不到相关要求会面临的后果。在高语境文化中，上司更可能在私底下向下属提出批评，言辞婉转，引导对方发现自己的错误。请结合实例分析汉文化是高语境文化还是低语境文化。

8. 在中国，拒绝陌生人与拒绝熟人的言语行为有什么不同之处？在英语国家的情况是一样的吗？

推荐阅读篇目

1. 毕继万. 汉英寒暄语的差异. 语文建设，1997（4）：17-20.

2. 邓炎昌，刘润清. 语言与文化——英汉语言文化对比. 北京：外语教学与研究出版社，1989.

3. 顾曰国. 礼貌、语用与文化. 外语教学与研究，1992（4）：10-17.

第三节 姓、名、字、号与中国文化

汉语的姓名文化极具文化内涵，是中国传统文化的重要组成部分。汉语姓名文化中包括姓、名、字、号等。汉语称呼是人际关系定位的第一步。在古代中国，社会交际中尤其强调"礼"，"礼"的一个主要方面是对双方的关系进行准确定位。为了表示对他人的尊敬，不会直呼其名，而是称字；有人认为称字也不够尊敬，于是称别号；有人甚至认为称别人的字、号还是不够尊敬，于是以其官职、籍贯来称呼，比如称杜甫为"杜工部"，称柳宗元为"柳河东"等。因此，汉语中的称呼语系统极为发达。

一、汉语中的姓与氏

《说文解字》："姓，人所生也……从女，从生，生亦声。"《左传·隐公八年》："天子建德，因生以赐姓。"可见，"姓"与"出生"紧密相关，是代表共同血缘的种族称号，属于整个氏族。《春秋》中的古姓，约一半带有女字，比如"妫""姬""嬴""姜""偃""姒""姞""妘"等。据推测，姓出现的时间大概是在母系氏族社会。

关于中国的姓的起源，学界观点不一。"因生以为姓"只是其中代表性的一种。有人认为是天子赐姓，比如《史记·秦本纪》："大费拜受，佐舜调驯鸟兽，鸟兽多驯服，是为柏翳。舜赐姓嬴氏。"有人认为是根据居住地得姓，比如《说文解字》："姚，虞舜居姚虚，因以为姓。"或者认为姓来源于远古社会的图腾崇拜等，比如"熊"与"龙"。大量史料表明：汉文化的姓不是在一个时期内形成的，因此，其来源不可能是单一的，而应该是多元的。

由于人口繁衍，部落不断分化。新的部落为了与之前的部落以及其他部落相区别，为自己的部落取了一个本部落内共用的称号，这就是"氏"。氏族继续分化，氏也越来越多。可见，氏是姓的分支。姓强调的是同祖同宗的血缘，标识的是血脉的凝聚与同一；氏强调的是后代之间的分化，标识的是家族的独立与差异。

在先秦时代，姓与氏是分开的，且功能不同。姓的功能是标识血统血脉，区别婚姻，氏的功能是标识身份等级。贵族中女子称姓，男子称氏；贵族有姓有氏，一般平民无姓氏；姓因生而定，虽经百代而不变，氏因家族而分，是可变的。《通志·氏族略·氏族序》："三代之前，姓氏分而为二，男子称氏，妇人称姓。氏所以别贵贱，贵者有氏，贱者有名无氏。"《左传·僖公二十三年》："男女同姓，其生不蕃。"《国语·晋语》："同姓不婚，恶不殖也。"《礼记·曲礼》："取妻不取同姓，故买妾不知其姓则卜之。"一般认为，上古的"同姓不婚"制度反映的是中国文化中朴素的优生学理论。如果出现同姓通婚行为，要受到其他人的嘲笑。《论语·述而》："陈司败问：'昭公知礼乎？'孔子曰：'知礼。'孔子退，揖巫马期而进之，曰：'吾闻君子不党，君子亦党乎？君取于吴，为同姓，谓之吴孟子。君而知礼，孰不知礼？'"①

比较常见的氏的产生方式包括：以受封的邑名为氏，比如解狐；以国名为氏，比如姜太公封于齐，后人以齐为氏；以所居地为氏，比如西门豹；以官名为氏，比如卜偃；以祖先的字或谥号为氏，比如孔丘：孔子是宋公孙嘉之后，嘉字孔父，后世以孔为氏。即使父子、兄弟，他们同姓，但是可以不同氏。

战国时期战争频仍，社会贵贱等级发生变化，贵族可能沦为平民，平民也可以跻身上层，氏的"明贵贱"的功能弱化。明代顾炎武在《日知录》中写道："自战国以下之人，以氏为姓""姓、氏之称，自太史公始混而为一"。郑樵《通志·氏族略·氏族序》："秦灭六国，子孙皆为民庶，或以国为氏，或以姓为氏，或以氏为氏，姓氏之失自此始。故楚之子孙可称楚，亦可称芊。""周之子孙可称周子南君，亦可称姬嘉。又如姚恢改姓为妫，妫皓改姓为姚，兹姓与氏浑而为一者也。"

在《史记》之后，对姓与氏的区分几不可见。我们现在经常谈到的孔子，据其姓为子，孔为氏。但是现在，一般人都认为"孔"为姓。同样的知识盲点也出现在"屈原"这一称谓上。屈是地名，在现在湖北秭归一带。春秋时期楚武王封王子瑕于屈地，其子孙遂以屈为氏。屈原是王子瑕的后代，自然也是以屈为氏。屈原作为楚贵族，与楚国国君同姓，姓芈。但是，在先秦时代，男子一般只称氏，不称姓，因此对先秦时期男子的称呼，一般采取"氏＋名"式的称谓方式，而不是秦汉之后常见的"姓＋名"式的称谓方式。这就是为什么我们所见的都是"屈原"或"屈平"，而不是"芈原"或"芈平"，这是时代与社会因素在称呼语中的投射。当然，在姓与氏合流之后，认为孔子姓孔，屈原姓屈，似乎也并无不可。不过一般对先秦时代的贵族，一般区分使用姓和氏；秦汉之后，可无须细分。

二、汉语中的名

《说文解字》："名，自命也。从口从夕。夕者，冥也。冥不相见，故以口自名。"《礼记·檀弓上》："幼名、冠字。"《礼记注疏》云："始生三月而

①《周礼》明确规定同姓不婚。同姓贵族不能通婚，比如姬姓女子不能嫁给姬姓贵族。吴国和鲁国，都是周文王的后裔，为姬姓。春秋时代，国君夫人的称号一般是所生长之国的名称，或来自丈夫或其他方面的名称再加上她的本姓。按照惯例，这位鲁君夫人本来应该叫吴姬或是昭姬，但这样就能一眼看出来鲁国国君与其夫人同姓，于礼不合。鲁昭公故意称之为"吴孟子"，以期掩人耳目。因此陈司败认为如果鲁昭公做出这样的事情都能算是知礼的话，那天下就没有人不知礼了。

加名，故云幼名也，冠字者，人年二十有为人父之道，朋友等类不可复呼其名，故冠而加字。”《仪礼·士冠礼》：“冠而字之，敬其名也。”[①]

现在见到最早的是夏商时代的名字，当时崇尚以天干命名，如夏商两代留下的人名“太乙”“太戊”“中丁”“外壬”“南庚”“孔甲”“雍己”“盘庚”“祖乙”“祖辛”“武丁”“小辛”等。这种命名方式，与当时人们对时辰观念的重视有关。中国传统文化认为通过人出生时的八字，可以推断出这个人一生的命运。

《左传·桓公六年》记载着春秋时代命名的五个原则：“名有五：有信，有义，有象，有假，有类。以名生为信，以德命为义，以类命为象，取于物为假，取于父为类。”这是鲁国大夫申繻在回答桓公问名时提出来的，意思是：取名或是根据其出生特点（比如郑庄公取名为“寤生”），或是根据出生时的祥瑞之兆（比如周文王名“昌”），或是根据相似之物（比如孔子生下来头顶四周高，中间低，像山丘，因此名“丘”），或是根据出生时的情景（比如孔子的儿子出生，鲁昭公送来鲤鱼，名“鲤”），或是根据孩子与父辈的相似之处（比如鲁庄公与父亲生日相同，名“同”）等五个方面。申繻也提出了命名的六不原则，分别是不以国、不以官、不以山川、不以隐疾、不以畜牲、不以器币取名。总体上，古代取名大多遵循上述规则。但不同的时代，有不同的特点。

周朝取名较为质朴。周公旦为长子取名禽，鲁成公名黑肱，晋文公名重耳，晋成公名黑臀等。因事因景取名，不加粉饰。战国时，很多贵族通过占卜给后代取名，比如屈原的《离骚》：“皇览揆余初度兮，肇锡余以嘉名：名余曰正则兮，字余曰灵均。”魏晋南北朝时期，玄学盛行，“元”“真”“道”“玄”等是命名中的常用字。同时还盛行以“之”命名，如王羲之、王献之、顾恺之、祖冲之、颜延之等。“之”字是五斗米道中用于道徒名字的暗记，因此笃信其道的门阀世族遂把“之”字作为人名，形成一时风尚。魏晋南北朝佛教也盛行，名字中佛教意味浓厚，比如释道安。唐宋以五行命名成为时尚，比如南宋朱熹其父名松（从木），朱熹（从火），其子朱塾（从土），其孙朱钜（从金），曾孙朱渊（从水），命名按照木生火、火生土、土生金、金生水的顺序排列。这种取名方法在民间一直使用。鲁迅在《故乡》里写道：“我早听到闰土这名字，而且知道他和我仿佛年纪，闰月生的，五行缺土，所以他的父亲叫他闰土。”[②]宋代以后，尤其是明清，按照字辈谱命名的方法最为盛行。1744 年，乾隆钦定了作为孔子后裔行辈顺序的 30 个字。

总体上，在中国漫长的封建社会中，官宦富贵之家多以忠孝节义、福禄寿康、

---

① “冠而字之，敬其名也”下有注云“君父前称名，于他人则称字”。

② 鲁迅. 呐喊（附《彷徨》）. 插图本. 北京：北京燕山出版社，2004：51.

升官发财之义等来命名，取名时多包含“仁”“义”“礼”“智”“信”“寿”等字。平民百姓望子成龙，企盼富贵，“富贵”“德福”“进财”“耀宗”“平安”“满囤”等是常用名。

中华人民共和国刚成立后的不少名字包含浓厚的革命或建设意味。“建国”“国庆”“援朝”“抗美”“卫国”“拥军”“建军”“卫东”“红卫”“卫红”“建设”“学工”等都很常见。

当代取名更注重的是文雅，比如“子轩”“梓轩”“子萱”等。双姓名逐渐增多，比如“王吴丽雅”“周杨子思”“杜卫宜阳”等。通常前两个分别是父亲和母亲的姓，后面是名字。

历史上，皇帝取名的原则与百姓不同。第一，皇帝取名多数只用一个字，一般是为了减少人们避讳的麻烦。在宋代，除太祖赵匡胤，其余的皇帝都是一个字，多数是在继位后改名的，如宋太宗本名匡义/光义，当皇帝后改名为赵炅[1]。第二，皇帝的名字尽量用古字、奇字、生僻字，不用常见字，一般也是为了减少人们避讳的麻烦。西汉宣帝，原先有一个在当时极普通的名字“病已”，宣帝即位后即改名为刘询。

中国皇帝取名的两个原则，与中国传统的避讳文化有关。《春秋公羊传·闵公元年》：“为尊者讳，为亲者讳，为贤者讳。”《礼记·曲礼上》：“入竟（境）而问禁，入国而问俗，入门而问讳。”

历史上姓名的避讳主要有三种。第一种是父母或祖父母的名字，家庭中的晚辈要避讳，叫做“家讳”，或叫“私讳”。《声律启蒙 训蒙骈句》：“张骏曾为槐树赋，杜陵不作海棠诗。”[2]其中的杜陵指杜甫。有人认为杜甫的母亲名叫海棠，为了避讳，杜甫的诗中不写海棠。《红楼梦》中黛玉的母亲叫作贾敏，因此黛玉在读书时，凡是遇到“敏”字，都是读作读音相近的“密”。在写字的时候，写到“敏”字，也会故意加减笔画，也是为了避母讳。第二种是皇帝的名字，全国臣民都要避讳，叫做“国讳”，也叫“公讳”。《唐律疏议》规定，故意直呼皇帝名字，是“大不敬”之罪。国讳是避讳中最严格、严重的一种。唐高宗叫李治，当时在行文中凡遇到“治”字都要改成“理”字（“治”与“理”同义）。柳宗元《种树郭橐驼传》：“我知种树而已，官理非吾业也。”[3]第三种是圣讳，指为圣人避讳。孔子、孟子、周公都在圣讳之列。雍正朝规定“孔孟之名必须回避”，凡古书中有此字，一般改为缺笔字。

---

① 历史上皇帝取名用两个字的较少，而明代皇帝除了明成祖朱棣的名字是一个字外，其他皇帝都是两个字，这在历史上的汉人王朝中是比较少见的。

② 车万育，司守谦. 声律启蒙 训蒙骈句. 乌鲁木齐：新疆青少年出版社，1996：4.

③ 吴楚材，吴调侯. 古文观止. 苗怀明，王先勇，周颖，解读. 阙勋吾等，译注. 喻岳衡，陈蒲清，校订. 长沙：岳麓书社，2021：192.

三、古人取字

《礼记·曲礼上》："男子二十，冠而字，……女子许嫁，笄而字。"其意思是贵族男子二十岁时成年，行加冠之礼而取表字，女子成年之时可以盘发插笄，也要取字。因此女子未嫁也称"待字闺中"。

《颜氏家训·风操》："古者，名以正体，字以表德。"[①]可见，古人的名与字之间是关联的，即所谓的"名、字相应"。字是对名的解释与补充，与名互为表里，意义相互关联。名与字的关联大致分为以下几种。

同义反复，即名与字之间是同义关系。举例：屈原名平字原；孔子学生宰予字子我；颜回字子渊；诸葛亮字孔明；陶渊明字元亮；周瑜字公瑾；诸葛瑾字子瑜；陆游字务观；曹植字子建；曾巩字子固。

反义相对，即名与字之间是反义关系。举例：晋大夫赵衰（衰，减少意）字子余（余，丰足、多余的）；曾点（点，小黑也）字皙（皙，色白）；唐朝王绩字无功；朱熹（熹，火亮）字元晦。

连义推想，即名与字之间存在一种联想推理关系。举例：司马耕字子牛；孔鲤字伯鱼；赵云字子龙；晁补之字无咎；苏轼字子瞻；岳飞字鹏举；辛弃疾字幼安；马致远字千里。

仿照式，即名与字仿效前人。举例：南宋陆游字务观，其名与字效仿北宋词人秦观，字少游。范仲淹字希文，其中的"淹"指江淹，江淹字文通。

古人取字时会出现字中用典的情况。举例：曹操字孟德，取自《荀子·劝学》"生乎由是，死乎由是，夫是之谓德操"句。唐代文学家陆羽字鸿渐，取自《周易·渐》"鸿渐于陆，其羽可用为仪，吉"。于谦字廷益，取自《尚书》"谦得益"。王维字摩诘，"维摩诘"为梵语"净名""无垢称"的音译形式。

可以看出，字与名有密切关系，字往往是名的补充或解释，这叫"名、字相应"，互为表里，故字又称作"表字"。

还有一种常见男子的字的构成，是在字的前面加"伯""仲""叔""季"表示排行。举例：三国时东吴孙氏弟兄。孙策为孙坚的长子，字伯符；孙权为孙坚的次子，字仲谋；孙翊排行老三，取字叔弼；孙匡排行老四，取字季佐。

但是，名与字之间的关系，并不具有唯一性，有时会出现不止一种合理的解释。以曾参为例。

曾参，字子舆，是孔子晚年的学生，在儒家思想传承中起着重要作用，被封为宗圣，是文庙四配之一，著有《孝经》《大学》。民间俗语中有"曾参杀人""曾参教子"等。关于"曾参"的读音，一直存在争议。有学者从"名、字相应"

---

① 颜之推. 颜氏家训. 管曙光，注译. 郑州：中州古籍出版社，2008：64.

的角度对“参”的正确读音进行分析，主要有两种观点。

第一种观点认为“参”音 cān，代表人物是明末学者方以智与清代的王引之。方以智在《通雅·姓名》中说：“曾参，字子舆，参当音参乘之骖。”古人的名与字是呼应的，曾子的字是子舆，“舆”与车有关，而“骖”为拉车之马。“参”是“骖”的假借，而“骖”的古音为七南反，今读 cān（餐），因此“参”的发音也是 cān（餐）。把“参”训为“骖”符合古人名、字呼应的惯例。清代学者王引之在《经义述闻·春秋名字解诂》里写道：“曾参，字子舆。……‘参’，读为‘骖’。”他又说：“古人名字多假借，必读本字而其义始明。”他认为“曾参”实为“曾骖”，读 cān 音是以字训名。古人先有名后有字，字是对名的补充或解释，方式有同义反复、反义相对、连义推想等。上述曾子的字子舆，就可以看作是对名“参（骖）”的一种连义推想——从车推想到马。类似的情况还有：孟轲，名轲，字子舆。“轲”的本义为接轴车，“舆”本义为车厢。

第二种观点认为“参”音 shēn，代表人物是东汉学者许慎。《说文解字》里对“森”的解释是：“森，从林从木，读若曾参之参。”从中可以看出，曾参之“参”的读音不是 cān（餐），而是“森”，与 shēn 相近。《说文解字》：“参，商星也。从晶㐱声。”意思是“参”是一种星宿的名，读音为㐱。这个读音接近于 shēn（身）而不是 cān（餐）。唐代白居易的《慈乌夜啼》：“慈乌失其母，哑哑吐哀音，昼夜不飞去，经年守故林……嗟哉斯徒辈，其心不如禽！慈乌复慈乌，鸟中之曾参。”白居易把曾参的“参”读为所今切，押的韵是侵韵，与许慎的注音相同。在车万育和司守谦《声律启蒙 训蒙骈句》中，书中的侵韵是：“眉对目，口对心，锦瑟对瑶琴。晓耕对寒钓，晚笛对秋砧。松郁郁，竹森森，闵损[①]对曾参。”[②]

《周易·说卦》说：“坤为地，……为大舆。”后世又以“坤舆”为地的代称。曾参，字子舆。按照《周易》的解释，“舆”为地，“参”作星，这样曾子的字与名就成了一种反义相对的关系，同样符合古人以字训名的习惯。

王力主编的《古代汉语》（中华书局校订重排本 2018 年版）第一册在《论语·学而》中注明：“曾子，名参（shēn），字子舆，孔子的弟子。”杨伯峻在《论语译注》（中华书局 2009 年版）中也认为“曾参”中的“参”应该读成“（shēn）”。《汉语大词典》（第一版，1989）的“曾参杀人”条，也把“参”注音写成 shēn。因此，现在，曾参之“参”读为 shēn 基本上成为规约性的读法。

还需要注意名和字的顺序问题。上古时期，名和字连着说的时候，都是先称字，后称名，如孔子的父亲叔梁（字）纥（名）。汉代以后，则先称名后称字。

---

① 闵损也是孔子的学生，他跟曾参一样以孝行出名。

② 车万育，司守谦. 声律启蒙 训蒙骈句. 乌鲁木齐：新疆青少年出版社，1996：16.

汉文化在人际交往中称字表示尊重的做法在先秦已经出现，汉代之后尤盛。五四新文化运动以来提倡一名制度，依名取字的习俗渐渐被废除，只有少数人依然取字，并在社会上流传，比如胡适字适之，孙文字载之，毛泽东字润之等。在当代社会中，取字的情况很少见。

四、古人的号

号是人的姓、氏、名、字之外的称呼，上古时期已经出现。《周礼·春官·大祝》："号，谓尊其名，更为美称焉。"《释名》："号，呼也，以其善恶呼名之也。"通常，名、字由尊长代取。号最初为自取，称字号；后来才有了别人送上的尊号、雅号等。一个人的号可以有多个，号的字数也不固定。号在唐宋非常流行，到明清尤甚。

（一）民间取号

1. 自取型

（1）以居住地环境自号。举例：陶潜号"五柳先生"是因为屋旁有五棵柳树；李白号"青莲居士"，是因为在绵州昌隆县青莲乡（今四川省绵阳市江油市青莲镇）生活过；苏轼号"东坡居士"，是因"乌台诗案"被贬黄州后，于东坡筑室、躬耕。

（2）以旨趣抱负自号。举例：欧阳修晚年号"六一居士"，即所谓的一万卷书、一千卷古金石文、一张琴、一局棋、一壶酒、一老翁之义；孙中山先生年轻时自号日新，取自《礼记·大学》"苟日新，日日新，又日新"，表示永不停息的革命精神。

（3）通过取号明志或慕贤。举例：海瑞自号刚峰，表明不畏强权，刚正不阿的志向。郑板桥有一号"青藤门下牛马走"，表示对号为青藤道士的明代徐渭的敬仰，甘愿在其门下做牛马。

（4）以个人特点字号。举例：乾隆自号"十全老人、古稀天子"；咸丰号"且乐道人"；唐寅字号"江南第一风流才子"。

2. 别人赠号

（1）以其轶事特征为号。举例：李白被贺知章称为"谪仙人"；张先因为写过"云破月来花弄影""帘幕卷花影""堕轻絮无影"三句含"影"的妙句，被称为“张三影”；因为千古名句“红杏枝头春意闹”，宋祈被称为“红杏尚书”，其中“红杏”描写了宋祁作为文人的生花妙笔，“尚书”则标识了宋祁为官的最高成就。

（2）以官职、任所或出生地为号。举例：杜甫曾任左拾遗一职，被称为“杜拾遗”，又因任过检校工部员外郎，又被称为“杜工部”；王羲之官至右军将军，人称“王右军”；孟浩然是襄州襄阳(今湖北襄阳)人，号为“孟襄阳”；王安石是抚州临川（今江西省抚州市）人，人称“王临川”；柳宗元是河东郡(今山西省运城市永济、芮城一带)人，故而人称柳河东；贾谊曾被贬为长沙王太傅，故称“贾长沙”；贾岛曾任遂州长江县（今四川省遂宁市大英县）主簿，故称“贾长江”。

（3）以封爵、谥号为号。举例：谢灵运袭其祖父谢玄的爵号康乐公，世称“谢康乐”；郭子仪平定“安史之乱”有功，封爵汾阳郡王，世称“郭汾阳”；春秋时期鲁国贵族展获，谥号为“惠”，因其封地在柳下，又称其为“柳下惠”；岳飞谥号为“武穆”，故被称为“岳武穆”。

（4）以署邸、书斋名为号。举例：南宋诗人杨万里的斋名为诚斋，号为杨诚斋；姚鼐的斋名为惜抱轩，被称为“姚惜抱”或“惜抱先生”；清代诗人袁枚筑随园定居，因号“随园老人”；蒲松龄被称为“聊斋先生”；梁启超被称为“饮冰室主人”。

（二）帝王之号

随着社会的发展，部族的标记演变为“国号”，统治者的标记演变为后、王、帝等，皇帝还出现了尊号。举例：唐高祖李渊的尊号为“神尧大圣大光孝皇帝”；宋太祖赵匡胤的尊号是“应天广运仁圣文武至德皇帝”；有的尊号很长，如清乾隆皇帝全部称号为“高宗法天隆运至诚先觉体元立极敷文奋武孝慈神圣纯皇帝”。

除了尊号之外，帝王通常还会有谥号、庙号和年号。

谥号是后人根据死者生前事迹评定的一种称号，有褒贬之意。所谓“谥者，行之迹”。《谥法解》规定了何种业绩该受何种谥号，如“经纬天地曰文”“绥柔士民曰德”“刚强直理曰武”“安民立政曰成”“安乐抚民曰康”“布德执义曰穆”“容仪恭美曰昭”“由义而济曰景”“外内从乱曰荒”“在国遭忧曰愍”“名与实爽曰缪”等。

谥号有帝王之谥，由礼官议上；有臣属之谥，由朝廷赐予。还有称谥，是门徒弟子或是乡里、亲朋为其师友上的谥号。帝王将相之谥在西周时即已出现。秦时曾一度废除，汉代恢复，直至清末。私谥可能始于东汉，也有人认为在春秋时期已经出现。民国以后，称谥在一段时间内仍存在。

谥号有固定用字，如 “慈惠爱民曰文”“克定祸乱曰武”“主义行德曰元”

等是美谥，“杀戮无辜曰厉”“去礼远众曰炀”“好祭鬼怪曰灵”等是恶谥，还有表示同情的“哀”“愍”“怀”等。一般人的谥号多用两字，如岳飞谥曰“武穆”，海瑞谥曰“忠介”。

年号是封建皇帝纪年的名号，由西汉武帝首创，他的第一个年号为“建元”。以后每个朝代的每一个新君即位，通常会改变年号，称为改元。明朝以前，封建皇帝每遇军国大事或重大祥瑞灾异，常常改元。唐高宗在位 34 年，先后用了“永徽”“显庆”“龙朔”“麟德”等 14 个年号。自明朝第一代皇帝朱元璋开始，包括明、清两代，皇帝不论在位时间长短，通常只用一个年号，如明太祖用年号“洪武”，清高宗年号“乾隆”。

庙号始于西汉，止于清朝，指的是封建皇帝死后，在太庙立室奉祀时的名号。一般开国的皇帝称“祖”，后继者称“宗”，如宋朝赵匡胤称“太祖”，其后的赵匡义/赵光义称“太宗”。也有个别朝代前几个皇帝皆称“祖”，如明朝朱元璋称“太祖”，其子朱棣称“成祖”。清朝福临（顺治）称“世祖”，玄烨（康熙）称“圣祖”。在隋朝及以前，不少皇帝没有庙号，因为按照典制，只有文治武功和德行卓著者方可入庙奉祀。从唐朝开始，皇帝大都有了庙号。

在我国古代文献中，对前代帝王多不称姓名或尊号，都称庙号、谥号或年号。一般来说，先秦时期的帝王多以谥号称呼，如周文王、周武王、齐桓公、秦穆公等。秦始皇禁止天下议论皇帝，认为死后定谥号，是以子议父、以臣议君，属于大不敬，自然就没有了谥号。汉代重新恢复。从汉代到隋朝，仍习惯以谥号称呼皇帝，如汉文帝、汉景帝、晋惠帝、隋文帝、隋炀帝等。唐至元朝的皇帝多称庙号，如唐太宗、宋仁宗、元英宗等。明清皇帝在位通常不改元，所以人们习惯上用年号来称呼皇帝，比如永乐帝、崇祯帝、顺治帝、康熙帝、雍正帝、乾隆帝、嘉庆帝、道光帝、咸丰帝、同治帝、光绪帝等。在某些特定场合，也可以称呼全部名号，即庙号、尊号、谥号的合称，如前述乾隆的名号。遇到这种全称，应注意区分其庙号、尊号和谥号。另外，在古籍中，对一些王侯将相也常常不称其名，而称其谥号，如称岳飞为岳武穆，称海瑞为海忠介等。

思考与练习

1. 一般而言，谥号中的“灵”字表示一种贬义。《左传》中有“晋灵公不君”的记载。历史上赫赫有名的胡服骑射的施行者赵雍，其谥号为“赵武灵王”。请查阅相关材料，从文化的视角解释赵雍谥号中的“武”和“灵”。

2. 在《子路、曾皙、冉有、公西华侍坐》中，有如下的句子：“求，尔何如？”“赤，尔何如？”“点，尔何如？”“吾与点也。”“夫三子者之言何如？”“夫子何哂由也？”“唯求则非邦也与？”等。请从文化的角度，分析上述称呼语的使用特点。

3. 根据下面的语料，从文化的角度分析中国历史上皇帝名字的取字特点，并解释其中的原因。

> 汉元帝刘奭（shì），“奭”，“盛”义。
> 汉成帝刘骜（ào），“骜”，“好马，良马”义。
> 汉平帝刘衎（kàn），“衎”，“快乐”义。
> 汉章帝刘炟（dá），“炟”，“火起，爆”义。
> 汉安帝刘祜（hù），“祜”，“福”义。
> 南朝宋太宗明帝刘彧（yù），“彧”，“有文采”义。
> 北周武帝宇文邕（yōng），“邕”，“和谐”义。
> 宋端宗赵昰（xià），“昰”是“夏”的古字，“大”义。
> 南宋末代皇帝赵昺（bǐng），“昺”，“明亮、光明”义。

4. 从文化角度对下列语料进行分析并解释。

> 汉文帝本名刘恒，因为“恒”与“常”同义，于是改“恒山”为“常山”，改“姮娥”为“嫦娥”。汉光武帝本名刘秀，“秀才”便被改称为“茂才”，有人认为鲁迅的《阿Q正传》中，赵太爷的儿子赵秀才被称为“茂才先生”与此有关。唐代为了避唐太宗李世民的讳，“民”字改用“人”字。魏徵《谏太宗十思疏》：“怨不在大，可畏惟人。”杜牧《阿房宫赋》：“使六国各爱其人，则足以拒秦；使秦复爱六国之人，则递三世，可至万世而为君。”上文中的两个“人”字均应为“民”字。

5. 网上对“你什么时候最害怕你妈妈？”这个问题给出的一个答案是“当我妈叫我全名的时候”。请从汉文化的角度分析这种现象。

6. 在古代典籍中，有“奕秋”“庖丁”“匠石”“医和”“优孟”等称呼。从这些称呼中可以得出什么样的规律？

7. 解释说明为什么战国时期著名的改革家商鞅也被叫作公孙鞅和卫鞅。

8. 在我国古代，“字”又叫“表字”，是男子在二十岁行冠礼时取的、与本名有所关联的成年社交称谓。查阅相关资料，分别分析三国演义中刘备(字玄德)、关羽（字云长）、张飞（字翼德）三个人名与字之间的关系。

推荐阅读篇目

1. 何晓明. 姓名与中国文化. 北京：人民出版社，2001.
2. 金良年. 姓名与社会生活. 西安：陕西人民出版社，1989.
3. 李庆花. 中国姓名文化考略. 山东师范大学硕士学位论文，2012.

4. 尹黎云. 中国人的姓名与命名艺术. 北京：中央民族学院出版社，1993.

第四节　汉语称谓系统

一、称谓语与称呼语

“称谓语”与“称呼语”是两个常用的术语。关于二者之间的关系，学界并未达成共识，主要观点包括三种。第一种把称谓语和称呼语等同起来，认为称谓语就是称呼语，对二者之间不做任何区分。第二种认为称谓语和称呼语是一种上下位关系，称谓语指的是所有人和事物的名称，称呼语则是限定于当面招呼时使用的，表示彼此关系的名称。称谓语包含称呼语，比如在《现代汉语词典》（第7 版，2016）中，“称谓”的释义是“人们由于亲属或其他方面的相互关系，以及身份、职业等而得来的名称，如父亲、师傅、厂长等”。“称呼”的释义则是“当面招呼或背后指称用的表示彼此关系或对方身份的名称，如同志、哥哥、王主任、李老师等”。第三种认为称谓语和称呼语之间存在差异。称呼语是人们彼此间当面招呼所使用的名称，称谓语是表示彼此间的各种社会关系以及所扮演的社会角色等所使用的名称。二者之间有时会有交叉关系。本书赞同第三种观点，区别使用“称呼语”与“称谓语”。称谓语属语义范畴，具有系统性和稳定性；称呼语属于语用范畴，具有动态性和灵活性。

二、称谓语与中国文化

（一）汉语称谓语与中国的宗法制度

自商周到明清，中国属于典型的“农业—宗法”社会。宗法制度指的是以家族为中心，以血缘关系为基础，按血统远近区别亲疏关系的一种社会制度，其核心是嫡长子继承制。因此，宗法制度作为一种血缘亲族制度，对血缘关系高度重视。基于血缘关系的汉语称谓语分为四种。一是血亲称谓语，比如父母与儿女、祖父母与孙辈、外祖父母与外孙、叔伯姑姑对侄辈的称呼等。二是姻亲称谓语，指通过婚姻关系而形成的家庭关系，比如岳父岳母对女婿的称呼、公公婆婆对儿媳的称呼等。三是干亲称谓语，即通过认干亲的习俗获得的亲戚关系，包括干爹、干妈、干儿子、干女儿等。汉文化对亲属关系非常重视，有“九族”“五服”、“六亲”以及“祖宗十八代”之说。以“五服”为例。“五服”制度是中国礼治中为死去的亲属服丧的制度。血缘关系亲疏不同的亲属，服丧的服制不同。本宗内的亲属，包括直系亲属和旁系亲属，为有服亲属的死服丧。亲者服重，疏者服轻，依次递减。据此把亲属分为五等，由亲至疏依次是：斩衰、齐衰、大功、小功、缌麻。现代汉语依然用是否出了“五服”来表示家族关系的远近。四是拟亲称谓语，即用亲属称谓语来称呼没有亲属关系的人或者事物，比如“警察叔叔”“幼儿园阿姨”“太阳公公”“月亮姐姐”“师父”“师兄”“师姐”“师娘”“张大妈”“王大爷”等。

（二）汉语称谓语与传统伦理道德

宗法制度既是一种等级亲属制度，又是一种社会组织制度和政治等级制度。中国传统政治文化的一个突出的特点就是执行森严有序的社会等级身份制度。中国传统社会的伦理道德是三纲五常。三纲指君为臣纲、父为子纲、夫为妻纲[①]。“君为臣纲”强调臣民对皇帝要绝对忠诚和服从；“父为子纲”要求儿子必须绝对服从父亲，晚辈对长辈，尤其是对男性家长要无条件服从。“夫为妻纲”要求妻子要绝对服从丈夫。严复曾在《论世变之亟》一文中认为中国最重三纲。

三纲五常的伦理道德要求民众在生活中恪守本分，不越位、不叛逆，“朝廷之礼，贵不让贱，所以有尊卑也；乡党之礼，长不让幼，所以明有年也”（《白虎通义·礼乐》）。在交际过程中，三纲五常的封建伦理要求在称呼对方时，要重视“礼”的要求，不可随意直呼其名，并且称呼语的使用应遵循“礼者，贵贱有等，长幼有差，贫富轻重皆有称者也”的原则（《荀子·富国》）。因此，称谓语系统层次清楚，等级分明，在使用时必须做到各称其分。下面以贵族称谓为例。

按照周朝制度，社会中的最高等级是王。春秋时天子称“王”，“天子”是尊称。王生时一律简称“王”[②]，死后以谥号称呼，如周文王。天子自称“余一人”或“予一人”。

第二等级是国君。诸侯国国君有两个通称。第一个通称是“君”，诸侯国不论大小通常称其君主为“君”。第二个通称是“公”。周朝诸侯国分为五等：公、侯、伯、子、男。但是，在日常生活中，不论是何等爵位，诸侯国的国君通常尊称“公”。只有在非常正式的场合，比如朝觐天子、诸侯会盟等要严格按其爵位相称，比如齐国是侯爵国，国君称齐侯；郑国为伯爵国，国君称郑伯。国君生前在正式场合中的称谓有区别，死后则一般尊称为“公”，但在官方史籍中一般还称其爵位。国君在天子面前自称“某土守臣”。周王称呼晋文公为叔父，因晋国与周王室同姓，都姓姬；称齐桓公为“伯舅”，因齐国姓姜。国君称“公”，国

① 关于“五常”的说法不一致。为较多人所接受的说法是：“五常”是仁、义、礼、智、信。

② 春秋诸侯中，只有楚国的国君称王，这是僭越行为，于礼不合。

君的儿子们则称“公子”，孙子被称为“公孙”。

第三等级为大夫。大夫分上大夫、中大夫、下大夫三种。上大夫为卿，也称“卿大夫”。按照封建宗法制，臣下在君主面前，不论自称或他称，一律称名，而不得用尊称，即所谓的“君前臣名”。学生在老师面前也是相互称名，《侍坐》中有相应的描述。卿大夫之间也可以用“君”来表示尊敬。

三纲五常中主张夫为妻纲。这种观念在称呼语上的反映是：无论贵族阶层还是平民阶层，女性出嫁后没有自己的名字，多是在丈夫的谥号、夫国、母国或姓后加上自己的姓作称谓，如“齐姜”“穆姬”“王张氏”“陈刘氏”等。在家庭关系中，男子的正式配偶称“妻”，非正式配偶称“妾”。妻子尊称丈夫为“官人”、“相公”或“老爷”，自称“妾”或“贱妾”。男子对他人称自己的妻子为“拙荆”“山荆”“内人”“贱内”等。

三、古今汉语称谓语的分类

（一）古今汉语中的自称、对称与叙称

根据交际双方是否在场，汉语的称谓语分为自称、对称与叙称。

自称是交际过程中说话者对自己的称呼，比如“五步之内，相如请得以颈血溅大王矣”“庐陵文天祥自序其诗”“我王某人还就不信这个邪”“好，老子今天就跟你杠上了”“别走那么快，人家跟不上嘛”。

对称是当面称呼听话人的称谓，对称时被称呼人一定在场，比如“亲爱的”。

叙称，也叫背称，是叙述到某人时所使用的称谓。叙称时被称呼人可以在场，也可以不在场，比如“我先生昨天去的香港”“王小毛你可真逗”。

叙称指对人称说某人时所使用的称谓，比如“家母”“王经理昨天出差了”“伯父的身体看起来不错。伯母身体还好吧？”“妈妈，我爸爸最近不会出差吧？老师说明天开家长会”“家长不但要关心孩子的成绩，更要关心孩子的身体”。

（二）古今汉语中的尊称、谦称、傲称、卑称、平称

根据交际过程中交际者对双方关系的定位，汉语称谓语可分为尊称、谦称、傲称、卑称、平称等。

1. 尊称

（1）用称赞的方法称呼对方，比如“父（甫）”“子”“君”“公”“卿”“夫子”“先生”“万岁”“皇上”“圣上”“公主”“节下”“阁下”等。

（2）从辈分、长幼上称呼对方，比如“丈人”“先辈”“前辈”“公公”“婆

婆”“大人”“老爷”“老哥”等。

（3）称对方的官职，或称其地望，比如“将军”“麾下”“衙内”“太守”“总督”“武都头”“杜工部”“杜拾遗”“王临川”“韩昌黎”等。

（4）称对方的字或号，比如“诸葛孔明”“苏东坡”“东坡居士”“五柳先生”等。

（5）称死后由皇帝赐予的谥号或由弟子、门徒或后人所称的尊号，比如“包孝肃”（包拯）、“岳武穆”（岳飞）、“震川先生”（归有光）、“靖节”（陶潜）等。

（6）用对方的部下或与对方有关的东西委婉地称呼，表达敬意，比如“陛下”“殿下”“阁下”“执事”“足下”“门下”“座前”等。

2. 谦称

（1）用贬低自己的方法指称自己，借以衬托别人的高大，比如“鄙人”“愚”“不才”“不敏”“寡人”“臣”“仆”“妾”“在下”“小可”“小人”等。

（2）在自己的身份、职务前加上“卑”“下”“后”“微”“末”“贫”等降低身份的字眼，比如“卑职”“下官”“后学”“微臣”“末官”“贫道”等。

（3）用指称低下辈分的方法称呼自己，比如“孩儿”“小侄”“晚辈”“晚生”等。

（4）用自己的名称呼自己，表示谦虚。称己名表自谦的做法在元代以前很普遍。《颜氏家训·风操》：“昔者，王侯自称孤、寡、不穀，自兹以降，虽孔子圣师，与门人言皆称名也。后虽有臣、仆之称，行者盖亦寡焉。江南轻重，各有谓号，具诸《书仪》；北人多称名者，乃古之遗风，吾善其称名焉。”①

3. 傲称

傲称是一种倨傲的自视尊大的称谓，傲称只用于自称，比如，自行把自己的辈分提高，如“老娘”“爷”。

4. 卑称

表示自身卑下地位的称谓，有自轻自贱的意味，只用于自称，比如“奴才”“小人”“小的”“小老儿”“孩儿”等。

① 颜之推. 颜氏家训. 管曙光，注译. 郑州：中州古籍出版社，2008：57.

5. 平称

平称是没有尊卑色彩的称谓。在古代汉语中主要用于叙称，比如“酒保”“更夫”“铁匠”等。在现代汉语中，身份、年龄、社会地位相当的人多使用直呼姓名的方式表示平称。

6. 爱称

爱称是表示喜爱、亲昵的称呼语，感情色彩浓厚，比如“亲亲”“卿卿”“宝贝”“亲爱的”等。

7. 谑称

对他人的戏谑称呼，比如“四眼儿”“呆瓜”“犀利哥”“牙套妹”等。

8. 贬称与骂称

贬称与骂称是贬低或辱骂他人的称呼，比如“毒妇”“竖子”“贱人”“草包”“贱货”“婊子”“傻瓜”“二货”等。

（三）古今汉语中的亲属称谓

汉语中的亲属称谓形成了细致严密的体系，体现出宗法社会制度下较为明显的级差秩序结构。总体而言，古今汉语中亲属称谓语的差异不大，只是部分称谓语出现了更换，比如“兄”被“哥”“哥哥”替代，“姊”被“姐姐”替代等。部分称谓语出现了双音节化，如“弟”变为“弟弟”，“嫂”说成了“嫂子”等。还有非常重要的一点是：古代汉语中虽有第一人称代词，但是在尊长面前说话者一般不使用“我”来自称，用则有不敬的意味。因此男子对祖父母自称为“孙”“孙儿”；对父母自称为“男”“儿子”“孩儿”“小子”；对舅父、舅母自称为“甥”“外甥”；对伯、叔自称为“侄”“小侄”；对姑父、姑母自称为“内侄”；对姨父母自称为“姨甥”；对妻父母自称为“婿”或“小婿”。

在现代汉语中，上述自称基本都不再使用。交际双方普遍使用人称代词“我”进行自称，这是现代人际关系平等的体现。

（四）古今汉语中的非亲属称谓

非亲属称谓在古代汉语与现代汉语中的差异非常大。

古代汉语的非亲属称谓系统极为复杂。在古代汉语中，说话人自称时采用的称呼语需要考虑交际对象，根据交际对象的不同，采用不同的、适当的自称方式。对老师自称“学生”“弟子”；对师辈或上司自称“晚”“晚生”，后辈学子对先入门者自称“晚学”“侍生”；科举及第者对主考官自称“门生”“门下”，对业师之妻称“门下生”，明清时期未考取生员（秀才）资格之前不管多大年龄都自称为“童生”。在君主面前，有官职者自称“臣”“下臣”“陪臣”“老臣”“微臣”；在上司面前，地位卑微的官吏自称“末官”“小官”。没官衔的百姓自称“小民”“小人”“小的”。女性自称用的最多的是“奴”“奴家”“妾”；年轻妇女常用“小妇”“小妇人”“小女子”自称；老年妇女多用“老妇”“老妾”“老妪”“老婢”等。

古人当面称呼对方时，如对方是尊长者，必须用敬称，比如，对老师称“师”“老师”“师父”“先生”等；对长者称“老丈”“老伯”“世伯”等；对父母称“堂上”“高堂”“椿萱”等。平辈男子之间相互称“兄”“兄台”“尊兄”等，并不严格按年龄来排序。对比自己年轻的人，则称“仁弟”或“贤弟”；对平辈友人称“足下”。

夫妻之间，妻子称呼丈夫为“君”“夫主”“夫君”“夫婿”“官人”“相公”等，对上岁数的称“老倌”“阿老”“老头”。丈夫称妻子为“夫人”（有身份者）、“贤妻”或“娘子”，爱称有“卿”“卿卿”等。

上述对称在现代汉语中只保留了有限的几个，如“老师”“师父”“先生”“世伯”等。现代汉语的对称，如果是平辈或同级，使用最多的是“你”；如果表示尊敬，则使用“您”。

还有一种情况是：在封建社会中，妇女地位低于男子。在称呼语使用上的反映是：已婚妇女称呼宗族内的人，需要把自己的辈分降低一辈，从而形成妇女专用的“从儿对称”和“指儿对称”。“从儿对称”即与儿辈使用一样的对称词，如称丈夫的弟弟为“叔叔”，称丈夫的哥哥为“伯伯”或“大伯”。“指儿对称”即在“从儿对称”词前加上一个“他”字，如儿媳称呼公婆用“他爷爷”“他奶奶”，称呼妯娌为“他婶子”等。这种称谓在现代社会中还在使用。

古代汉语的称谓系统具有明显的“尊人卑己”特点。一般在称说别人时，多使用尊称，比如“尊父”“尊公”“尊君”“尊大人”“贤叔”“贤侄”“贵门”“宝眷”等。在称说自己的亲属多使用卑称，分为如下几类。第一是家类，用于称说与自己有关的亲属，包括“家父”“家君”“家公”“家严”“家母”“家慈”“家岳”“家祖”等。第二是舍类，用于称说与自己有关的事物，包括“寒舍”“舍间”“舍下”等；用来称说比自己年轻的亲属，比如“舍弟”“舍妹”“舍侄”等。第三是荆类，用于称说自己的妻子，包括“寒荆”“拙荆”“山荆”“荆妻”“荆妇”等。

现代汉语中的非亲属称谓相对来说比较简单。尊敬他人的特点依然明显，但是对自己的谦卑称呼很少见，平称的使用越来越多。主要包括以下几种。第一是姓名称呼语。在现代汉语中，姓名称呼语已经不再像古代汉语那样具有不礼貌的意味，而是人与人之间平等关系的体现。姓名称呼语根据交际双方社会地位、关系、年龄的不同，会形成各种变体，比如只称名不称姓，表示亲切或亲密关系。如果名为单字，则往往会采用叠音形式。或者是只称姓不称名，前面多加上"老""小""大"等，比如"老王""小李""大崔"等。对德高望重的人，可以在姓的后面加上"老"，比如"王老""黄老"等。第二是职衔称谓语。根据交际对象的职业、身份或头衔进行称呼，比如"张医生""周院长""王律师""唐师长""李主任""赵工""冯导""杜教授""孙部长""郑博士"等。第三是社交通用称谓，比如"女士""先生""小姐""美女""帅哥""小姐姐"等。第四是人称代词的使用，比如"我""你""她"，表敬的代词有"您"。第五是网络上使用的社交称呼，比如"亲""家人们""集美们"等。第六是蕴含浓郁私人化情感的称呼语，比如"小可爱""宝贝""亲爱的""亲亲"等。

四、汉语称谓语系统的变化

（一）称谓系统的简化

由于汉民族的宗法社会制度，汉语亲属称谓系统包含的称谓语众多，分类细致，且有较多的使用条件。古代中国人有姓（上古还有氏）、名、字、号，构成一个严整的姓氏名号系统。五四运动以来，尤其是新中国成立后，名字的使用最为普遍，取字、取号的情况非常少，交际中称字称号的现象也极为罕见。汉语称谓语中的敬谦尊卑系统大为简化，传统上表示"尊人"的"令""高""尊"在正式场合有时仍在使用，但是表示"卑己"义的"犬""拙""贱"等则很少使用。现代的汉语称谓语系统的层次性依然清楚，但已大为简化。

（二）称谓系统的平等化与权势化（差异化）诉求并存

随着社会的发展与进步，称谓语中的平称形式越来越多。汉语本族语使用者在称谓语的使用上，更关注称谓系统的平等化，这与社会的平等是同步的。称谓系统的平等化首先表现在歧视性称呼的减少。

（1）职业歧视性称呼减少。"跑堂的""剃头的""扫大街的""戏子""车夫"等带有歧视义的称呼已淡出交际系统，代之以"服务员""理发师""环卫工""演员""司机"等更为中性、平等的称谓。

（2）性别歧视性称呼减少。对男性的称呼与对女性的称呼有平权的趋势。传统上，汉文化采用的是“男性主体”视角。在日常交际中，人们常常称呼一位陌生的中年妇女为“大嫂”，雷锋日记中就有雨天送大嫂的记录。如果没有大哥，就无所谓大嫂。因此，从独立性程度上看，“大嫂”要依附“大哥”，在女性没有独立于男性的时代，“大嫂”是对已婚女性的常用称。在当代社会中，男女平权的观念已经深入人心。现在人们更习惯称呼陌生中年女性为“女士”，有时也会称呼“大姐”。与“大嫂”相比，“女士”“大姐”更强调女性的独立主体地位，是不需要依附于谁的独立存在。

在总体平等的称谓趋势下，现代称谓语依然存在着权势化诉求。通常，汉语本族语使用者社团会采用职位来称呼别人，而且称呼中的职位有扬升特点。“张副主任”会被称为“张主任”，“李副院长”会被称为“李院长”，“赵副厅长”会被称为“赵厅长”。近年来还出现了一种新的“姓氏+职务的首字”的称呼语，这一称呼包含了两种不同的交际定位：一种是常规的尊称，比如“张工”“刘总”“王局”“周处”“吴厅”等；另一种却是官场内人员的互称。

现代汉语中还可以利用职业、职称或学位进行称谓。这种称谓方式也体现出了人为扬升的特点。一位老师，具有博士学位，同时也具有教授职称，在日常交际中会被称为“某某教授”。如果一位教师具有博士学位，职称是讲师，在日常交际中会被称为“某某博士”而不是“某某讲师”，因为在学位序列里，博士是最高的；但在职称序列里，讲师是偏低的。同样，在医院里，副主任医师会被称为“某某主任”，副主任医师以下的则被笼统称为“医生”。如果某主任医师同时还是院长，则会被称为“某某院长”。需要注意，如果利用职业进行称呼，这些职业通常具有较高的社会地位。除了前面提到的教授、医生类，还可以列举更多，例如“王律师”“张导”“刘主管”等。如果职业的美誉度相对较低，在交际中人们通常不会选择职业称谓，比如“张电工”“李瓦工”“王修理工”等不会出现。在这样的情况下，说话人会选择使用“小/老+姓”或全名进行称呼。

可见，现代社会对非亲属的称呼中，在称呼语的选用方面存在着一个优选链条：职务＞职称＞职业＞姓名称呼。首选职务称呼，其次是高职称称呼。如果不符合条件，则将低职称升格为上一级高职称。若无职务、职称，则选择姓名称呼，当然也可以根据语境需要使用其他称呼。

（三）姓名称谓的褒贬变化

在古汉语中，直接称呼姓名的方式具有使用上的限制。一是自称，如“五步之内，相如请得以颈血溅大王矣”（《史记·蔺相如》）、“巧言、令色、足恭，左丘明耻之，丘亦耻之”（《论语·公冶长》）。二是师长称呼晚辈，如“求，尔何如？”（《论语·先进篇》）。三是称呼所厌恶的人，如“不幸吕师孟构恶于前，贾余庆献谄于后”（文天祥《指南录后序》）。在当代社会中，在通常的

社交活动中使用姓名称谓已经成为人人平等的标志，并没有不敬的意味。

（四）称谓语的泛化

称谓语的泛化古已有之，最典型的是汉语交际中使用亲属称谓语去称呼不具有亲属关系的人，这是汉文化中“四海之内皆兄弟”的语言表现。在现代汉语中，除了亲属称谓语的泛化外，还出现了新型的称谓语泛化。一些职衔称谓语，比如“老板”“经理”等，出现明显的泛化。研究生称其导师为“老板”，顾客称店主为“老板”，反过来店主还可以称呼顾客为“老板”，这在南方地区尤为明显。[①]房地产行业的人，要么是销售经理，要么就是项目经理。职业称呼语“老师”不仅仅可以用于科学界、文化界等专业人员，甚至是娱乐圈的演员也被称为“老师”。社会性称呼“美女”“帅哥”，其中的“美”与“帅”的语义值基本为零，可以用以称呼在一定年龄段内的所有人。网络上的“亲”“家人们”可以用于称呼所有的购买者，“集美们”则可以用于大部分女性购买者身上。

（五）现代社会称谓语的缺环

从社会学的视角看，人与人的交往分为熟人交往与生人交往两大类。在这两种不同的交往中，交际双方所选择的称谓语有很大的不同。在熟人交往中，交际双方对彼此的情况很了解，清楚地知道对方的姓名、年龄、身份、职业以及与自己的关系，可以根据交际场景与交际意图的需要，从众多的称谓语中选择最为恰当的一个。一个妈妈可以称呼自己孩子为“宝贝”“儿子”“女儿”，也可以称呼孩子的乳名或昵称，在孩子犯错的时候，也可以连名带姓称呼孩子的全名。在生人交往中，交际双方对对方的情况几无所知，因此只能选择一个适用性强、覆盖面广的社会称呼语称呼对方，比如“女士”“先生”“老人家”等。

总体上，在生人交际中，汉语中的称谓语分为三类：第一是称呼词语的官化，即把所有人都看作“官”，相应地有了“大人”“长官”“老爷”“太太”“夫人”等。这种称呼在五四运动之后较为少见，因为与五四运动中兴起的平等思潮相背离，在新中国成立之后更是鲜有使用[②]。第二是亲属名称泛化，即把所有的交际对象都看作自己的亲属，比如“大爷”“大妈”“阿婆”“大哥”“小妹妹”等。第三是新型的社交称呼语的兴起。从时间上看，社交通称的使用具有明显的

---

① 笔者有一次去广州的一家大型超市购物，请店员帮忙包装，自己顺便到稍远处的货架浏览商品。店员包好之后，对笔者大喊“老板娘，你的东西包好了”。

② 现在“太太”“夫人”等称呼又开始出现，但语义上有所变化。根据《现代汉语词典》（第7版，2016）的解释，“太太”一般用来指别人或自己的妻子或是对别人妻子的礼貌称呼，前面需出现限定成分，比如“张太太”、“王太太”以及“我太太很少出门”。“夫人”一般用来指别人的妻子，或者是对别人妻子的礼貌称呼，比如“请代我向您的夫人问好”等。

时代性与发展性。在 20 世纪 50 年代，“同志”广泛使用。“文革”后一段时间内，“师傅”广泛使用。在改革开放之后，社会对非教师阶层普遍使用“老师”这一称呼，“老师”的使用出现了泛化。之后“先生”“小姐”也重新在交际中使用。

在自给自足小农经济的中国，语言交往以“家族—宗法”的社会结构和人际关系为基础，交际双方多为亲人或相熟的人，与陌生人打交道的情况不常见。在熟人交际环境下，汉语的称谓语出现了结构性的不平衡性，即熟人称呼语极为发达，生人称呼语极为缺乏。

在现代社会中，交际范围扩大，交际对象也更为多样。现代汉语的社交称谓存在缺环现象。男老师的配偶可以被学生称为“师母”，但女老师的丈夫不能被称为“师父”，也不宜被称为“师公”，从而产生了称谓语的缺环问题。

称谓语缺环分为单向缺环和双向缺环两类。

单向缺环是指交际双方中只有一方不知如何称呼另一方。交际双方由于年龄、权势等差异而导致一方不知如何当面称呼另一方，如男性有时对“上级的妻子”、女性对“上级的丈夫”不好当面称呼。在平辈对平辈的交往中，女性如何当面称呼“朋友的丈夫”，男性如何当面称呼“朋友的妻子”也是一个问题。

双向缺环是指交际双方都不知道如何称呼对方。在言语交际中，如果双方除了性别之外一无所知，可能会出现双向缺环的情况。住高层楼房、彼此不熟悉的人，早晨在电梯中碰见该如何称呼？因为找不到合适的称呼语，大家习惯上多使用点头、微笑等身势语表示友好；或者采用零称呼，直接用“你好”“早上好”“早”等寒暄语表示礼貌。

传统的汉语语言伦理观念顺应熟人交际而排斥生人交际。即使与外人或生人谈话，也把对方看成是亲人，喜欢称兄道弟。这样才被认为是符合礼仪的。五四运动之后，以儒家思想为中心的语言伦理价值受到撼动，新的语言伦理道德一直处在重建之中。在现代社会中，一方面，不断发展的生人交际提出了产生交际通称的要求；但另一方面，“内外有别、长幼有序、贵贱有等”的传统语言伦理又在抑制这种通称的产生。因此，现代汉语称呼语中缺环现象的出现，实际上是中国传统的熟人交际向现代的生人交际转换中出现的矛盾，也是现代社会言语交际需要和语言现状之间的矛盾。这种矛盾可能会在相当一段时间内无法得到解决。

（六）中西方称谓语的主要差异

中西方在称谓方式上有所不同。在西方，称呼语的使用有两种范畴：对等式称呼（reciprocal address form）和非对等式称呼（nonreciprocal address form）。这两种类型的称呼语在使用时受到“权势”和“平等”等社会因素的影响。当说话双方社会权势对等时，双方选择相同的称呼语，如头衔+姓氏；当双方地位不

对等时，一方使用正式的称呼方式，另一方则会选择非正式的称呼方式，例如直呼其名。

在中国文化中，“卑己尊人”的礼貌原则在称呼语中体现得非常充分。受社会结构及血缘、宗族等社会关系的影响，称呼语的使用表现出一种权势趋向。人们常在姓或名的前或后加某些词缀，如“老李”“小王”，或者省去姓氏直接称名，比如“建明”“宜馨”等。此外，汉语本族语使用者习惯用表示血亲关系的名词去称呼非亲属人群，这也是汉文化中集体主义思想的体现。

思考与练习

1. 分析下列三组称谓语的异同。

a 组：丈夫、妻子、爱人、大姨子、丈母娘、教师、婆婆
b 组：老公、老婆、老师、叔、婶、老板
c 组：亲爱的

2. 一女生宿舍按照年龄大小，排出了大姐、二姐、三姐、四姐、五姐、六妹。同班的一男生宿舍知道之后，也按此排序，排出了大姐夫、二姐夫、三姐夫、四姐夫、五姐夫和六妹夫。女生知道后非常愤怒。请利用语言学相关原理解释女生为什么会生气。

3. 你是怎样看待称谓语与称呼语的关系的？

4. 作为通称的“同志”一词，在新中国成立后一度为社会各界男女老少所普遍使用，而且适用范围广，对几乎所有职务、职业、年龄、性别的人都可以使用。它表明现代汉语的称谓原则基本上是一种平等原则。现在的情况是怎样的？

5. 丈夫被提拔为经理，非常开心。妻子说，现在经理到处都是，连馒头店都有经理。丈夫不服气，妻子说“我打个电话给你看”。妻子拨通馒头店的电话，说找他们的经理。接电话的人问：“请问，你要找的是白面馒头部的经理还是杂面馒头部的经理？”这个故事说明了什么？

6. 我们经常听到有人说“这是我的夫人”“我夫人为人善良、热情，邻居间有事情都愿意找她商量”“我和我的夫人青梅竹马，情深意笃”等。请查阅相关文献或词典，分析称自己的妻子为“夫人”是否恰当？为什么？

7. 下面的片段选自鲁迅的《阿 Q 正传》，分析其中的称呼语中蕴含的文化信息。

……

“老 Q，”赵太爷怯怯的迎着低声的叫。

“锵锵，”阿 Q 料不到他的名字会和“老”字联结起来，以为是一

句别的话，与己无干，只是唱。“得，锵，锵令锵，锵！”

“老Q。”

“悔不该……”

“阿Q！”秀才只得直呼其名了。

阿Q这才站住，歪着头问道，“什么？”

“老Q，……现在……”赵太爷却又没有话，“现在……发财么？”

“发财？自然。要什么就是什么……”

“阿……Q哥，像我们这样穷朋友是不要紧的……”赵白眼惴惴的说，似乎想探革命党的口风。

“穷朋友？你总比我有钱。”阿Q说着自去了。①

8. 下面的片段选自鲁迅的《社戏》，其中，六一公公称作者为“迅哥儿”，但又称迅哥儿的母亲为“姑奶奶”，试从文化视角进行解释。

“双喜，你们这班小鬼，昨天偷了我的豆了罢，又不肯好好的摘，踏坏了不少。”我抬头看时，是六一公公掉着小船，卖了豆回来了，船肚里还有剩下的一堆豆。

……

六一公公看见我，便停了楫，笑道，“请客——这是应该的。”于是对我说，“迅哥儿，昨天的戏可好么？”

……

不料六一公公竟非常感激起来，将大拇指一翘，得意的说道，“这真是大市镇里出来的读过书的人才识货，我的豆种是粒粒挑选过的，乡下人不识好歹，还说我的豆比不上别人的呢。我今天也要送些给我们的姑奶奶尝尝去……”②

推荐阅读篇目

1. 曹炜. 现代汉语中的称谓语和称呼语. 江苏大学学报（社会科学版），2005（2）：62-69.
2. 孟悦. 称谓语“老师”泛化探因. 汉字文化，2020（6）：79-80.
3. 杜珏. 汉语教材称谓语编写研究——以《博雅汉语》新旧版系列教材为基础. 北京外国语大学硕士学位论文，2018.
4. 郭继懋. 常用面称及其特点. 中国语文，1995（2）：90-99.

① 鲁迅. 呐喊（附《彷徨》）. 插图本. 北京：北京燕山出版社，2004：79-80.

② 鲁迅. 呐喊（附《彷徨》）. 插图本. 北京：北京燕山出版社，2004：118.

5. 李琼. 汉语当代社会称呼语的变异研究. 陕西师范大学学报（哲学社会科学版），2015（4）：168-174.
6. 李英姿. 新媒体语境下新兴性别称谓语研究. 语言教学与研究，2017（4）：97-103.
7. 潘攀. 论亲属称谓语的泛化. 语言文字应用，1998（2）：36-40.
8. 徐盛桓. 礼貌原则新拟. 外语学刊（黑龙江大学学报），1992（2）：1-7.

主要参考文献*

常敬宇. 汉民族文化心态对汉语语法特点的影响. 世界汉语教学，1992（4）：317-320.

陈新仁. 汉语语用学教程. 广州：暨南大学出版社，2017.

杜兰兰. 文化语言学视阈下的中国古代字谜文化. 遵义师范学院学报，2021（3）：86-88.

符淮青. 现代汉语词汇学. 北京：北京大学出版社，2019.

郭锦桴. 汉语与中国传统文化. 修订本. 北京：商务印书馆，2010.

贺阳. 现代汉语欧化语法现象研究. 世界汉语教学，2008（4）：16-31.

黄涛. 语言民俗与中国文化. 北京：人民出版社，2010.

黄小梦，沙文杰. 2015—2019 年语言与文化研究综述. 辽东学院学报（社会科学版），2021（4）：62-66.

黄永红，岳立静. 汉语语法特点与汉民族文化关系的几点思考. 民俗研究，1996（3）：70-73.

郝世宁. 汉语语音节奏与民族文化心理. 学理论，2010（3）：72.

蒋绍愚. 古汉语词汇纲要. 北京：商务印书馆，2005.

李静. 汉语脸面词汇的隐喻和转喻分析及其文化根源探究. 青年作家，2014（14）：178.

李宇明. 世界汉语与汉语世界. 中山大学学报(社会科学版)，2021（3）：65-76.

李宇明. 文化视角下的语言资源保护. 光明日报，2016-08-07（7）.

刘叔新. 汉语描写词汇学. 重排本. 北京：商务印书馆有限公司，2021.

陆俭明. 试论中华文化的传播. 学术交流，2019（4）：5-12.

陆俭明. 现代汉语语法研究教程. 5 版. 北京：北京大学出版社，2019.

吕叔湘. 汉语语法论文集. 增订本. 北京：商务印书馆，1984.

连淑能. 英汉对比研究. 增订本. 北京：高等教育出版社，2010.

潘文国. 汉英语对比纲要. 北京：北京语言文化大学出版社，1997.

潘正茂. 语言文字与文化的视野融合. 文化学刊，2021（6）：249-251.

钱冠连. 汉语文化语用学. 3 版. 北京：清华大学出版社，2020.

荣开明，赖传祥，李明华，等. 现代思维方式探略. 武汉：华中理工大学出版社，1989.

* 此处外国人名中译名只保留姓，按姓排序。

萨丕尔. 语言论——言语研究导论. 陆卓元，译. 北京：商务印书馆，1964.
萨丕尔. 语言论——言语研究导论. 2 版. 陆卓元，译. 北京：商务印书馆，1985.
申小龙. 语言的文化阐释. 北京：知识出版社，1992.
沈阳. 语言学常识十五讲. 北京：北京大学出版社，2005.
宋雪. 语言接触与欧化语法——西方来华传教士和晚清语言革新. 汉语言文学研究，2017(1)：124-133.
素虹. 招呼语·搭讪语·呼应语. 汉语学习，1991（4）：47-49.
孙宏开. 语言是特殊的非物质文化遗产. 语言战略研究，2021（5）：1.
王克喜，黄海. 中国文化视域中的语言与逻辑. 北京：中央编译出版社，2020.
王琼武. 汉语词汇与汉民族文化关系探析. 语文学刊，2010（22）：22-23.
武丹. 谈汉语语音对文化的影响. 佳木斯职业学院学报，2018（10）：117.
向熹. 汉语避讳研究. 北京：商务印书馆，2016.
许华. 试论古代汉语词汇与汉民族文化的密切关系. 长春理工大学学报（社会科学版），2011（1）：53-56.
张书涵. 从汉语词汇看汉民族心理文化. 文化学刊，2017（11）：165-170.
张钊贻. 鲁迅反对古文并引进欧化语法原因辨析：中国语文面对现代化与国民性改造的困境. 东岳论丛，2019（2）：27-37.
赵克勤. 古代汉语词汇学. 北京：商务印书馆，1994.
赵盟. 汉语词汇系统中的文化呈现. 语文学刊，2014（8）：32-33.
周有光. 分词连写法问题. 中国语文，1959（7）：308-316.
宗守云. 汉语语音修辞的基础. 南京晓庄学院学报，2019（1）：64-70.
左民安. 细说汉字——1000 个汉字的起源与演变. 北京：九州出版社，2006.
Brown, P. & Levinson, S. C. *Politeness: Some Universals in Language Usage*. Cambridge: Cambridge University Press, 1987.
Bruner, J. *Acts of Meaning*. Cambridge: Harvard University Press, 1990.
Goodenough, W. H. *Cultural Anthropology and Linguistics*. Washington: Georgetown University Press, 1964.
Hall, E. T. *Beyond Culture*. New York: Anchor Books, 1976.
Kramsch, C. *Language and Culture*. Oxford: Oxford University Press, 1998.
Palmer, G. B. *Toward a Theory of Cultural Linguistics*. Austin: University of Texas Press, 1996.
Tyler, S. A. *Cognitive Anthropology*. New York: Holt, Rinehart and Winston Press, 1969.